GOLDMANN TASCHENBÜCHER MEDIZIN

Band 9005

Georg Schneider · Sexuelle Störungen der Frau

Dr. med. **Georg Schneider,** Gynäkologe an den bekannten Kurkliniken Dr. Wagners in Sasbachwalden im Schwarzwald, beschreibt im vorliegenden Band die verschiedenen Potenzstörungen der Frau. Er erläutert Diagnose und Therapie anhand einer Fülle von Krankheitsfällen aus seiner langjährigen Praxis. Darüber hinaus kommt auch eine Reihe von wichtigen Fragen zur Sprache, wie z. B. die seelische Betreuung des Mannes einer frigiden Frau, die Möglichkeiten der Eheberatung, die Probleme der Wechseljahre der Frau u. a.

Es ist endlich nötig aufzuklären, daß sich bei diesen Beschwerden im Sexualleben der Weg zum Arzt lohnt und daß diese Störungen nicht so selten auftreten, wie man annehmen möchte. Leider finden noch immer zu wenige mit diesem Leiden behaftete Frauen aus falscher Scham zum Arzt. Viele sind aber auch unzureichend informiert und wissen nicht, daß auch bei seelisch bedingten Potenzstörungen auf psychotherapeutischem Weg Heilungsmöglichkeiten bestehen.

GEORG SCHNEIDER

Sexuelle Störungen der Frau

Die primäre Impotenz

Die sekundären Potenzstörungen

WILHELM GOLDMANN VERLAG MÜNCHEN

7026 · Made in Germany. © 1972 by Wilhelm Goldmann Verlag, München. Gesetzt aus der Linotype-Garamond-Antiqua. Druck: Presse-Druck, Augsburg. Verlagsnummer 9005 · Le/Ko.
ISBN 3-442-09005-9

Inhalt

III. Teil

Vorwort

Diese Monographie ist kein streng wissenschaftliches Lehrbuch, sondern aus der Praxis für die Praxis geschrieben. Ich habe es in erster Linie dem praktizierenden Gynäkologen zugedacht, damit er lerne und die Fähigkeit erlange, die seelisch in Not geratene oder sogar neurotisch entgleiste Frau psychisch lege artis zu behandeln.

Die verschiedenartigen Sexualstörungen, ihre Ursachen, ihr Erkennen und ihre Behandlung sind in so einfachen Worten zur Darstellung gebracht, daß sie auch vom Nichtmediziner geistig erfaßt werden können. Möge daher dieses Buch nicht nur eine Fibel für den lernenden Arzt, sondern darüber hinaus ein Mahnruf an die Frau unserer Zeit sein. Sie ist es, die heute in dem Wahn lebt, die Gleichberechtigung auf allen Gebieten erlangt zu haben, nun glaubt, sich alle Freiheiten herausnehmen zu können, und in Wirklichkeit die große Verliererin ist.

Sasbachwalden im Schwarzwald
Frühjahr 1972 GEORG SCHNEIDER

I. Teil
Die primäre Impotenz

Nomenklatur

In der Literatur finden wir eine Vielzahl von Begriffsbildungen, um die einzelnen, recht verschiedenartigen und unterschiedlich stark in Erscheinung tretenden Potenzstörungen der Frau terminologisch zu erfassen. Wir hören von Dysorgasmien, sexuellen Dysästhesien und Dyslibidimien. Und diese Störungen werden nochmals unterteilt, je nachdem ein Zuviel, ein Zuwenig oder ein Fehlen der betreffenden Fähigkeit vorliegt. Auch die Aufgliederung in eine Kontrektationslibido (Verlangen nach Zärtlichkeit) und eine Deturgeszenzlibido (Verlangen nach dem Koitus) erscheint uns sinnvoll und psychoanalytisch nötig. In älteren Schriften wird viel mit den Begriffen primäre Frigidität und sekundäre Frigidität operiert. Hingegen tritt in der neueren Literatur immer stärker das Bestreben zutage, den Begriff Frigidität als zu allgemein gefaßt, daher irritierend und somit als antiquiert fallenzulassen. Von E. Schaetzing wird vorgeschlagen, als neuen Dachbegriff den Terminus »Impotenz« zu wählen und die verschiedenen Störungen der Liebesfähigkeit der Frau durch Attribute sinnvoll zu kennzeichnen. Bei diesem Bemühen gliedert er die weibliche Impotenz in eine totale, vaginale, insensible, sexuelle, erotische, orgastische, fakultative, exogene, androgene, edukatorische, hormonale, physiologische und psychische Form auf. Demgegenüber behält Matussek den alten Terminus bei und spricht von symptomatischer, Pseudo- und echter Frigidität. Weiss und Englisch machen ihrerseits den Schweregrad der Symptome zum Einteilungsprinzip. Und Bergler schließlich stellt bei der neurotischen Frigidität entsprechend dem Grad der Regression eine orale, anale und phallische Form heraus.

Zu diesen terminologischen Bemühungen, wobei Gynäkologen, Psychoanalytiker und Sexualforscher zum Teil unterschiedliche Meinungen vertreten, muß kurz Stellung bezogen werden. Selbstverständlich ist vom wissenschaftlichen Blickpunkt jede Art einer Potenzstörung exakt zu kennzeichnen, und dies nicht nur aus didaktischen Gründen, sondern vornehmlich im Hinblick auf eine klare Diagnostik und davon abhängige kausale Therapie. Andererseits aber ist bei einem praktizierenden Gynäkologen, der ich nun einmal bin, der Sinn immer auf die Praxis gerichtet und somit auf Vereinfachung bedacht. Unter diesem Gesichtswinkel glaube ich damit auszukommen und es auch verantworten zu können, wenn ich in dieser Arbeit auf der einen Seite die *primäre Frigidität (Impotenz)* herausstelle und ihr die *passageren situativ bedingten Potenzstörungen* gegenüberstelle. Es ist dann Aufgabe des Arztes, im ersten Falle die Psychogenese des Leidens analytisch zu erarbeiten und im zweiten Falle den speziellen Konfliktstoff aufzuspüren, der zur neurotischen Entgleisung der Patientin geführt hat. Wie ich bereits weiter oben gesagt habe, muß man in der Praxis mit wenigen Fachausdrücken auszukommen suchen. Aber auch diese Fremdworte darf man der Patientin nicht an den Kopf werfen. Sie würden sie möglicherweise irritieren und iatrogene Neurosen setzen. Nur wenn wir mit einfachen deutschen Worten operieren, wird die Patientin begreifen und dabei nicht entgleisen.

Symptomatik

Unter Frigidität verstehen wir *die Gefühlskälte und Geschlechtskälte der Frau.* Diese beiden Begriffe lenken unsere Aufmerksamkeit in zwei Richtungen. Im *psychischen Bereich* beobachten wir eine fehlende Zuneigung zum Mann, sogar eine fehlende Hinwendung zum Mann, ein Kaltbleiben der Frau dem Mann gegenüber, eine generelle Unempfindlichkeit gegenüber erotischen Reizen, ein Nichtansprechen auf erotische Reize. Diese abartige seelische Haltung bildet den Schwerpunkt, den Kern der Frigidität. Weit dahinter rangieren die gestörten Funktionsabläufe im Organischen. Im Hinblick auf die Vita sexualis zeigt die Frigidin ein fehlendes Begehren, Uninteressiertheit, selbst einen Mangel an Zärtlichkeitsbedürfnis. Kommt es trotz dieser distanzgebietenden Symptomatik zur Aufnahme intimer Beziehungen mit einem Partner, können sich im Psychischen die Symptome zu Ablehnung, Abscheu und Abwehr steigern.

Im *körperlichen Bereich* bildet das klassische Symptom die

Anorgasmie, und zwar das Fehlen des vaginalen Orgasmus (MATUSSEK). Beim Congressus spürt die Frigidin wohl eine leichte sexuelle Erregung, die sich durch Friktionsreize noch ein wenig steigert, aber nicht ausreicht, um einen Orgasmus auszulösen. Durch diesen stets unbefriedigenden Ausgang erstehen Enttäuschung, Gereiztheit, Empörung, Unzufriedenheit und Aggression gegen den Geschlechtspartner. Trotzdem bildet diese Art der Potenzstörung im Hinblick auf die Therapiefähigkeit den leichteren Fall, denn es sind wenigstens Ansätze zu physiologischem Empfinden vorhanden. Den Nullpunkt haben wir vor uns, wenn eine totale sexuelle Anästhesie vorliegt. Aber auch hier braucht die Impotenz der Frau nicht zu Weiterungen zu führen. Solange die Ehefrau, ungeachtet der Schwere ihrer Potenzstörung, den Koitus zuläßt, auch wenn sie ihn nur passiv erduldet, und solange ihr Ehegatte sich nicht an ihrer kühlen Verhaltensweise stößt, bleibt die Ehe erhalten. Die Situation wird erst dann kritisch, wenn Duldung in Ablehnung und Abwehr übergeht, wenn die Frigidin den Mann von sich stößt. Dann erscheinen im Somatischen Symptome wie der Pruritus vulvae, der Abwehrfluor, die Abwehrblutung und Adnexalgien. In schweren Fällen beobachten wir einen Reizzustand des ganzen Beckenraumes, die Pelipathie. Und das augenfälligste Symptom, den Zugriff des Mannes abzuwehren, bildet der Vaginismus. Bei diesem mächtigen Reflexvorgang kommt es nicht nur zu einem tonischen Krampf der gesamten den Scheideneingang umschließenden Muskulatur, der die Immissio penis unmöglich macht, sondern die Patientin torquiert gleichzeitig das Becken nach dorsal, um sich von dem Geschlechtsorgan des Mannes zu distanzieren, und preßt zusätzlich die Oberschenkel zusammen, um dem Mann den Zugang zu verwehren. Neben dieser unterschiedlich stark in Erscheinung tretenden Symptomatik beobachten wir im extragenitalen Bereich ein unangenehmes Berührtsein bei Zärtlichkeiten des Mannes oder sogar ein körperliches Sich-Distanzieren, worauf weiter oben bereits hingewiesen worden ist.

Indem wir von *primärer Frigidität* (true frigidity) sprechen, bringen wir damit zum Ausdruck, daß dieses Leiden von Beginn der Geschlechtsreife an besteht. Und dieser schweren Impotenz der Frau stellen wir didaktisch die *passageren situativ bedingten Potenzstörungen* gegenüber. Sie treten zu späteren Zeitpunkten auf und werden ausgelöst durch die Nichtbewältigung und Fehlverarbeitung von Konfliktsituationen. Wenn wir im Augenblick einmal die physiogenen Fälle ausklammern, können wir auch sagen, daß es sich bei der primären Frigidität um eine *Persönlichkeitsneurose* handelt, während die sekundären Potenzstörungen aus einer neurotischen Entgleisung im geschlechtsreifen Alter hervorgehen und damit die Symptome einer *Aktualneurose* darstellen.

Die *unterschiedliche Symptomatik* trägt entscheidend dazu bei, weitere didaktische Klarheit zu schaffen. Bei einer *primär frigiden Frau* sind, solange sie nicht mit einem Mann in Beziehung tritt, *pathologische Symptome im Körperlichen praktisch nicht vorhanden.* Sie wird höchstens durch die von ihr geäußerten Anschauungen, durch ihre abartige Verhaltensweise und ihre ablehnende Haltung gegenüber Männern in der Gemeinschaft auffällig. Zum Aufflammen einer pathologischen Symptomatik im Somatischen kommt es erst bei und nach der Cobitarche. Im Gegensatz hierzu ist *die Symptomatik bei einer sekundären Potenzstörung stets lebhafter und heftiger.* Hier weiß die Frau aus ihrer ersten Ehe oder aus ihren vorehelichen Beziehungen zu einem Geliebten, wo sie vollorgastisch gewesen ist, um den Lustgewinn, um das tosende Meer der sexuellen Erregung. Und so führt das Nichterreichen der Akme und der nachfolgenden körperlichen und seelischen Entspannung zu einem körperlichen Reizzustand, zu Verspannung, Verkrampfung, zu Enttäuschung und Empörung, kurz, zu einer flagranten Aggression gegen den Ehemann und nicht zuletzt auch gegen sich selbst.

Zusammenfassend wollen wir festhalten, daß es sich bei der primären Frigidität um eine schwere Impotenz der Frau handelt, die vom Beginn der Geschlechtsreife an besteht, der eine Persönlichkeitsneurose zugrunde liegt und deren Symptomatik bei einem deutlichen Überwiegen der pathologischen Symptome im Psychischen im allgemeinen still verläuft. Die Frauen haben auch nicht das Gefühl, im herkömmlichen Sinne krank zu sein. Ihre Geschlechtskälte wird ihnen aber von dem enttäuschten und empörten Ehemann vorgeworfen, und so erscheinen sie zunächst einmal beim Arzt, um sich Klarheit zu verschaffen. Unbewußt spielt sicherlich aber auch der Gedanke an Heilung mit, denn jeder Mensch trägt in sich das Bedürfnis nach Lust und Gesundheit (FREUD).

Damit wir nicht weiter in grauer Theorie dahinschwimmen, möchte ich zunächst einen Kasus schildern, der mir als einer der interessantesten Fälle heute noch lebhaft in Erinnerung ist. Im Anschluß daran sollen allgemeine Betrachtungen folgen.

Kasus

Maria K., 22 J., Archiv Landeskrankenhaus Neustrelitz 1957

Erste Untersuchung

Als ich die Patientin in der Sprechstunde zum erstenmal zu Gesicht bekam, war ich von ihrer *äußeren Erscheinung* stark beeindruckt, nahezu irritiert. Mittelgroß, schlank, naturblond, makelloses Gesicht, hohe Beine mit schmalen Fesseln, aschgraues Tailer-made-Kostüm, kurz gesagt, eine gepflegte, auffallende Erscheinung, nicht nur hübsch, sondern schön, vielleicht sogar eine klassische Schönheit.

Hier muß ich sogleich die erste Einflechtung tun. Meines Erachtens ist es *nahezu ein Typikum für die frigide Frau,* daß sie Wert, vielleicht sogar *in erhöhtem Maße Wert auf gutes Aussehen legt,* auf Körperpflege, Frisur, Kosmetik und gute Kleidung bedacht ist. Dabei erscheint die Frigidin durchaus nicht uniform. Einige von ihnen betonen ihre weiblichen Formen, so daß man nicht zu Unrecht von einem Sextyp spricht. Andere wieder suchen ihre Weiblichkeit zu verbergen, indem sie Kostüme und kurzen Haarschnitt tragen. Viele halten sich neutral in der Mitte. Keine von ihnen aber erscheint ungepflegt oder macht sogar den Eindruck einer Schlampe. Das ist nahezu ein Paradoxon. Denn zumindest für den Laien liegt die Vermutung nahe, daß die Frigidin, die also nichts von Männern wissen will, die demzufolge auch nicht ansprechend auf den Mann wirken will, sich körperlich vernachlässigt. In Wirklichkeit verhält es sich vielmehr so, daß die Frigidin ihre innere Leere und Unsicherheit durch gutes Aussehen und sicheres Auftreten zu übertünchen, zu kompensieren bemüht ist.

Nach der Vorstellung habe ich die Patientin gebeten, Platz zu nehmen und *mir in Ruhe alle ihre Sorgen und Beschwerden zu erzählen.* Hierauf schilderte sie mir in nahezu spartanischer Kürze, daß sie bereits einmal verheiratet gewesen und die Ehe nach einem Jahr auf Betreiben

ihres damaligen Mannes geschieden worden sei. In diesem Jahr habe sie zum zweitenmal geheiratet, und nach erst drei Monaten drohe ihr zweiter Mann ebenfalls mit der Scheidung, weil ein geschlechtlicher Verkehr mit ihr nicht möglich sei. Sie fürchte nun die Schande vor ihren Mitmenschen, wenn sie mit erst 22 Jahren bereits zum zweiten Mal schuldig geschieden werde.
Das allerorts im Schrifttum zu findende Postulat, sich bei einer Sexualstörung von der Patientin sowohl den objektiven Ablauf des Beischlafs als auch die subjektiven Empfindungen dabei schildern zu lassen, besteht völlig zu Recht. Sogleich aber bei der ersten Konsultation ins Detail gehend in die Intimsphäre einzudringen, halte ich für eine via falsa, zumindest für verfrüht. Ich habe es daher zunächst einmal bei der Angabe der Patientin, »daß ein geschlechtlicher Verkehr mit ihr nicht möglich sei«, bewenden lassen und mich lediglich nach Beschwerden im Unterleib erkundigt. Darauf gab sie dahingehend Auskunft, daß ihre Periode zeitweise etwas schmerzhaft sei, auch würden hin und wieder Beschwerden in den Eierstöcken auftreten. Ihr schienen aber diese Beschwerden unbedeutend. Wahrscheinlich seien alle Frauen damit behaftet.

Jeder Arzt weiß, welche Bedeutung die *Schilderung der »jetzigen Beschwerden«* besitzt. Sie informiert nicht nur, sondern lenkt den ärztlichen Blick bereits in bestimmte Richtungen. Und bei unserem Kasus springt sofort ins Auge die *Diskrepanz zwischen den unbedeutenden Beschwerden und der Angabe, daß ein Congressus nicht möglich sei,* was uns zu ernsteren Vermutungen Anlaß gibt. Natürlich muß auch an den seltenen Fall einer angeborenen Mißbildung gedacht werden (Aplasie der Vagina), aber diese Möglichkeit wird ja wenige Minuten später bei der gynäkologischen Untersuchung ausgeschlossen.

Weiterhin ist kennzeichnend, daß *die Patientin mit keinem Wort ihre Geschlechtskälte, das Fehlen ihrer Deturgeszenzlibido erwähnt,* obwohl sie mit Sicherheit von ihren Geschlechtspartnern bereits darauf aufmerksam gemacht worden ist. Wir hören keine Angaben darüber, daß sie auf geschlechtlichem Gebiet etwas vermißt, unglücklich darüber ist und den Zustand des Unbefriedigtseins geändert wissen möchte. Was sie zu uns führt, ist die Angst vor der Schande, vor finanziellem Unversorgtsein und vielleicht noch die Angst vor dem Nicht-mehr-Behütetsein. Das mag für den Anfänger enttäuschend sein. Er möchte lieber anderes von der Patientin hören. Wer sich aber in die Neurosenlehre vertieft hat, weiß, daß es gar nicht anders sein kann, daß vielmehr der Neurotiker von der Richtigkeit seiner Anschauungen,

Empfindungen und Verhaltensweisen überzeugt ist. Trotz dieser enttäuschenden, zumindest nicht befriedigenden Angaben darf eine entscheidende Tatsache nicht übersehen werden. Die Patientin ist zu uns gekommen, gleichgültig ob aus eigenem Antrieb oder auf Geheiß ihres Gatten. Ob sie unsere Hilfe sucht, können wir im Augenblick noch nicht wissen. Sie erbittet in jedem Falle aber Klärung, Klarstellung, was mit ihrem Unterleib los ist. Und an diesem Punkt setzen wir an.

Nach der kurzen Ermittlung der »jetzigen Beschwerden« habe ich die Schwester gebeten, die Patientin zur *Untersuchung zu lagern.* Bei meinem Versuch, mit dem touchierenden Finger in die Vagina einzugehen, zeigte die Patientin deutlich *Symptome der Abwehr, des unangenehmen Berührtseins.* Es handelte sich bei weitem nicht um den mächtigen Reflexvorgang des Vaginismus, aber die Patientin gab durch ihr Zurückzucken und zusätzlich durch ihre Mimik und Gestik zu verstehen, daß die Berührung ihr unangenehm war.
Ich habe die Patentin daraufhin in der üblichen Weise beruhigt und ermahnt, den Unterleib zu entspannen, damit die nun einmal notwendige Untersuchung der Geschlechtsorgane vorgenommen werden könnte. Dann ging es bei der nötigen Behutsamkeit von meiner Seite tadellos.
Der *Untersuchungsbefund* war nicht gerade bedeutend, aber dennoch interessant. An den Labien und der Klitoris kein eindeutiger Hinweis für häufiges Masturbieren; die Vagina etwas eng, aber für den kleinen Spiegel eingängig; der Hymen seit langem zerstört, viele alte Einrisse; Uterus und Adnexe praktisch o. B. Bei Austastung des paravaginalen und parametranen Gewebes sowie bei Druck auf die Portio keine übersteigerte Schmerzempfindung. Allerdings nahm die Verspannung im Ablauf der Untersuchung erneut zu, so daß der Befund etwas unsicher war und eine spätere Untersuchung in Narkose ins Auge gefaßt wurde.

Das *Verhalten der Patientinnen während der gynäkologischen Untersuchung* ist recht unterschiedlich. Es reicht in der einen Richtung vom neutralen Verhalten, dem passiven Sich-Hingeben, über unangenehme oder schmerzhafte Empfindungen bis zur flagranten Abwehr. Und in der anderen Richtung geht die Skala vom allzu willigen Sich-Freimachen, über das lustbetonte Entgegenstreben beim Eindringen des touchierenden Fingers des Arztes bis zum Sich-Vergessen während der Untersuchung.

Die Frigidität bietet, wie wir später noch sehen werden, kein uniformes Krankheitsbild. Es ist daher auch kein gleichartiges Verhalten der Krankheitsträgerinnen bei der Untersuchung zu erwarten. Ich möchte aber doch aus der Erfahrung heraus sagen, daß die Frigidin die ärztliche Untersuchung entweder tapfer erduldet, die Berührung unangenehm empfindet, zurückschreckt oder sogar den Arzt abwehrt. Und im Hinblick auf den Dolor zeigt die Patientin entweder keine Schmerzempfindung, klagt über unklare Mißempfindungen oder äußert stärkste Schmerzen, die mit dem objektiven Organbefund nicht in Einklang stehen, d. h. organogen nicht bedingt sein können.

Neben dem Untersuchungsbefund und den Äußerungen der Patientin ist es ratsam, zusätzlich auf Mimik und Gestik zu achten, da diese uns weitere Hinweise geben.

Nach der Untersuchung habe ich mit der Patientin ein *unterweisendes (orientierendes, belehrendes) Gespräch* geführt und ihr erklärt, daß ich einesteils keinen bedrohlichen krankhaften Befund am Genitale habe eruieren können, daß mir aber doch eine Reihe von Symptomen aufgefallen seien, die den Verdacht auf eine bestimmte Krankheit aufkommen ließen. Es müßten daher noch einige zusätzliche Untersuchungen durchgeführt werden, um eine definitive Klärung herbeizuführen. Endgültige Klarheit zu gewinnen sei ja auch in ihrem eigenen Interesse.

In den nächsten 4 Wochen sind dann folgende *Zusatzuntersuchungen* getätigt werden: Blutstatus, Harnstatus, gynäkologische Untersuchung in Narkose, Röntgenübersichtsaufnahme des Beckens.

Von einer *Salpingographie* habe ich bei der erst 22jährigen Patientin Abstand genommen. Ich halte sie aber bei länger verheirateten Frauen und insbesondere bei steriler Ehe für erforderlich.

Ob man grundsätzlich bei jeder Patientin eine *Probeabrasio* mit histologischer Untersuchung des Geschabsels durchführt, mag dem Gynäkologen überlassen bleiben. In jedem Falle ist ein Menstruationskalender über 3 Monate exakt zu führen und ebenso eine *Basaltemperaturkurve* anzulegen. Den Sinn und die technische Durchführung habe ich der Patientin genau erklärt und ihr zugleich zwei Formblätter mitgegeben, damit sie sich nicht vor der Durchführung dieser Aufgaben drücken konnte.

Nachdem alle diese Dinge abgeschlossen waren und die Ergebnisse mir vorlagen, habe ich mit der Patientin ein *abschließendes Gespräch* geführt, das ich wegen seiner Wichtigkeit in Kurzform wiedergeben möchte: »Frau K., wir haben Sie in den zurückliegenden Wochen eingehend untersucht. Das war zwar etwas anstrengend und mühevoll für Sie, aber es ist ja nur in Ihrem eigenen Interesse geschehen. Zunächst einmal das wichtigste Ergebnis: Ihre Geschlechtsorgane sind gesund und funktionstüchtig! Es liegt weder eine Infektion, eine Ent-

zündung, Verlagerung, Geschwulstbildung noch sonst etwas Ähnliches vor.
Das Leiden, mit dem Sie behaftet sind, nennen wir Ärzte ›Frigidität‹, zu deutsch ›Gefühlskälte, Geschlechtskälte‹.« (Es folgt eine kurze Belehrung über den Charakter dieses Leidens, seine Entstehung, das Zustandekommen der pathologischen Symptomatik im Psychischen und Organischen und den symbolischen Aussagewert der Symptome.)
Den Abschluß des Gespräches bildete die *Hinführung der Patientin zur freien Entscheidung über ihre Weiterbehandlung:* »Sie wissen nun über Ihr Leiden, die Art Ihrer Krankheit, Bescheid. Damit kehrt zunächst einmal Ruhe in Sie ein. Unwissenheit bringt Angst, Wissen setzt Ruhe! Sie müssen sich nun in der nächsten Zeit zu einer Entscheidung durchringen. Sind Sie mit Ihrem jetzigen Zustand zufrieden, fühlen Sie sich körperlich und seelisch wohl und wünschen Sie sich demzufolge nichts geändert, dann wird auch von unserer Seite nichts unternommen. Besteht Ihr Mann auf Scheidung, so trennen Sie sich von ihm und widmen sich voll einem Beruf, in dem Sie nicht nur einen Gelderdienst, sondern Ihren Lebensinhalt sehen. Sollten Sie jedoch Ihren Mann stärker als Ihren Beruf lieben und Befreiung von Ihrer Geschlechtskälte wünschen, um Ihren Mann auch körperlich lieben zu können, dann kommen Sie in unsere Behandlung.«

An dieser Stelle möchte ich drei wichtige allgemeine Betrachtungen nachtragen. Zunächst einmal wird der Leser beim Überdenken der vielen von uns durchgeführten Untersuchungen zu der Aussage geneigt sein, daß wir hier des Guten ein wenig zuviel tun. Das ist richtig und doch auch wieder nicht. Der erfahrene Gynäkologe weiß bereits nach der ersten Konsultation, daß eine Frigidität vorliegt. Daher führt er die anschließenden Zusatzuntersuchungen nicht so sehr für sich selbst durch, um seine Verdachtsdiagnose zu sichern, sondern vorwiegend im Interesse der Patientin. Sie wird bewußt mehrmals in die Klinik bestellt, und es werden ihr zusätzlich bestimmte Aufgaben gestellt, damit sie spürt, daß alle Register gezogen werden, um ihr Leiden sicher zu klären. Deshalb lesen wir ihr auch das Ergebnis der histologischen Untersuchung des Geschabsels vor, führen ihr ihren Menstruationskalender und ihre Basaltemperaturkurve vor Augen und erläutern ihr ihre eigenen Aufzeichnungen. *Nur wenn die Patientin selbst sieht und begreift, daß ihr Unterleib gesund und funktionstüchtig ist, wird sie unseren nachfolgenden Ausführungen über die Frigidität Glauben schenken.*

Das abschließende Gespräch nach beendeter Diagnostik bildet *einen kritischen Punkt in den Beziehungen zwischen Arzt und*

Patientin, weil ein Teil der Frauen den Arzt danach verläßt, bzw. von ihm an andere Fachkollegen überwiesen wird. Wie wir bei Abhandlung der Pathogenese noch hören werden, haben wir eine psychogene Frigidität, eine anlagemäßig gegebene Frigidität und eine organogene Frigidität zu unterscheiden. Wird im Ablauf der Diagnostik ein pathologischer Organbefund erhoben oder eine endokrinogene Funktionsstörung, kommt anschließend die herkömmliche konservative oder operative Behandlung zum Zuge. Liegt eine anlagemäßig gegebene Abartigkeit vor, also kein Leiden im eigentlichen Sinne, wird die Frigidin auch nicht unter ihren Empfindungen, Anschauungen etc. leiden, wird nichts geändert wünschen und demzufolge von einer Behandlung Abstand nehmen (vier eigene Fälle). Wenn dennoch einmal eine solche Frigidin aus äußeren Gründen, z. B. um weiterhin durch ihren Mann finanziell versorgt zu sein, eine analytische Behandlung eingehen sollte, gibt sie entweder bereits nach kurzer Zeit von selbst wieder auf, oder der Arzt löst sich nach wenigen Monaten seinerseits von ihr, wenn trotz intensiver Analyse und Auswertung der Träume kein Material gewonnen wird, das auf eine Psychogenese des Leidens hinweist. Man darf demnach sagen, daß bei den Patientinnen, die nach der abschließenden Belehrung aus freiem Entschluß zur Behandlung erscheinen – von Ausnahmen abgesehen –, eine psychogene Frigidität vorliegt. Und so wollen wir auch unsererseits uns fortan ausschließlich diesem Leiden zuwenden.

Im Hinblick auf die Möglichkeit eines psychogenen Leidens muß der Arzt von der ersten Fühlungnahme an in dieser Richtung eruieren. Da in diesen Fällen das Leiden in ein bestimmtes strukturneurotisches Gehabe eingebettet ist (BONAPARTE, DEUTSCH, FENICHEL, HITSCHMANN, BERGLER), gilt es, *die neurotische Persönlichkeit der Patientin zu erforschen.* Und damit beginnen wir, wenn die Patientin das erste Mal unser Sprechzimmer betritt. Ihre Haltung, ihre Mimik und Gestik, was sie uns erzählt, wie sie es uns erzählt, wie sie unsere Fragen beantwortet, wie sie sich bei der gynäkologischen Untersuchung gibt, alle diese Details bilden wichtige Bausteine, aus denen wir mosaikartig das Persönlichkeitsbild zusammensetzen müssen.

Bei meinem Fall war es nicht allzu schwer, Klarheit über die Persönlichkeit der Patientin zu gewinnen. Ich hatte vor mir eine psychasthenische und zugleich somasthenische blonde Frau von 22 Jahren. Und wir wissen aus Literaturhinweisen (KLEINSORGE), daß dieser Frauentyp für Frigidität besonders anfällig ist. Zufolge ihrer Intelligenz, ihrer Erziehung und ihrem ständigen Umgang mit Berufskollegen gelang es Maria K., sich vor dem Arzt ruhig zu geben, sachlich zu erzählen und äußerlich Sicherheit an den Tag zu legen. Aber diese Fassade, die sie um sich gebaut hatte, war leicht zu durchschauen. Dahinter verbargen sich Gehemmtheit, Kontaktgestörtheit, Unsicherheit und Angst, aber auch Schuldgefühl, Trotz und Aggression.

Patientin Maria K. erschien bereits nach wenigen Tagen wieder in meiner Sprechstunde und bat um Behandlung ihres Leidens. Drei Überlegungen bestimmten mich, die mühevolle Langzeitbehandlung auf mich zu nehmen. Zunächst einmal sprachen alle bisherigen Beobachtungen dafür, daß hier ein psychogenes Leiden vorlag. Außerdem glaubte ich aus all den Äußerungen entnehmen zu können, daß die Patientin ehrlich darum bemüht war, die Ehe aufrechtzuerhalten und ihren Gatten auch geschlechtlich lieben zu lernen. Sie stieß ihren Mann wohl körperlich von sich, auf der anderen Seite schien sie aber eine seelische Zuneigung zu ihm gefaßt zu haben. *Damit erachtete ich das Leiden als therapiebedürftig und therapiefähig,* so daß ich einen Versuch wagen durfte.

Introduktion: Im einführenden Gespräch wurden drei Themen abgehandelt, die Belehrung der Patientin über ihre Krankheit, die Erläuterung der therapeutischen Zielsetzung und der Abschluß des Paktes auf volles gegenseitiges Vertrauen und volle gegenseitige Offenheit.

Jeder Gynäkologe ist in der Lage, auf Anhieb einer Patientin *einen belehrenden Vortrag über die Frigidität,* den Charakter dieses Leidens, seine Herkunft und die pathologische Symptomatik zu halten. Wir können uns daher jedes Wort von unserer Seite sparen. Mir erscheint es besonders wichtig, im Ablauf der Belehrung darauf hinzuweisen, daß das Leiden nicht anlagemäßig gegeben, sondern entstanden ist, daß aber andererseits die lange Zeit des Bestehens eine Langzeitbehandlung erforderlich macht.

Auf die *Erläuterung der therapeutischen Zielsetzung* muß näher eingegangen werden. Besonders da das Ziel nur in einem langsamen Selbstreifungsprozeß erreicht werden kann, müssen wir es der Patientin klar und als anstrebenswert vor Augen führen. Und das hat seine Schwierigkeiten. Will man nicht sofort Aggression und Widerstand gegen den Arzt bei der Frigidin aufkommen lassen, lenkt man zumindest im Augenblick noch nicht ihren Blick auf die Intimsphäre, sondern wählt allgemeine Umschreibungen. Man sagt z. B.: »Sie werden im Ablauf der Behandlung Ihren Mann so lieben lernen, wie die anderen Frauen ihre Männer lieben, und Ihre Ehe wird so harmonisch werden, wie es in allen guten Ehen der Fall ist.«

Eine andere Möglichkeit besteht darin, der Frigidin *das Bild einer naturgemäßen (guten, idealen, harmonischen) Ehe vor Augen zu führen* (ROBINSON). Hierbei werden zuerst die Aufgaben, Pflichten und Rechte des Mannes aufgezeigt und anschließend die der Frau. Aber auch hier empfiehlt es sich, zunächst einmal nur Dinge herauszustellen – z. B. den Mann als Beschützer und Ernährer –, die die Frau akzeptiert, und auf ihrer Seite ebenfalls nur Aufgaben hervorzuheben, die von ihr bejaht werden. Nachdem die naturgemäßen Aufgaben von Mann und Frau abgehandelt worden sind, wird als drittes auf die Beziehungen der Gatten zueinander eingegangen. Hier beginnt man wiederum aus psychologischen Erwägungen mit der *seelischen Gemeinschaft*. Bei diesen Bemühungen finden wir zumindest in einigen Punkten bei der Frigidin Verständnis. Denn würde sie nicht wenigstens in ihrem Mann den Lebensgefährten und Kameraden suchen, hätte sie bestimmt nicht geheiratet. Und schließlich spricht man als letztes von der *vita sexualis im engeren Sinn, dem Congressus*. Hierbei werden mit keinem Wort die muskulären, vaskulären und nervösen Abläufe erwähnt, wird nicht von Druckrezeptoren und Korpuskeln gesprochen und ebenso nicht auf die über die Vagina hinlaufenden Kontraktionswellen und die sekretorischen Vorgänge beim Orgasmus eingegangen. Das sind Dinge, die nur den Sexualforscher und uns Ärzte interessieren. Es wird vielmehr der Congressus als ein ganzheitliches Geschehen dargestellt und der Frigidin in der Weise geschildert, wie ihn die physiologisch empfindende Frau in der Tat erlebt. Dabei wird in einfachen Sätzen erklärt, daß sich die natürlich empfindende Frau nach der körperlichen Vereinigung mit ihrem Mann sehnt, daß seine Zärtlichkeiten sie angenehm berühren, daß sie beim Koitus eine sich steigernde sinnliche Erregung erfährt und schließlich in einen Zustand höchster Verzückung gerät. Höchste Lustempfindung ersteht zuerst in der Scheide, und von ihr erfolgt in der Akme eine Ausbreitung über den ganzen Körper. Das Erleben des Orgasmus, des Gipfelpunktes, ist so ungeheuer und so mächtig an Lustgewinn und Verzückung, daß kein anderes Erlebnis ihm gleichkommt. Nach dem Congressus kehrt in die Frau das Gefühl der Befriedigung, der körperlichen und seelischen Entspannung ein.

Außer der Schilderung des Orgasmus, wie sie uns ROBINSON

in unvergleichlicher Weise gibt, erscheinen mir zusätzlich Hinweise angebracht, *in welch segensreicher Weise sich die körperliche Vereinigung auf die ganze Ehe auswirkt.* Durch den Geschlechtsakt ersteht eine so tiefe und innige Verbindung zwischen den Ehepartnern, wie sie keine kirchlichen Gebote und staatlichen Gesetze zustande bringen. Freud und Leid werden gemeinsam getragen, und die Wohnung wird zur Geborgenheit, zum trauten Heim. Kurz gesagt: *Ist die Vita sexualis in Ordnung, so ist auch die Ehe in Ordnung.**

Im konträren Fall, wenn die Eheleute nicht geschlechtlich zueinander finden, wird die Ehe zur Hölle. Denn das geschlechtliche Sich-nicht-Verstehen oder sogar Verabscheuen bleibt nicht auf die Vita sexualis beschränkt, sondern weitet sich auf den gesamten häuslichen und beruflichen Bereich aus.

Bei unserer Schilderung von der naturgemäßen Ehe geht es uns also darum, der Patientin zu verdeutlichen, daß sie lieben lernen muß, um genauso wie die anderen Frauen zu höchstem Lustgewinn zu kommen, der ihr bisher versagt geblieben ist; daß sie aber auch ihrem Gatten zuliebe und zur Errichtung einer harmonischen Ehe lieben lernen muß.

Indem wir der Patientin höchsten Lustgewinn beim Congressus versprechen, rufen wir ihre Neugier auf den Plan. Jede Frau

* Der soeben zitierte Satz, nahezu als primitives Schlagwort gebracht, wird sogleich und völlig zu Recht den Psychologen auf den Plan rufen. Es muß daher, um keine Mißverständnisse aufkommen zu lassen, eine Ergänzung angebracht werden.

Die körperliche Harmonie besitzt zweifellos einen hohen Stellenwert, sie ist andererseits aber nicht allein und nicht in jedem Falle entscheidend für den Bestand einer Ehe. Darüber hinaus wird der Erfahrene zustimmen müssen, daß es sogar umgekehrt Fälle gibt, bei denen es trotz Konsonanz der Ehepartner im Geschlechtlichen nicht zu einer seelischen Gemeinschaft, nicht zu echter Wir-Bildung kommt. Scheidungen, die zufolge unüberwindlicher Dissonanz auf geistigem und seelischem Gebiet vollzogen werden, obwohl auf dem sexuellen Sektor keine Veranlassung dazu besteht, bilden keine Seltenheit. Der Verfasser bedauert, diese aus der Empirie gewonnene These nicht durch statistisches Zahlenmaterial untermauern zu können. Um also nicht mißverstanden zu werden, bittet der Verfasser den kritischen Leser, den oben zitierten Satz nicht zu isolieren und dann kritisch zu durchleuchten, sondern ihn im fortlaufenden Text zu belassen und lediglich als einen von vielen Gedanken bei der Abhandlung eines bestimmten Themas zu werten.

ist neugierig, und in jeder ruht verborgen das Streben nach Lust, Gesundheit und Reife (FREUD).

Auch den abschließenden Hinweis halte ich für wertvoll, nämlich daß sich *die Frigidität auf die Gesamtpersönlichkeit der Trägerin zum Schaden auswirkt.* Dabei kommt den körperlichen Erscheinungen, wie Kopfschmerzen, Schlaflosigkeit und zeitweisen Unterleibsbeschwerden, die geringste Bedeutung zu. Weit wichtiger ist, daß die Frigidin durch ihre Fehlhaltung sich selbst unglücklich macht. Sie entbehrt Glück und Lust. Sie sucht die Einsamkeit und hat doch zugleich Sehnsucht nach einem lieben Nächsten. So wird sie innerlich zerrissen, ist uneins mit sich selbst und leidet unter ihren Stimmungsschwankungen. Darüber hinaus gerät die Frigidin mit ihren Mitmenschen in Schwierigkeiten, nicht zuletzt durch ihren pathologischen Ehrgeiz im Berufsleben, wobei sie sich unbeliebt macht und in ihr selbst Neid, Haß und Verbitterung Raum greifen.

Daß wir vor der Frigidin das Bild einer naturgemäßen Ehe entwerfen, hat als therapeutische Zielsetzung seinen guten Grund und läßt sich wissenschaftlich untermauern. Nach ADLER geht es darum, archetypische Bilder in der Patientin zu wecken, in ihr erstehen zu lassen und sie in Vergleich zu setzen zu den pathologisch verformten Bildern der Frigidin. Dadurch wird der Patientin die Dissonanz zwischen Archetypischem und neurotisch Verzerrtem bewußt. Durch diese Bewußtmachung und Bewußtwerdung entsteht im Unbewußten eine schöpferische Kraft mit der Zielsetzung, Entartetes zu transformieren, zu Archetypischem zurückzuführen. ADLER kennzeichnet diesen im Unbewußten sich abspielenden Vorgang als *transpersonale Übertragung* und stellt sie der *personalen Übertragung* vom Arzt auf die Patientin gegenüber.

Den Beschluß der Introduktion bildet *der zwischen Arzt und Patientin abzuschließende Pakt auf gegenseitiges Vertrauen und gegenseitige Offenheit.* Was damit gemeint ist, kann in jedem Lehrbuch nachgelesen werden. Ich möchte lediglich hinzufügen, daß es mit dem Pakt allein nicht getan ist. Es muß vielmehr *langsam ein guter Kontakt zwischen Arzt und Patientin heranreifen* (SCHULTE), bis es schließlich zu einer *Gefühlsbeziehung* kommt, die nach STOKVIS über das Maß hinausgeht, das durch die gegebene Situation vernunftmäßig begründet ist.

Die *Kontaktaufnahme* beginnt bereits bei der ersten Konsultation. Wenn hier der Arzt den Sorgen und Beschwerden der

Patientin Verständnis entgegenbringt und die Patientin dies auch spüren läßt, ist bereits viel gewonnen. Und das Zutrauen wird steigen, wenn der Arzt eine sorgfältige Diagnostik betreibt. Daß den analytischen Sitzungen die Erarbeitung der biographischen Anamnese vorangestellt wird, geschieht nicht nur aus diagnostischen Gründen. Die Patientin muß zunächst einmal die Scheu vor dem Arzt und nicht zuletzt die Scheu vor sich selbst verlieren. Und ihre Scheu vor der Neurose, ihre Gehemmtheit, verliert die Patientin am besten, wenn sie sich intensiv mit ihrer Neurose beschäftigt, sie anpackt und gemeinsam mit dem Arzt die Ursachen ihres Leidens zu ergründen sucht. Wenn sie diese Vorstufen hinter sich hat, wird sie ohne Scheu zu den analytischen Sitzungen kommen. Trotzdem ist, um auf den Ausgangspunkt unserer Betrachtungen zurückzukommen, der Abschluß eines Paktes zwischen Arzt und Patientin nötig, da man erforderlichenfalls darauf zurückgreifen können muß.

Erarbeiten der biographischen Anamnese

Daß der Lebensbericht nach Entwicklungsphasen aufgegliedert wird, in jeder Phase spezifische Fragenkomplexe bestehen und altersspezifische Krisenherde und -punkte durchleuchtet werden müssen, ist allgemein bekannt. Meist sind zwei bis drei Stunden vonnöten, um die vielen Fragen durchzugehen und durchzuarbeiten. Zusätzlich muß noch die Mutter der Patientin befragt werden. Damit also unsere Patientin voll bei der Sache ist, müssen wir ihr den Sinn unseres Bemühens erläutern.

In Verfolgung dieser Absicht knüpfen wir an unsere Ausführungen in der letzten Stunde über das Wesen und die Entstehung der Frigidität an. Wir erläutern der Patientin, daß es uns jetzt darum geht, ihr bisheriges Leben zu durchforschen und nach möglichen Ursachen zu suchen, von denen ihre Fehlentwicklung zur Gefühlskälte ihren Ausgang genommen haben könnte.

Damit die Patientin weiß, was von einer biologischen Reifung abweicht, muß sie zuerst erfahren, was wir nach unseren heutigen Erkenntnissen unter einer physiologischen Entwicklung des Menschen verstehen. Aber auch der Arzt selbst muß Bescheid wissen. Und so wollen wir zunächst einmal die sexuelle und psychosexuelle Entwicklung der Frau aufzeigen.

Die erste Entwicklungsphase bildet die frühe Kindheit. Sie umfaßt die ersten fünf bis sechs Lebensjahre. Dieser Lebensabschnitt ist von enormer Bedeutung, da sich in ihm bereits die Grundzüge für die gesamte spätere Persönlichkeit formen. Die einzelnen *körperlichen Reifungsphasen* und parallel zu ihnen laufenden *seelischen Antriebserlebnisse* werden uns in unübertrefflicher Weise von SCHULTZ-HENCKE vor Augen geführt. Sie hier zu wiederholen, ist nicht der Raum und die Zeit. Wir müssen uns notgedrungen auf das beschränken, was zum Verstehen der Frigidität vonnöten erscheint.

Als erstes muß sich der Arzt mit der *frühkindlichen Sexualität* vertraut machen und hier um die entscheidende Erkenntnis wissen, daß bereits das Kleinkind von starken sexuellen Gefühlen beherrscht wird. Zu Erektionen kommt es bei den Knaben schon in den ersten Lebenstagen, und die Mädchen masturbieren bereits im ersten Lebensjahr an der Klitoris. Jeder ärztliche Kollege, der Kleinkinder behandelt oder das Aufwachsen seiner eigenen Kinder aufmerksam beobachtet, wird dies bestätigen können. *Die frühkindlichen sexuellen Gefühle* nehmen in den folgenden Jahren noch an Stärke zu. *Sie werden behütet, gefördert, unterdrückt, fehlgeleitet oder zerstört durch die Eltern.* Diese Beobachtungen ließen FREUD die Bedeutung von Vater und Mutter für die physiologische und sexuelle Entwicklung des Kindes erahnen und ihn die kardinale These schaffen, daß die Sexualität des Menschen, sein sexuelles und psychosexuelles Verhalten im Erwachsenenalter, bereits in den ersten Lebensjahren entscheidend geprägt wird.

In den *ersten drei Lebensjahren wendet sich das Kleinkind voll der Mutter zu.* Von ihr wird es genährt, gepflegt und gekost. Und so sind seine Gefühle zur Mutter sinnlich gefärbt. Es sucht körperlichen Kontakt mit der Mutter. Sein Masturbieren steht in enger Verbindung zu den Lustgefühlen, die ihm seelisch und körperlich durch die Mutter vermittelt werden.

Vom dritten Lebensjahr an kehrt sich das Mädchen langsam von der Mutter ab und wendet sich dafür in steigendem Maße dem Vater zu. Es faßt zum Vater Zuneigung, und allmählich kommt es zu einer sinnlichen Bindung an ihn. In dieser Zeit kann nach den Thesen der Psychoanalytiker sogar eine feindselige Haltung gegenüber der Mutter erstehen.

Es bildet sich also *die Dreieckssituation Mutter – Kind – Vater* heraus. FREUD kennzeichnet dieses Geschehen als ödipale Phase und erachtet sie als einen physiologischen Entwicklungsvorgang in der zweiten Hälfte des Kleinkindalters, die unter normalen Bedingungen glatt durchlaufen wird. Zu Beginn kommt es im Kleinkind zu einem seelischen Konflikt, der sich tief im Verborgenen abspielt. Er muß gelöst werden, und das gelingt auch durch das naturgemäße Verhalten der Eltern zum Kind.

Es sei bereits hier erwähnt, daß das Mädchen im Laufe seiner Entwicklung zweimal eine Hürde nehmen muß, zuerst den Wechsel von der Mutter zum Vater, damit den Wechsel von der Homosexualität zur Heterosexualität, und später die Lösung vom Vater und von den Eltern überhaupt, um sich als reife Frau im Erwachsenenalter voll einem Manne zuwenden zu können. Trotzdem wird der Vater, sofern das Kind einen guten und verehrungswürdigen Vater besessen hat, der Tochter immer ein Vorbild bleiben – natürlich ihr nicht bewußt –, nach dem sie die Männer bewertet.

Die soeben aufgezeigten seelischen und sinnlichen Reifungsvorgänge vollziehen sich glatt und naturgemäß, wenn die Eltern die Zu- und Abwendungen des Kindes aufmerksam beobachten, *das kindliche Bedürfnis nach Zärtlichkeit und sinnlichem Kontakt positiv beantworten und bei einem Überwechseln zum anderen Partner das Kind gewähren lassen, ohne eifersüchtig zu werden.*

Auf die frühe Kindheit folgt als *zweite Entwicklungsphase die sogenannte Latenzzeit.* Sie dauert ebenfalls fünf bis sechs Jahre. Diese Periode steht vor allem unter dem Zeichen der körperlichen und geistigen Weiterentwicklung. Zugleich wird in dieser Phase die frühkindliche Sexualität ins Unbewußte verdrängt. Das Mädchen vergißt seine sexuell gefärbten Gefühle gegenüber den Eltern. Man spricht deshalb nicht zu Unrecht auch von der bisexuellen Phase.

Hier widersprechen sich Sexualforscher und Psychoanalytiker. Vor allem glaubt KINSEY durch die Ergebnisse bei 4441 Befragten den Gegenbeweis antreten zu können. Nach Ansicht des Verfassers lassen sich diese Widersprüche auflösen. Wer aufmerksam die Vorgänge in der Natur beobachtet, gelangt zu einem kardinalen Naturgesetz. Sogleich nach der Schaffung neuen Lebens finden die grundlegenden Prägungen statt. Das gilt für Pflanze, Tier und Mensch in gleicher Weise. Darauf folgt eine Phase der körperlichen Reifung und Anpassung an die Umwelt, beim Tier zusätzlich eine Reifung der Instinkte und beim

Menschen des Geistes, bis ein Zustand der Reife erreicht und das Wesen zu selbständigem Leben befähigt ist. Erst jetzt werden die Geschlechtsorgane funktionstüchtig und verleihen dem erwachsenen Wesen die Fähigkeit, sich fortzupflanzen und seiner großen Aufgabe der Erhaltung der Art zu dienen. Jeder Obstzüchter weiß, daß ein Baum erst ein bestimmtes Alter erreicht haben muß, ehe er Früchte trägt. Und so möchte der Verfasser den Psychoanalytikern beipflichten, die in der zweiten Entwicklungsphase eine Zeit des körperlichen und geistigen Heranreifens und des Hineinwachsens in die menschliche Gemeinschaft sehen.

In der zweiten Lebensphase besteht auch weiterhin eine enge Bindung des Kindes an die Eltern, nur ist sie jetzt frei von bewußten sexuellen Gefühlen. Der Mutter obliegt nicht nur die Erziehung des Mädchens, sie wird ihm darüber hinaus zum Vorbild. Die Tochter will so werden, wie ihre Mutter ist (DEUTSCH). Zum Vater strebt das Mädchen hin (DEUTSCH), nur eben jetzt nicht sexuell. Es ist stolz auf ihn, bewundert ihn und will ihm durch Aufmerksamkeiten und Leistungen Freude bereiten, andererseits aber auch von ihm beachtet und geliebt werden. Wenn der Vater in diesem Sinne handelt, fühlt sich das Kind bestätigt. – Aus diesen kurzen Andeutungen läßt sich entnehmen, daß bereits hier aus einem idealen Vater-Kind-Verhältnis das spätere ideale Verhalten der Frau dem Gatten gegenüber, das in einem Geben und Nehmen besteht, heranreift.

Das dritte Jahrfünft wird seit jeher *die Zeit der Pubertät* genannt, und wir meinen damit, daß in diese Zeit das Heranreifen der Geschlechtsorgane und der äußerlich sichtbaren Geschlechtsmerkmale fällt. Letztere besitzen für das Mädchen psychologisch sogar die größere Bedeutung. Und im vierten Jahrfünft endlich vollzieht sich die seelische Reifung zur vollen Weiblichkeit. Nach Ansicht des Verfassers geht man bei dieser didaktischen Trennung etwas zu gewalttätig vor. Deshalb möchte er lieber so formulieren, daß im zweiten Jahrzehnt zunächst einmal die *körperlich-geschlechtliche Reifung* für das Mädchen augenfällig im Vordergrund steht, *die seelisch geschlechtliche Reifung* sich daranschließt, durch erstere ausgelöst wird und schließlich letzterer die entscheidende Bedeutung zukommt. Am Ende dieser Entwicklung steht die körperlich und seelisch reife, selbständige Frau.

Wenn in der Pubertät das Mädchen das Erscheinen der weiblichen Geschlechtsmerkmale an ihrem Körper beobachtet, erfüllen es Neugier und Unruhe. Denn zugleich erwachen in ihm sexuelle Gefühle. Nun ist es für die Mutter an der Zeit, ihre Tochter »aufzuklären«, aber nicht nur rein sachlich über den Vorgang der Menstruation usw., sondern sie muß das in einer Weise tun, daß das Mädchen seine Weiblichkeit bejaht. Das gut aufgeklärte Mädchen gewöhnt sich sehr schnell an seine Monatsblutung, nimmt sie einfach als eine Gegebenheit hin. Nach dieser ersten Hürde ist nur noch die psychosexuelle Reifung von Bedeutung.

Mit dem Erwachen sexueller Gefühle machen sich beim Mädchen konsekutiv Neugier, Erregung, Freude und ein Hinstreben zur vollen Entfaltung bemerkbar. Andererseits aber erwachen auch Unruhe und Angst in ihm. Das Mädchen weiß es nicht nur vom Hörensagen, es spürt instinktiv, daß mit dem Erwachsenwerden große Aufgaben und Pflichten auf es zukommen, so Schwangerschaft und Mutterschaft. Es ist daher seine Angst durchaus gerechtfertigt. Und besonders wenn in einem Mädchen eine psychasthenische Erbanlage ruht, wird verständlich, daß Regressionsneigung aufkommen kann und die wachsenden Brüste und Schamhaare verwünscht werden. Es schwankt dann in der Pubertät zwischen den Seelenzuständen Angst und Lust (DEUTSCH), bis es schließlich doch den Weg zum anderen Geschlecht einschlägt. Diesen Weg zu gehen, bestimmt nicht nur ihr gesunder Instinkt und erwachender Geschlechtstrieb, sondern die seelische Führung guter Eltern.

Zur Aufgabe der Eltern gehört es auch, frühzeitig genug ihre Tochter dazu zu erziehen, sich auf eigene Beine zu stellen. Sechzehn Jahre lang haben Vater und Mutter gleichsam auf ihr Kind übertragen, es mit einem ihnen bestmöglichen seelischen Potential ausgerüstet. Nun kommt die Zeit, sich behutsam von der Tochter zu lösen, wie dies vergleichsweise auch der Psychoanalytiker vom Analysanden in der Endphase der Behandlung tut.

Wenn sich das Mädchen von den Eltern zurückzieht, wählt es, ehe es sich endgültig einem Manne zuwendet, gewissermaßen als Zwischenstation eine Mädchenfreundschaft. Es folgen die bedeutsamen Tagträume, denen es wohl zu verdanken ist, daß die Frau ihr Leben lang eine Romantikerin bleibt, nie zum nüchternen Denken des Mannes hinfindet, ihn dafür aber durch ihre Ideen beflügelt und ansporn t. Es wäre noch so vieles über die psychische Entwicklung der Frau zu sagen, wir wollen uns aber bewußt auf das beschränken – um es zur Klarstellung noch einmal zu wiederholen –, was uns für das Verstehen der Frigidität wichtig erscheint. Und damit kommen wir zum Ausgang unserer Betrachtung zurück.

Wir haben aufgezeigt, wie das Mädchen bei guter Erziehung, aufmerksamer Beobachtung und naturgemäßer Verhaltensweise der Eltern sexuell und psychosexuell heranreift. So fällt es uns jetzt nicht schwer, auf *Krisenherde, Gefahren und Fehlverhaltensweisen der Eltern* hinzuweisen, die zu einer psychischen Fehlentwicklung führen, aus welcher die Frigidität geboren wird.

Betrachten wir zunächst die *Mutter*. Sie kann einmal das hingabebereite und nach Zärtlichkeit sich sehnende Kind zu stark an sich binden, es gewissermaßen mit Liebe überschütten und damit überfordern. Durch eine solche Überforderung entsteht die Gefahr, daß das Selbstvertrauen im Kind zerstört wird oder zumindest das Kind diese Fähigkeit verzögert oder nur unterwertig erlangt. Außerdem wirkt eine überstarke Mutterliebe der physiologischen Hinwendung des Mädchens zum Vater und damit zur Heterosexualität entgegen. – Die Mutter kann umgekehrt auch zu streng zum Kind sein, z. B. in der Sauberkeitserziehung, und damit Trotzreaktionen und Aggressionen gegen die Mutter herausfordern. Noch böser wird die Situation, wenn eine Mutter ihr Kind vernachlässigt oder es sogar von sich stößt. Dadurch kommt es zwangsläufig zu einer zu starken Bindung an den Vater, so daß das Mädchen ein Leben lang ihm verhaftet bleibt und sich keinem anderen Mann zuzuwenden vermag (Vaterkomplex). Die lieblose Erziehung durch eine Stiefmutter oder in einem Waisenhaus bei ständig wechselndem Personal bilden natürlich negativste Faktoren.

Besitzt ein Kind keine Mutter, auch keine Ersatzmutter, so hat es kein Vorbild vor Augen, das es auf sich übertragen, dem es nacheifern kann. Bei unseren Betrachtungen über die zweite Lebensphase haben wir bereits gehört, daß das Mädchen ein Vorbild braucht, es in der Mutter sucht und in der guten Mutter findet.

Auch auf *die Fehlverhaltensweise des Vaters* muß kurz aufmerksam gemacht werden. Überschüttet der Vater sein Kind mit Zärtlichkeit, kommt es damit zu einer zu starken Bindung an ihn und zu Schuldgefühlen im Kind, die ins Unbewußte verdrängt werden. Ist der Vater allzu streng, erwachsen im Kind Minderwertigkeitsgefühle und später Angst vor den Männern. Vernachlässigt der Vater seine kleine Tochter und bevorzugt seinen Buben, wird damit für das Mädchen die Gefahr heraufbeschworen, das eigene Geschlecht abzulehnen, und zugleich der Keim zu phallischer Haltung und Aggression gegen die Männerwelt gesetzt.

Am leichtesten ist die *psychosexuelle Fehlerziehung in den Pubertätsjahren* zu verstehen. Hier spielen die verschiedensten Motive eine Rolle. Die Mutter kann einmal zufolge eigener böser Erlebnisse in der Jugendzeit oder, veranlaßt durch ihre zerrüttete Ehe, die Tochter in guter Absicht vor den Männern bewahren oder sie zumindest solange wie möglich vor dem Zugriff der Männer schützen wollen. Wenn die Mutter selbst einem bestimmten Zeitgeist verhaftet ist, viktorianisch oder puritanisch erzogen worden ist oder im entgegengesetzten Fall einen unmoralischen Lebenswandel führt, überträgt sie unbewußt oder auch bewußt ihre eigenen Anschauungen, Empfindungen und Verhaltensweisen auf das Kind und bewirkt so dessen Fehlerziehung. Wir wollen dabei an das weiter oben Gesagte erinnern, daß gerade in den Pubertätsjahren das Mädchen sich in einer kritischen Phase befindet. Es schwankt zwischen den Seelenzuständen Angst und Lust. Wird es im negativen Sinne beeinflußt, und zwar massiv über den Zeitraum von Jahren, dann wird die Gefahr der Flucht in die Regression, die Gefahr des Ablehnens der weiblichen Rolle, die Gefahr des Sich-Abwendens vom anderen Geschlecht außerordentlich groß. Aber auch phallische Haltung und Aggression entstehen.

Es ist eine strittige Frage, ob allein durch Fehlerziehung in den Pubertätsjahren, wie immer sie geartet sein mag, ein Mädchen frigide werden kann. Wir wollen bei diesen Überlegungen nicht die grundlegenden Tatsachen übersehen, daß in den meisten Fällen die auf das Mädchen einwirkenden Faktoren und Umwelteinflüsse in gleicher Weise bereits in seinem Kleinkindalter gegeben waren. Besitzt ein Mädchen keine oder schlechte Eltern, so bestanden diese Zustände auch in ihrer Kindheit. Sind die Eltern einem bestimmten Zeitgeist völlig ergeben oder religiös überstark gebunden, so sind sie dies bereits 16 Jahre vorher gewesen. Zufolge dieser Feststellungen darf man sagen, daß in den meisten Fällen die Eltern, in welcher Weise es auch immer sein mag, bereits auf die psychische Formung des Kleinkindes störend, alterierend oder pervertierend eingewirkt haben. Es wird somit ein psychische Fehlentwicklung – in unserem Falle die Frigidität – in ihren Grundzügen bereits in der frühen Kindheit geprägt, die dann ihrerseits in der zweiten, dritten und vierten Lebensphase fortlaufend eine weitere Vertiefung erfährt. Trotz dieser Überlegungen dürfen wir nicht übersehen, daß es eine Fehlentwicklung und Fehlerziehung in den Pubertätsjahren gibt, und wir wollen sie auch nicht unterbewerten. Es ist nicht zuletzt der Gynäkologe, der auf diesen Faktor immer wieder stößt. Und ROEMER spricht völlig zu Recht von der psychosexuellen Teilretardierung.

Zum Kapitel Fehlerziehung müssen noch einige Ergänzungen getan werden. Selbstverständlich wirken auf das Kind die Eltern am tiefsten und nachhaltigsten. Sie sind die großen, guten oder auch schlechten Vorbilder des Kindes. Daneben wollen wir nicht vergessen, daß *noch andere Personen aus dem engeren und weiteren Milieu auf das Kind Einfluß nehmen*. Wir denken dabei an Geschwister, Verwandte und Bekannte.

Nach Fehlentwicklung und Fehlerziehung sollen *die psychischen Traumatisierungen* kurz Erwähnung finden. Wir spielen dabei im Hinblick auf die Frigidität besonders auf Verführungen und Vergewaltigungen in der Kindheit an. Daß eine Vergewaltigung im ersten Dezennium nicht nur ein körperliches, sondern auch seelisches Trauma setzt, bedarf keiner Erörterung. Wir kommen an späterer Stelle noch eingehender darauf zu sprechen. Gott sei Dank passieren frühkindliche Verführungen nicht so häufig, wie man es nach den Literaturhinweisen annehmen sollte.

Von weittragender Bedeutung ist die Tatsache, daß das Kind nicht nur in eine Familie, sondern in einen bestimmten *Zeitgeist*, in ein bestimmtes Volk, in eine bestimmte Welt hineingeboren wird. Und dieser Zeitgeist beeinflußt auf dem Umweg über die Eltern die seelische Entwicklung des Kindes, da die Eltern ihrerseits selbst von dem Zeitgeist mehr oder weniger stark erfaßt werden, zumindest nicht völlig unbeeinflußt bleiben. Und wenn ein Mädchen keine Eltern besitzt, also niemanden, der seine seelische Führung übernimmt und es zu Kritikfähigkeit erzieht, wird ein solches Geschöpf besonders stark dem Zeitgeist verfallen. Es lebt dann meist in der Gesellschaft ebenfalls führungsloser und ebenso verwahrloster Mädchen, erachtet deren Anschauungen und Verhaltensweisen als richtig und übernimmt sie. Nach ADLER kommt es zur neurotischen Entgleisung durch die übersteigerte Anpassung an die Erfordernisse und Ansprüche des äußeren Lebens. Der Mensch wird dann von den Konflikten seiner Zeit so stark verwundet, daß er zum Neurotiker wird.

In der Literatur werden wir bei Abhandlungen über die Fehlerziehung durch die Gesellschaft auf *das Viktorianische Zeitalter, die Frauenrechtsbewegung und die Puritanische Erziehung* aufmerksam gemacht. Den Forschungen amerikanischer Autoren zufolge darf man epikritisch sagen, daß in der Viktorianischen Zeit Gefühlskälte und Geschlechtskälte zum stilgerechten Verhalten der Frau erklärt wurden und daß selbst Ärzte damals sich diese Anschauungen zu eigen machten (ACTON, FEHLING, WINDSCHEID). Die Frauenrechtsbewegung wiederum führte die ihrer weiblichen Aufgaben verarmte Frau nicht zur Weiblichkeit zurück, sondern entfernte sie noch weiter davon, indem sie in das Reich des Mannes einzudringen, mit ihm gleichzuziehen und ihn zu verdrängen suchte. Und im Puritanischen Zeitalter schließlich dominierte eine streng religiöse Haltung, wobei der Geschlechtsakt als rein der Fortpflanzung dienend hingestellt und das Liebesspiel der Menschen als Sünde aufgefaßt wurde.

Diese drei Zeitepochen sind heute lange vorüber. Wir wollen uns aber nicht darüber hinwegtäuschen, daß nach wie vor in vielen Familien und bestimmten Ständen die oben angedeuteten Fehlerziehungen mit unverminderter Heftigkeit und in nahezu geistiger Starrheit fortbetrieben werden.

Unsere Ausführungen über sexuelle und psychosexuelle Fehlerziehung wären unvollständig, wollten wir nicht noch einen kritischen Blick in *die Gegenwart* tun. Im Hinblick auf die vita sexualis ist zu sagen, daß sie in der heutigen Zeit eine augenfällige Betonung erfährt, wobei das körperliche Erleben in den Vordergrund gestellt wird und die seelische Komponente in den Schatten gerät. Viele Tabus sind gefallen. Worüber früher geschwiegen oder nur hinter der hohlen Hand getuschelt wurde, das wird heute offen in der Sexliteratur abgehandelt und in Sexfilmen zur Schau gestellt. Den Geschlechtsakt erachtet man nicht mehr als einen ausschließlich der Fortpflanzung dienenden Vorgang. Er ist zum Liebesakt erhöht worden. Für viele Frauen ist er, noch einen Schritt weiter, zum bloßen Vergnügungsakt bei Ablehnung von Nachkommenschaft geworden.

Heute findet kein Mensch mehr etwas dabei, wenn eine Frau einen in jeder Hinsicht freien Lebenswandel führt. Und es ist besonders die weibliche Jugend, die die völlige Freiheit auf sexuellem Gebiet propagiert und auch praktiziert. Typisch ist der häufige Partnerwechsel.

Durch die augenfällige Herausstellung des körperlichen Erlebens erstehen unseres Erachtens *Gefahren*. Der Geschlechtsakt kann zum Selbstzweck werden und nicht einmal mehr Liebesakt zur Vertiefung einer ehelichen Gemeinschaft sein. Der häufige Partnerwechsel kann dazu führen, daß die Frau die Fähigkeit verliert, sich an einen einzigen Partner zu binden und mit ihm eine langwährende, tiefgreifende seelische Gemeinschaft einzugehen.

In der Herabwürdigung des Koitus zur bloßen Befriedigung des Geschlechtstriebes und dem ständigen Partnerwechsel sehen die Psychoanalytiker die Wurzel der in unserer Zeit so häufig gewordenen *psychischen Frigidität*. FRIEDLÄNDER sagt zu den angeschnittenen Problemen, daß man in der entarteten Großstadt nur noch den Begattungstrieb kennt, nicht mehr aber den Fortpflanzungstrieb. Und FRANKEL äußert über die psychisch Frigiden, daß sie nicht imstande sind, die Qualität echter Liebeserfüllung zu erleben, innerlich leer ausgehen und sich daher durch die Quantität bloßer Triebbefriedigung zu betäuben pflegen. In Weiterverfolgung unseres Themas muß als nächstes gesagt werden, daß die elterliche Erziehung in unserer Zeit oft eine mangelhafte ist. Viele Eltern bleiben orthodox ihren herkömmlichen Anschauungen verhaftet und bringen kein Verständnis für die freier denkende Tochter auf. In anderen Fällen wieder sind beide Eheleute voll berufstätig. Dabei muß zwangsläufig die Erziehung der Kinder zu kurz kommen. Die Jugendlichen ihrerseits, alleingelassen oder sogar ohne Eltern in Heimen aufwachsend, gehen daran, das Leben selbst zu erkunden und geraten dabei ungebremst in die Hände des Zeitgeistes, der sie praktisch verschlingt.

Als drittes muß auf die heute häufig zu beobachtende Vereinsamung des einzelnen hingewiesen werden. Gehen wir nur einmal abends auf einer Hauptstraße in der Großstadt spazieren. Da strömen die Menschen zu Tausenden aneinander vorüber, ohne sich zu kennen, ohne sich zu beachten, geschweige denn sich zu grüßen. In diesem Treiben fühlt sich der einzelne verlassen und einsam trotz taghellen Neonlichts und lärmender Tanzlokale.

Aus der Vereinsamung kann, wie uns die Psychoanalytiker belehren, die *Kontaktgestörtheit* hervorgehen.

Und schließlich wollen wir nicht übersehen, daß viele Menschen heute völlig in ihrem Beruf aufgehen, von ihrem Beruf förmlich aufgefressen werden und dabei die vita sexualis in sich abtöten.

Obwohl unsere Aufzeichnungen nicht viel mehr als stichwortartig geschehen sind, müssen abschließend dennoch einige korrigierende Worte gesagt werden, damit keine falschen Vorstellungen über das Ausmaß der gegenwärtigen Vorgänge aufkommen. Unsere wichtigste Feststellung ist, daß unsere Aussagen keine allgemeine Gültigkeit besitzen, d. h. sie treffen nicht für jeden Ort, für jede Familie und jede Frau zu. Das Leben vollzieht sich auf dem heißen Pflaster der Großstadt anders als auf dem warmen Boden der ländlichen Gemeinde. Aber auch die Großstadt selbst bietet kein uniformes Bild, sondern ein vielschichtiges Spektrum, das vom keuschesten Lebenswandel bis zum sexuellen Exzeß reicht. Was die elterliche Erziehung betrifft, so besteht sicher der Vorwurf zu Recht, daß sie nicht immer die beste und verständnisvollste ist. Dabei darf aber nicht übersehen werden, daß die Mehrheit der Mädchen auch heute noch in einem warmen Nest aufwächst. Und im Hinblick auf die weibliche Welt muß gesagt werden, daß die Frauen unterschiedlich vulnerabel sind. Die einen verdauen alles, was durch die Massenmedien an sie herangetragen wird, anstandslos; andere nehmen Schaden.

Die Frau besitzt heute ein Maß an persönlicher Freiheit, wie es noch zu keiner Zeit der Fall gewesen ist. Daß sie sich jede Freiheit nehmen darf, bedeutet aber nicht, daß sie sich jede Freiheit nehmen muß. Ihr ist nur die Möglichkeit in die Hand gegeben, ihr eigenes Leben nach ihren eigenen Vorstellungen selbst zu gestalten. Viele Frauen nutzen diese Chance zu ihrem Vorteil. Sie genießen maßvoll ihre Freiheit und ihr Leben. Andere Frauen müssen erst lernen, mit der Freiheit umzugehen, ohne sie zu mißbrauchen und ohne neurotisch zu entgleisen.

Wir wollen nun zur Erarbeitung der biographischen Anamnese zurückkehren. Wir haben am Eingang des Kapitels gesagt, daß wir unserer Patientin erläutern müssen, welchem Zweck die Durchleuchtung ihres Lebens dient. Und damit sie begreift, was wir Ärzte unter psychischer Fehlentwicklung und -erziehung verstehen, müssen wir ihr vor Augen führen, wie sich die Psyche eines Kindes unter der Obhut guter Eltern naturgemäß formt. Meist wird sich der Psychoanalytiker auf die Durcharbeitung der vier Entwicklungsphasen beschränken. Mit einer hochgeistigen Frau mag er getrost auch in eine Betrachtung über den Zeitgeist und den Menschen als Sozialwesen eingehen.

Zurück zur Praxis! Uns geht es darum, gemeinsam mit der Patientin ihr bisheriges Leben zu durchforschen und Erlebnisse, Geschehnisse, Konfliktsituationen, seelische Verwundungen usw. aufzuspüren, welche die mögliche Wurzel, möglicherweise den Ausgangspunkt ihrer Frigidität bilden. Viele Fragen sind zu stellen, viel leeres Stroh muß gedroschen werden, um einige Weizenkörner zu erhalten. Damit unser kasuistischer Beitrag die erforderliche Kürze behält, wollen wir uns damit begnügen, das Pathobiogramm und seine Auswertung aufzuzeigen.

Pathobiogramm

Alter	Erlebnisse Ereignisse Konfliktsituationen	Reaktionen Symptome im Psychischen und Organischen Gesundheitszustand
1–6 J.	lange Stillzeit, verzehrende Hingabe der Mutter, liebevolle Pflege und spätere sorgsame Erziehung durch die Mutter	K. ist als Säugling körperlich kräftig u. gesund, als Kleinkind nie ernstlich krank; Kinderkrankheiten leicht überstanden; zeitgerecht nicht mehr eingekotet und eingenäßt; in den ersten 3 J. wendet sich K. völlig der Mutter zu
	Enttäuschung u. anfängliche Abkehr des Vaters; K. trägt auf Wunsch des Vaters Hosen, wird von ihm ausgeführt, von ihm jungenhaft erzogen	vom 4. Jahr ab langsame Zuwendung zum Vater; K. ist stolz auf ihn, faßt aber keine herzliche Zuneigung zu ihm
	K. ist viel mit männlichen Spielkameraden zusammen, wird von ihnen gehänselt.	K. zieht sich weinend zurück; nach Ermutigung durch den Vater zu Prügeleien aufgelegt

Alter	Erlebnisse Ereignisse Konfliktsituationen	Reaktionen Symptome im Psychischen und Organischen Gesundheitszustand
	K. erlebt vom 3. Lebensjahr an oftmals Streitigkeiten zwischen den Eltern	K. wird still, nachdenklich, beobachtend
6–13 J.	sieben Jahre Volksschule, alle Klassen glatt durchlaufen	gute Zeugnisse; Musik, Zeichnen u. Deutsch sehr gut, naturwissenschaftliche Fächer schwächer; Neigung zu sportlicher Betätigung, Begabung f. Musik
	gemischte Schulklassen	in der Grundschule hält K. z. d. Mädchen; i. d. Oberstufe macht sie mit den Jungen Schularbeiten, prügelt sich mit ihnen herum; mit den Mädchen gutes Einvernehmen; steht ihnen bei; aber keine feste Freundin; Zeiten, wo K. am liebsten allein für sich ist und sich von Jungen u. Mädchen fernhält
	mehr Lehrerinnen als Lehrer in der Schule	unterschiedliche Einstellung zu den einzelnen Lehrkräften; will Lehrerin werden
13–20 J.	sechs Jahre Oberschule	gleichfalls gute Zeugnisse; fleißig bis ehrgeizig; Begabung für künstlerische Fächer wird ausgeprägter; ehrgeizig im Sport, will aber nicht Sportlerin werden
	gleichfalls gemischte Klassen	stets gutes Verhältnis zu ihren Mitschülerinnen; hilfsbereit; mit der körperlich schwächsten befreundet; zu den anderen Mitschülerinnen mehr neutrales Verhältnis; von vielen wird sie abgelehnt; fühlt sich wie in der Volksschule mehr zu den Jungen hingezogen; steht mit ihnen in den Pausen zusammen; macht

Alter	Erlebnisse Ereignisse Konfliktsituationen	Reaktionen Symptome im Psychischen und Organischen Gesundheitszustand
		mit ihnen Schularbeiten; veranstaltet mit ihnen Wettlaufen Wettschwimmen
13½ J.	Menarche ohne vorangegangene Aufklärung; nachträgliche Belehrung durch Mutter und Fehlunterweisung mit der Zielsetzung, die Tochter möglichst lange von den Männern fernzuhalten	Menstruation wird anfangs abgelehnt, später als Gegebenheit hingenommen; Kleidung mehr sportlich als typisch mädchenhaft; völlige Unbefangenheit den Jungen gegenüber; die Jungen unterhalten sich gern mit ihr; spielen mit ihr Tennis; hinter ihrem Rücken wird sie von ihnen kalte Ente, kalte Schönheit genannt
15 J.	schwerer Streit der Eltern, ständig kleinere Reibereien	seit dieser Zeit Reserviertheit den Jungen gegenüber
16 J.	ein in der Familie verkehrender Student bemüht sich um K. in auffälliger Weise; erweist ihr Aufmerksamkeiten	K. fühlt sich darüber geschmeichelt
16 J. 2 Mon.	K. wird überrascht durch den Impetus des Freundes; Defloration	Überraschung, Blut in der Unterwäsche; läuft zum Vater und nicht zur Mutter; behält die Cobitarche in unangenehmer Erinnerung; seitdem oft allein, nachdenklich, grüblerisch, zieht sich vom Sport zurück; spielt viel Klavier; malt gern; schließt sich mehr der Mutter an, die glücklich darüber ist; gemeinsame Freizeitgestaltung mit ihr

Alter	Erlebnisse Ereignisse Konfliktsituationen	Reaktionen Symptome im Psychischen und Organischen Gesundheitszustand
17 J.	Vater sehr viel in der Fabrik; auch an den Abenden außerhalb; K. nimmt an, daß Vater sich anderen Frauen zuwendet.	Vaters Lebenswandel wird von K. nicht gut geheißen; er wird aber nicht von ihr verachtet; K. betrachtet sich als seine Tochter; will wie er auch etwas leisten, will unabhängig sein
	Wegen ihrer Schönheit ist K. stets von jungen Männern umgeben	K. bleibt den Männern gegenüber stets reserviert, aber immer freundlich, aufgeschlossen, führt hochgeistige Gespräche mit ihnen
18 J.	Abitur mit »gut« bestanden	fest entschlossen einen Beruf zu erlernen, etwas zu leisten, Geld zu verdienen; will nichts von Ehe wissen, auf keinen Mann warten
	Berufswahl	anfänglich unentschlossen, ob Malerin, Musiklehrerin oder Modistin; wird Innenarchitektin.
19 J.	lernt durch Beruf angesehenen Baumeister kennen	er wird ihr ein guter Freund gemeinsame Interessen; ehrliche Zuneigung, aber keine Leidenschaft
19 J. 6 Mon.	Heiratsantrag	willigt in Heirat ein
20 J.	ein furchtbares Ehejahr, K. spricht nicht gern darüber; Geschlechtsverkehr ist angeblich nie!!! möglich gewesen; nach einem Jahr Scheidung auf Betreiben des Ehemannes	in den ersten Monaten ist Ehemann rücksichtsvoll zu ihr; dann zunehmende Verschlechterung d. ehelichen Verhältnisse; K. bezichtigt ihren Mann, mangelndes Verständnis u. Einfühlungsvermögen zu besitzen; er sei fordernd, rabiat; K. bestreitet eigene Gefühlskälte, aus Berechnung geheiratet zu haben, egozentrisch zu sein

Alter	Erlebnisse Ereignisse Konfliktsituationen	Reaktionen Symptome im Psychischen und Organischen Gesundheitszustand
21 J.	weiter als Assistentin bei Innenarchitekt tätig	Gutes Verhältnis zum Arbeitgeber; wird von ihm wegen ihres guten Geschmacks gelobt
22 J.	macht erneut Bekanntschaft mit einem Studienrat	unentschlossen zur Heirat; sehnt sich nach Geborgenheit; will keine alte Jungfer werden; will nebenher beruflich tätig bleiben
22 J. 3 Mon.	zweite Heirat	K. erhofft in ihrem zweiten Mann einen verständnisvollen Freund und Ehepartner
	die inzwischen geschiedene Mutter wird ins Haus genommen; es beginnt die gleiche Misere wie in der ersten Ehe; nach drei Monaten droht der Mann mit Scheidung	erneute Enttäuschung über den zweiten Ehemann; K. sucht den Frauenarzt auf, weil sie im Falle einer erneuten Scheidung die Schande vor den Mitmenschen fürchtet

Epikritische Betrachtung des Pathobiogramms: Nachzutragen ist zunächst noch, daß die Familienanamnese, die ich zur Verkürzung des Textes fortgelassen habe, keinen Anhalt für die Vererbung degenerativer, perverser oder psychopathischer Züge ergab.

Die stichwortartigen Eintragungen lassen unschwer erkennen, daß hier eine primäre Frigidität vorliegt. Folgende Faktoren erscheinen uns bedeutungsvoll. Das Mädchen wächst in einer zerrütteten Ehe auf. Die von ihrem Gatten enttäuschte und gedemütigte Mutter wendet sich völlig dem Kind zu, vielleicht zu stark. Der Vater wiederum in seiner anfänglichen Enttäuschung über die Ankunft des Mädchens statt eines erhofften Nachfolgers für seine Maschinenfabrik läßt dies das Kind unbewußt fühlen. So kommt es, daß sich das Mädchen wohl biologisch zeitgerecht dem Vater zuwendet, es auch stolz auf den Vater ist, weil er von so vielen Menschen auf der Straße gegrüßt wird, es aber nicht zu einer so innigen und sexuell getönten Beziehung kommt, wie es nötig ist, damit das Mädchen später im Erwachsenenalter die gleiche Liebe ihrem Gatten entgegenzubringen vermag. Einzelne markante und tiefgreifende Erlebnisse sind nicht zu eruieren. Da muß man abwarten, was die analytischen Sitzungen bringen.

In der Schulzeit zeigen sich die typischen Anpassungsschwierigkeiten, die in Gehemmtheit, Kontaktstörung und wechselnden Zuwendungen zu Jungen und Mädchen sichtbar werden.
Zu einer weiteren Vertiefung der psychischen Fehlhaltung kommt es in den Entwicklungsjahren. Die rechtzeitige Aufklärung der Tochter ist von der geistig hochstehenden Mutter wahrscheinlich aus Unachtsamkeit vergessen worden. Viel schwerer wiegt die Fehlerziehung, wenn sie auch in der guten Absicht vorgenommen worden ist, die Tochter vor den Gefahren der Ehe zu warnen und sie möglichst lange vor dem Zugriff der Männer zu bewahren. Sicherlich haben auf seiten der Tochter auch die Beobachtung der zerrütteten elterlichen Ehe, die ständigen Streitigkeiten der Eltern und die Scheidung dazu beigetragen, in der kritischen Phase zwischen Lust und Angst, Hinstreben und Ablehnen sich in die Regression zu flüchten.
Durch die Schilderung der unglücklichen Cobitarche glaube der Leser nun nicht, daß hier möglicherweise nur ein traumatischer Vaginismus vorliegt. Die Jungen haben ihre Mitschülerin schon lange vorher instinktsicher und offen »kalte Ente« genannt. Und bei gesundem Sexualtrieb hätte Maria K. das sexuelle Begehren des jungen Mannes, dem sie ja seelisch zugetan war, positiv beantwortet.
Im Hinblick auf die Therapiefähigkeit des Leidens darf man hoffen. Die Aussagen der Patientin und allein die Tatsache, daß sie zweimal eine Ehe eingegangen ist, lassen erkennen, daß in ihr durchaus originäre Instinkte schlummern. Sie sehnt sich nach Geborgenheit, erwartet Verständnis und Rücksichtnahme von ihrem Mann. Sie sieht damit in der Ehe zumindest eine seelische Gemeinschaft, Kameradschaft in Freud und Leid. Hier müssen wir ansetzen. Unsere therapeutische Aufgabe ist es, die seelische Bereitschaft zu echter seelischer Hingabefähigkeit der Frau zu vertiefen und in einem langsamen Reifungsprozeß zusätzlich die geschlechtliche Hingabefähigkeit erstehen zu lassen.
Ich möchte dieses Kapitel nicht beschließen, ohne auf die stilistischen Mängel im Pathobiogramm hingewiesen zu haben. Ein aus Satzfetzen bestehender Lebensbericht ist stilistisch nicht gut zu heißen, andererseits soll der Bericht möglichst kurz sein und dem Arzt einen raschen und umfassenden Einblick in die psychische Entwicklung der Patientin geben. Nur unter diesem Gesichtswinkel sind stilistische Mängel zu entschuldigen.

Vertiefung in die Psychoanalyse

In Zeitschriften und Illustrierten, im Rundfunk und Fernsehen, ja sogar im Theater werden heute dem Laien psychoanalytische Sitzungen vorgeführt. Die Patienten sind also nicht mehr so ahnungslos wie noch vor etwa 20 Jahren, sondern wissen, wie eine Sitzung ungefähr abläuft. Ob sie den tieferen Sinn der Handlung kennen, ist fraglich. Wenn man sie aber auffordert, sich auf die Couch zu legen, tun sie dies ohne Scheu.

Die *Technizismen* zur Vorbereitung der Patientin sind allgemein bekannt und können in der reichhaltigen Literatur nachgelesen werden. Zu allererst geht es darum, eine *Atmosphäre der Ruhe und Ungestörtheit* zu schaffen, d. h. alle störenden äußeren und inneren Reize vorsorglich auszuschalten. Anschließend wird die Patientin durch entsprechende Suggestionen aufgefordert, zu ruhen und sich körperlich und geistig zu entspannen. Ziel der ärztlichen Bemühungen ist, daß die Patientin bei gedämpftem Bewußtsein sich einer betrachtenden Innenschau hingibt und alle Gedanken, Vorstellungen, Gefühle und Erinnerungen, die ihr durch Kopf und Gemüt gehen, die sie dösend erlebt (SCHULTZ-HENCKE), die in ihr als innere Wahrnehmung aufkommen (STOKVIS), laufend mitteilt.

Wenn wir die Publikationen der großen Psychoanalytiker vergleichend studieren, erkennen wir, wie jeder von ihnen mit seinen eigenen Wortbegriffen und in seinem Sprachstil sich bemüht, dem Analysanden die erforderlichen Erläuterungen zu geben. Das ist für den Lernenden sehr wichtig, damit er letzten Endes seinen eigenen Stil entwickelt.

Die Psychoanalytiker gehen darin einig, daß es den meisten Patienten auf Anhieb nicht gelingt, sich in möglichst idealer Weise nach der *Grundregel* (FREUD) zu verhalten, daß sie vielmehr erst langsam zu dieser Fähigkeit hingeführt werden müssen. Wenn uns eine Patientin sagt, daß bei ihr keine inneren Wahrnehmungen aufsteigen, fordern wir sie auf, uns etwas aus ihrer Jugendzeit zu erzählen. Wenn das sich eingespielt hat, bitten wir die Patientin, nicht mehr weiterzuerzählen, sondern nur noch an ihre Jugend zu denken und uns das ihr in den Sinn Kommende mitzuteilen. Das entscheidende Kriterium, ob die Patientin erzählt oder erlebt, ist, daß sie beim Sprechen von der Vergangenheitsform in die Gegenwartsform überwechselt.

Wie bereits erwähnt, können die Technizismen im Schrifttum nachgelesen werden, so daß wir es hier bei ihrer stichwortartigen Aufzeichnung belassen können. Viel wichtiger erscheint uns, die Patientin über die *diagnostische und therapeutische Bedeutung der analytischen Sitzungen* zu belehren. In Verfolgung dieser Absicht muß zunächst einmal etwas über den Vorgang der Verdrängung und die Wirksamkeit des Komplexes vom Unbewußten her gesagt werden. So erklären wir der Patientin in einfachen deutschen Worten, daß durch die Fehleinstellungen der Eltern dem Kind gegenüber in dessen ersten Lebensjahren es konsekutiv im Kind selbst zu irrigen Anschauungen, abartigen Empfindungen und falschen Vorstellungen und Verhaltensweisen gekommen wäre. Im Hinblick auf die Frigidität hätten sich im Kind eine falsche Einstellung zum eigenen und zum anderen Geschlecht herausgebildet. Diese bestünden im Unterbewußtsein, wo sie sich in der Jugendzeit eingenistet hätten, auch heute noch verborgen fort und bestimmten die falschen und abartigen Vorstellungen der Patientin über die Ehe und die Rolle des Mannes und der Frau in der Ehe.

Es gelte nun, die pathologischen Kräfte, die vom Unbewußten her das Denken und Handeln der Erwachsenen beeinflussen und vergiften, aufzuspüren. Das geschehe in den folgenden Sitzungen. Das Mitteilen aufkommender Wahrnehmungen und Gefühle im Zustand des Ruhens und Dösens, im Zustand geistiger und körperlicher Entspannung, bei gedämpftem Bewußtsein, im Zustand einer betrachtenden Innenschau stelle die wissenschaftlich erarbeitete Methode dar, diese Kräfte sichtbar zu machen, sie zu diagnostizieren.

Um diesen Vorgang besser zu verstehen, kann man vielleicht der Patientin den Tagesresttraum als Vergleich anführen. Geht ein typischer Alltag ohne jede Besonderheit und Aufregung zu Ende, legt der Mensch sich am Abend zu Bett und schläft traumlos durch. Hat dagegen am Tage ein außergewöhnliches Ereignis stattgefunden, z. B. ein Streit mit dem Ehemann oder der Nachbarin, ein Familienfest oder Verkehrsunfall, so wird dieses Vorkommnis in der Weise nachwirken, daß die Patientin in der Nacht davon träumt. Und das wird besonders dann der Fall sein, wenn die Patientin das Ereignis seelisch noch nicht bewältigt hat, wenn sie z. B. mit ihrem Mann noch böse ist oder Schuldgefühle hat. Es steigt dann im Traum der Streit als innere Wahrnehmung in der Patientin wieder auf, und die spezielle Streitursache kann sie dabei so lebhaft bewegen, daß sie davon aufwacht.

An die diagnostische Bedeutung der Psychoanalyse lassen sich gleitend noch einige Worte über den therapeutischen Vorgang anfügen. Solange Wühlmäuse und Maulwürfe unter der Erdoberfläche ihre zerstörerische Tätigkeit ausüben, kann der Bauer nichts gegen sie machen. Wenn er die Tiere aber an die Oberfläche lockt oder das Erdreich umpflügt, kann er sie fassen und vernichten. Ebenso verhält es sich mit den pathologischen Kräften, die vom Unbewußten her wirksam sind. Sie üben nur so lange ihre schädigende, vergiftende Wirkung aus, als sie im Verborgenen bleiben. Sobald es gelingt, sie sichtbar zu machen, sind sie der Vernunft, der Beurteilung und Erfahrung durch den nunmehr erwachsenen Menschen zugänglich, werden als Irrtümer aus der Kindheit, als kindliche Angst, Zorngefühle und kindliche Schutzmaßnahmen erkannt, damit entwertet, ihrer schädigenden Wirkung beraubt und aus der Welt geschafft.

Der Verfasser hält das belehrende Gespräch über die diagnostische und therapeutische Bedeutung der analytischen Langzeitbehandlung mit für das Wichtigste im gesamten Therapieplan. Nur wenn die Patientin geistig erfaßt, weshalb die Sitzungen durchgeführt werden, wird sie voll bei der Sache sein und auch die Kraft aufbringen, über einen langen Zeitraum durchzuhalten.

Alle in 17 Monaten durchgeführten psychoanalytischen Sitzungen in chronologischer Reihenfolge hier wiederzugeben, ist unmöglich; es würde eine buchstarke Abhandlung erstehen. Auch von der Wiedergabe einer einzigen analytischen Sitzung und der anschließenden Aufarbeitung des gewonnenen Materials hat der Verfasser nach reiflicher Überlegung Abstand genommen. Eine solche Aufzeichnung würde für den Lernenden zwar einleuchtend sein, die Gefahr irrtümlicher Auffassungen wäre aber übergroß. Es könnte dabei nichts ausgesagt werden über das operative Feld, über die spezifisch zwischenmenschliche Beziehung zwischen Analytiker und Analysanden, über die Technizismen und Wege, auf denen sich der Heilvorgang vollzieht. Um diese inhaltsschweren Worte zu erfassen, ist es für den Gynäkologen nach Ansicht des Verfassers unumgänglich, daß er eine *Lehranalyse* durchmacht. Nur aus dem eigenen Erleben heraus vermag er sich das Rüstzeug für seine analytische Tätigkeit zu holen. Für den Analytiker ist es eine Conditio sine qua non, daß er die Phänomene des Assoziierens, der Übertragung, der Gegenübertragung und des Widerstandes kennt, in praxi erkennt und mit ihnen zu operieren versteht, um eine klassische psychoanalytische Behandlung durchführen zu können. In der Lehranalyse werden dem Arzt nicht zuletzt seine eigenen Gegenübertragungsphänomene zugänglich gemacht. Keinem Analytiker ist es möglich, einen Analysanden sine ira et studio anzuhören (STERREN), seine eigenen Affekte völlig auszuschalten. Wohl kein Mensch – auch nicht der Arzt – macht eine paradiesische Jugend durch. So ist der Analytiker wie jeder von uns im Erwachsenenalter ein Mensch mit Mängeln und Fehlern, weit ab von seinem Ideal-Ich. Und er wird besonders dann geneigt sein, affektiv zu reagieren, wenn eigene wunde Punkte angesprochen werden.

Der Verfasser selbst hat seinen Vater bereits mit einem Jahr verloren, und die vordringlichste Aufgabe seiner Mutter bestand darin, ihre vier Kinder zu ernähren, so daß mit Sicherheit nicht eine ideale Nestwärme gegeben war. Das ist für einen rustikalen Jungen mit gesunder Erbmasse noch lange kein Grund, neurotisch zu entgleisen, es ist aber für den Verfasser notwendig gewesen zu erfahren, daß sich in seinen Anschauungen eine gewisse Härte kundtut, und woher diese stammt.

Die Patientin in die Technizismen der analytischen Behandlung einzuweihen, halten wir nicht für gut. Der Chirurg beschreibt seiner Patientin auch nicht einen Eingriff bis ins kleinste, sondern macht sie nur mit der Notwendigkeit und dem Ziel des Eingriffs vertraut. Der Analytiker allein muß beispielsweise wissen, was er unter dem Phänomen des Widerstandes zu verstehen hat, er muß spüren, wann er aufkommt, und er muß befähigt sein, ihn zu bewältigen oder zu umgehen.

Zwei Winke für die Praxis seien noch gegeben. Der psychische Heilungsvorgang verläuft nicht gleichmäßig wachsend wie vergleichsweise die Heilung eines organischen Leidens bei medikamentöser Behandlung. Die unmittelbare Reaktion auf eine Konfrontation bildet oft und nahezu typisch eine Verschärfung der seelischen Spannungen. Sie ist aber nur vorübergehend und besitzt einen therapeutischen Effekt. Und sie kommt dadurch zustande, daß beim Aufdecken der Zusammenhänge das Ich der Patientin noch einmal der Situation, die den Konflikt schuf, ausgesetzt wird (REIF).

Noch verständlicher für uns Gynäkologen ist, daß die Patientin im Ablauf des Ovulationszyklus unterschiedlich stark ansprechbar ist. Das hängt mit der zeitlich parallel laufenden Extravertiertheit und Introvertiertheit zusammen, die sich wellenförmig einander ablösen.

Nach diesen allgemeinen Erörterungen wollen wir uns wieder unserem Fall zuwenden und in seine Psychogenese vertiefen.

Bei der Erarbeitung der biographischen Anamnese hatte ich bereits ermittelt, daß meine Patientin als Kleinkind in einer zerrütteten elterlichen Ehe aufgewachsen ist und beide Eltern Fehlverhaltensweisen gegenüber dem Kind gezeigt haben.

Bei den analytischen Sitzungen und in den Träumen steigen mehrfach zwei prägnante Bilder auf. Die gedemütigte Mutter sitzt am Tisch, das Gesicht in die Hände vergraben, und weint herzergreifend.

In der Literatur wird das Geschlagenwerden der Mutter als ein markantes Erlebnis für das Kind gewertet. Ich glaube, daß der Anblick der weinenden Mutter weitaus tiefer in die Seele des Kindes einschneidet.

Das zweite Bild zeigt den Vater, hochaufgerichtet, im Streitgespräch mit der Mutter.

Diese Situationen hat das Kind mit Sicherheit nicht nur einmal, sondern vielmals erlebt. *Hier liegt meines Erachtens die tiefste Wurzel der Frigidität.* Beim Anblick der gedemütigten Mutter entspringt im Kind der Gedanke, die Rolle der Mutter nicht zu übernehmen. Und es erwacht gleichzeitig in ihr die Aggression gegen den Vater. Indem sie für sich selbst die Übernahme der Geschlechtsrolle, der Rolle der Frau und Mutter, verweigert und sich damit der weiteren Entfaltung ihres Frauendaseins entgegenstemmt, *flieht sie in die Regression.* SCHULTE spricht in diesem Fall von *einer larvierten Protestaktion,* einer ängstlichen Abwehr den Eltern und der eigenen Lebensentfaltung gegenüber.

Die im Kind erwachenden Gefühle gegenüber Vater und Mutter (Mitgefühl, Schuldgefühl, Ablehnung, Trotz, Aggression) haben zunächst speziellen Charakter, d.h. sie richten sich gegen die Eltern, nehmen später aber nach den Thesen der Neurosenlehre *kategorialen Charakter* an und bestimmen die ablehnende Haltung des Mädchens zum eigenen Geschlecht sowie die Aggression und phallische Haltung zum anderen Geschlecht.

Im Hinblick auf den Vater ist zu sagen, daß das Mädchen sich ihm wohl mit drei Jahren zuwendet, es aber nicht zu einem so herzlichen und sexuell getönten Verhältnis kommt, wie es sein muß, um zum Vorbild für die spätere Einstellung zum Gatten zu werden. Später kommt gravierend hinzu, daß das heranwachsende Mädchen von den sittlichen Verfehlungen ihres Vaters erfährt. Und so erinnert sie im Erwachsenenalter alles Sexuelle an den Vater. Das ganze Geschlechtsleben erscheint ihr schmutzig, ekelerregend und erweckt Abscheu in ihr. Ein psychisches Trauma durch Verführung in der frühen Kindheit habe ich nicht eruieren können.

Im Hinblick auf die Schulzeit erscheint mir ein drittes Bild interessant. Das Mädchen läuft mit einigen Jungen um die Wette und verliert. In ihm steigen als Folge Enttäuschung, Ohnmacht, Trotz und Aggression auf.

In der Gegenwart sind Angst, Unsicherheit, Hemmung und Flucht die bestimmenden Gefühle. Sie steigen in der Patientin so stark auf, daß sie während der analytischen Sitzung sich plötzlich von der Couch erhebt und nachts im Bett schreiend oder weinend aufwacht. Einmal wird sie wach, weil sie sich im Bett heftig umgewandt, d.h. von einer Traumfigur abgewandt hat.

Die Einbeziehung der Träume

Der analytische Heilungsprozeß zieht sich in seinen drei Phasen Ergründen, Selbst-Erkennen, Sich-Freimachen über Monate, oft über Jahre hin. Es nimmt daher nicht wunder, daß die Analytiker, um nicht Eintönigkeit aufkommen zu lassen, sich darum bemühen, Abwechslung und Farbe in den Behandlungsablauf zu bringen. So sind zunächst einmal unter diesem Gesichtswinkel die Einbeziehung der Träume, das katathyme Bilderleben und das freie Gestalten zu sehen. Aber es geht um weit mehr. Die Träume bilden auch heute noch die via regia zum Unbewußten (FREUD). Sie sind die spontansten Äußerungen des Unbewußten. Und so beleben sie nicht nur die Behandlung, sondern sind darüber hinaus von entscheidender Bedeutung für die Diagnostik, so daß kein Analytiker auf die Auswertung von Träumen verzichtet. Viele beginnen sogar regelmäßig die Sitzungen damit, daß sie den Analysanden seine gehabten Träume erzählen lassen, anschließend gemeinsam mit ihm nach dem übertragenen Sinn des Geträumten forschen und ihn zu Assoziationen anregen.

Bei der Weiterverfolgung meines Falles will ich mich hier ebenfalls wieder damit begnügen, aus der Vielzahl der gelieferten Träume drei auszuwählen und deren Auswertung aufzuzeigen.

Traum I: Ich habe geträumt, ich gehe durch einen Wald. Ich bin vom Weg abgekommen, und so schaue ich angestrengt zwischen den Baumstämmen hindurch, wo helles Licht erscheint, das mir das Ende des Waldes anzeigt. Auf diese Weise finde ich auch aus dem Wald heraus und gelange auf eine grüne Wiese. Obgleich ich müde bin und die Sonne förmlich zu einem Sonnenbad einlädt, zögere ich zunächst, denn ich denke an Käfer und Schlangen im Gras. Dann aber ziehe ich kurz entschlossen meine Kostümjacke aus, nehme sie als Unterlage für meinen Kopf und lege mich auf die Wiese. In der warmen Sonne muß ich wohl eingeschlafen sein, denn ich kann mich an nichts weiter erinnern.

Traum II: Vor unserem Hause liegen Fische, aufgeschichtet wie Baumstämme. Die Leiber sind aufgeschlitzt und die Köpfe abgeschlagen ... Ich stehe in der Küche und versuche, mit der Gabel große Stücke Fischfleisch in ein Einweckglas zu stopfen. Von dem Fischgeruch wird mir furchtbar übel. Davon wache ich wohl auch auf und merke, daß mir tatsächlich richtig übel ist.

Traum III: Durch ein schwarzes rundes Loch in der Wand dringt eine schwarze Rußwolke ins Zimmer. Ich sehe deutlich den Ruß wie schwarze Schneeflocken durchs Zimmer ziehen. Da packe ich einen Ziegelstein und versuche damit, das Loch in der Mauer zu schließen. Es gelingt mir nicht. Da mich der Rauch sehr stört, versuche ich nun, durch die Tür zu entfliehen. Ich kann sie aber nicht öffnen. Da suche ich ängstlich die Wände ab, um eine Fluchtöffnung zu finden. Dabei erwache ich.

Zuerst müssen einige Vorbemerkungen getan werden. Wir haben Verdrängungsträume und Symbolträume zu unterscheiden. Erstere sind uns wichtigste Helfer in der Diagnostik, während letztere uns Fingerzeige für die Therapie geben. Außerdem vermögen wir an Hand der sich wandelnden Symbole den Selbstreifungsprozeß zu verfolgen. Nach ADLER sind die lebendigen Symbole bedeutungsschwanger, schöpferisch wirksam, zeigen Möglichkeiten auf, innere Konflikte zu lösen, und spiegeln den fortlaufenden Integrationsprozeß wider.

Aus der Empirie wissen wir, daß es individuell geschaffene, von Träumenden selbst erfundene Traumfiguren gibt. Sie können nur von den Patienten gedeutet werden. Daneben gibt es fixe, festgeprägte Bildformeln, Symbole, denen bei allen Träumenden die gleiche Bedeutung zukommt. Also auch von dieser Seite stoßen wir auf das kollektive Unbewußte, die objektive Psyche und die aus ihr erstehenden Symbolträume.

Bei *ersten Traum* handelt es sich sicherlich nicht um einen reinen Symboltraum, schon weil der Patientin im Traum kein starres, sondern ein verlebendigtes Bild ersteht. Ich glaube aber, daß eine Szene Symbolcharakter trägt. Die Traumfigur, meine Patientin, zögert zunächst bei dem Gedanken an Käfer und Schlangen, sich ins Gras zu legen; dann aber überwindet sie sich doch, läßt sich auf der Wiese nieder und nimmt ein Sonnenbad. Ich glaube nicht zu weit in der Auslegung zu gehen, wenn ich in dieser Handlung eine Rückkehr zu physiologischen Denken, Fühlen und Handeln, ein Sich-Anvertrauen der Mutter Erde, ein Sich-Lassen (SCHAETZING), eine Wandlung zur Hingabefähigkeit (DEUTSCH) sehe.

Die Lösung des *zweiten Traumes* war sehr einfach. Die Patientin hatte am Abend überreichlich Fisch gegessen, und der Leibreiz produzierte dann nachts den Traum. Arzt und Patientin haben über den Traum

herzlich gelacht. Solch ein Traum lockert ein wenig die ernste Atmosphäre und läßt außerdem den Analysanden an einem einfachen Beispiel erkennen, wie ein Traum zustande kommt. Wenn uns also eine Patientin durch Zufall einen Traum bringt, der durch einen äußeren oder inneren Reiz entstanden ist, so ist das durchaus nicht verkehrt, auch wenn wir damit analytisch nicht weiterkommen.
Der *dritte Traum* nimmt ebenfalls nicht Bezug auf die Frigidität, zumindest nicht unmittelbar. Er wirft aber ein Licht auf die psychische Konstitution der Patientin, läßt ihre Psychasthenie und Somasthenie zutage treten. Die Deutung des Traumes hat die damals bereits versierte Patientin selbst vorgenommen. Sie war Raucherin, rauchte am Tage höchstens drei bis vier Zigaretten. Da ihr Mann und ihre Angehörigen sie ersuchten, das Rauchen wegen seiner Gesundheitsschädlichkeit aufzugeben, versuchte sie es zwar, aber aus eigener Kraft – wie man aus dem Traum ersieht – ohne Erfolg.

Es ist hier nicht der Ort und die Zeit, in eine wissenschaftliche Einlassung über Träume und ihre Auswertung zu treten. Einige *Hinweise aus unserer Praxis* wollen wir uns aber nicht versagen.

a) *Uns erscheinen die Träume die wahrsten und im Hinblick auf ihre Auswertung zugleich die leichtesten zu sein, die kurz und klar sind.* Wie die aufsteigende Übelkeit (Traum II) einen kurzen und klaren Traum in Szene setzt, so läßt ein aus dem Unbewußten aufsteigendes Gefühl einen ebensolchen kurzen und klaren Traum erstehen. (Manchmal kann es sich auch um zwei Gefühle, insbesondere um zwei sich widerstreitende handeln.) Wenn daher eine Patientin uns einen Traum bringt, der einem Kriminalroman gleicht, riecht uns das verdächtig nach Konfabulation.

b) Bei ausgeschaltetem Bewußtsein, wie es in idealer Weise im Schlaf gegeben ist, offenbaren sich die verdrängten Gefühle oftmals mit solcher Vehemenz, mit einer derartigen Heftigkeit, daß der Träumende vor Angst, auf der Flucht, schreiend, weinend, vor freudiger Erregung, tobend oder um sich schlagend aufwacht. Werden die anfänglich so heftigen Träume im Ablauf der analytischen Behandlung allmählich ruhiger, werten wir dies als Zeichen eines sich anbahnenden Heilerfolges.

c) Den eben aufgezeigten stürmischen Traum oder zumindest vehementen Traumausgang erleben wir meist nur dann, wenn eine Aktualneurose den Nährboden bildet. Steigen Ereignisse, Gefühle etc. aus der frühen Kindheit auf, läuft der Traum allgemein ruhiger ab. Das Traumgeschehen ist aber trotz des Zurückliegens der kausalen Ereignisse um Jahrzehnte klar. Diese

Tatsache läßt uns erahnen, wie tiefgründig, voluminös und mächtig in seiner Wirksamkeit das Unbewußte im Menschen ist.

d) Will man Träume auswerten, muß man selbstverständlich die wichtigsten Grundbegriffe und Traummechanismen kennen. Bevor man aber in die Praxis steigt, halten wir es für bedenklich, zumindest für verfrüht, alle wissenschaftlichen Abhandlungen zu studieren, besonders weil man dabei auf divergierende Theorien stößt (SIEBENTHAL, STEKEL, JUNG, SCHULTZ-HENCKE, BOSS). Wir selbst ziehen grundsätzlich nur Träume heran, die einfach, klar und kurz sind, und beginnen bei jedem Fall mit den stets leichteren Verdrängungsträumen, um diagnostisch voranzukommen.

Wenn eine Patientin den Arzt mit den Worten begrüßt:

»Stellen Sie sich vor, Herr Doktor, gestern nacht habe ich geträumt, ich habe meinen Vater geheiratet. Meine Mutter habe ich weggewünscht, und sie ist tatsächlich auch verschwunden. Dabei liegen die Dinge in Wirklichkeit umgekehrt. Mein Vater ist vor zwei Jahren gestorben, und meine Mutter lebt noch.«

dann bringt sie spontan einen Traum, an dem es nichts mehr zu assoziieren und zu deuten gibt. So einfach, direkt und ohne jede Verschnörkelung kann sich ein Ödipuskomplex offenbaren. Im Gegensatz hierzu gibt es so skurrile und verworrene Träume, bei denen man erst nach langem Nachdenken den latenten Traumgedanken (FREUD) erahnt. Man tut gut daran, solche Träume zu übergehen, um nicht mit Gewalt oder unter Selbsttäuschung Dinge zu sehen, die man bei dem zur Behandlung stehenden Fall gern sehen möchte.

e) In wissenschaftlichen Arbeiten erfolgt eine klare Trennung in Verdrängungsträume und Symbolträume. In der Praxis erweist sich ein solches Unterfangen als schwierig, da niemand uns ankündigt, welche Traumart vorliegt. Wir möchten dem Lernenden empfehlen, zunächst immer an den Verdrängungstraum zu denken und von dem Traumgeschehen rückläufig nach dem auslösenden Gefühl zu fahnden. Läßt sich auf diesem Wege kein Sinn finden, sollte man den Traum dahingehend prüfen, ob einer Traumfigur, einem Traumgegenstand oder einem Traumgeschehen eine symbolische Aussage zukommt. Führt auch dieses Bemühen zu keinem Ergebnis, legt man am besten den Traum als unergiebig beiseite. Es ist psychologisch vor den Augen der Patientin *nicht gut, wenn der Arzt sich zu stark in die Auswertung eines Traumes verbohrt.*

Katathymes Bilderleben

In den Lehrbüchern wird bei der Einführung in die verschiedenen analytischen Methoden das experimentelle katathyme Bilderleben wohl regelmäßig erwähnt und erläutert, im anschließenden speziellen Teil hört man aber meist nur noch wenig davon. Hier ist der Verfasser anderer Auffassung, denn er hält von diesem analytischen Verfahren sehr viel. Nur sei ehrlich zugegeben, daß man das katathyme Bilderleben nicht sogleich am Beginn der Behandlung heranziehen kann, sondern es besser erst bei den Fortgeschrittenen zum Zuge kommen läßt. Die Patienten müssen zunächst einmal gelernt haben, sich in idealer Weise nach der Grundregel zu verhalten, d. h. sie müssen erst eine Reihe analytischer Sitzungen hinter sich gebracht haben und außerdem wissen, welche Bewandtnis es mit den Träumen und ihrer Auswertung hat. Dann erst werden sie befähigt sein, in einem Zustand der Versenkung unter Mithilfe des Arztes bestimmte Bildmotive in ihrer Vorstellung erstehen zu lassen und sie mit dem aus dem Unbewußten aufsteigenden Gedankengut zu verlebendigen.

Daß die zu den Bildmotiven gegebenen Assoziationen Material aus dem Unbewußten darstellen und dieses nach den gleichen Richtlinien ausgewertet wird wie bei den Träumen, ist allgemein bekannt.

Bei meinem Kasus habe ich die Patientin aufgefordert, das Bild ihrer Mutter, ihres Vaters und ihres Ehemannes in ihrem Geist erstehen zu lassen, geduldig zu warten, bis das Bild aufkommt, die Kleidung und den Gesichtsausdruck der katathym aufgekommenen Person zu beschreiben, das Bild schließlich zu verlebendigen, die Tätigkeit ihres Mannes, ihrer Mutter und ihres Vaters zu schildern, zu hören, was sie ihr zu sagen haben, und alles Geschehen laufend mitzuteilen.
Diese Bilder der drei nächsten Angehörigen habe ich nicht nur im Anfang aus diagnostischen Gründen katathym erleben lassen, sondern bin im Ablauf des Behandlungsjahres mehrfach darauf zurückgekommen. Auf diesem Wege habe ich eindrucksvoll in Erfahrung gebracht, inwieweit sich bei der Patientin ein Wandel in ihrer Einstellung zu diesen Personen vollzog.

Die dritte Phase der analytischen Heilbehandlung: das Sich-Freimachen der Patientin

Schultz-Hencke spricht vom Sich-Freimachen und skizziert den Vorgang in der Weise, daß die Patientin zunächst lernen muß, ihre krankhaften Empfindungen und Verhaltensweisen während des Geschehens zu bemerken. Gelingt ihr dies, führt diese Fähigkeit allmählich zu dem Verlangen und Bemühen, die Abläufe zu bremsen, zu korrigieren und schließlich überhaupt nicht mehr aufkommen zu lassen. Und als Krönung ihres Bemühens gewinnt die Patientin in der Endphase ihrer Behandlung eine neue Einstellung zu den Dingen, eine neue psychische Konzeption, die sie von ihren Komplexen befreit.

Schulte spricht in seinen Ausführungen davon, daß die Patientin dahin geführt werden muß, einer neuen Unbefangenheit zu leben. Ansprechend finden wir auch die Terminologie von Roemer, die besagt, daß die Patientin lernen muß, ihre pathologisch verarbeiteten Erlebnisse der Jugendzeit aus der Distanz objektiv und kritisch zu betrachten, sie damit der affekthaften Betrachtung zu entziehen und zu assimilieren. Im Hinblick auf sich selbst soll die Patientin die Fähigkeit erlangen, Kritik am eigenen Verhalten zu üben und sich von ihren pathologischen Verhaltensweisen zu lösen.

Diese Aussagen bekannter Psychoanalytiker lassen erkennen, daß es sich in der dritten Phase um einen langsamen Selbstreifungsprozeß handelt, um einen Heilungsvorgang, der sich stets über Monate bis Jahre hinzieht und bei dem mit Gewalt in einem kürzeren Zeitraum nichts zu machen ist.

Meine analytisch-therapeutischen Bemühungen bei Frau Maria K.: Nachdem es der Patientin gelungen war, den Ursprung ihres Leidens selbst zu ergründen und selbst zu erkennen, ging es darum, die nunmehr zutage liegenden fehlverarbeiteten Erlebnisse der frühen Kindheit kritisch zu betrachten, durch Vernunft zu entwerten, damit zu assimilieren und auszulöschen, wie wir es soeben von Roemer in seinen richtungweisenden Worten gehört haben. Greifen wir als Beispiel das frühkindliche Erleben der zerrütteten elterlichen Ehe heraus! Hier muß die Patientin mit der »ratio« einer Erwachsenen erfassen, daß die damaligen Zustände und die Fehlverhaltensweisen von Vater und Mutter dem Kind gegenüber auf ihrer Seite zu Fehlanschauungen, Fehlempfindungen und Fehleinstellungen geführt haben und daß diese pathologischen Urerfahrungen seit dieser Zeit ihr Denken und Handeln beeinflussen, letzten Endes auch ihre heutige Einstellung zum eigenen Geschlecht und ihre ablehnende Haltung gegenüber ihrem Mann bewirken.

In dieser wichtigen Phase der Heilbehandlung ist es nicht Aufgabe des Arztes, lange Vorträge zu halten. Er mag höchstens Denkhilfen, Fingerzeige geben. Es ist die Patientin, die sich hier mit dem Verstand und der Vernunft der Erwachsenen mit ihren krankhaften, abartigen Vorstellungen auseinandersetzen muß. Nur so kann sie entwerten, Distanz gewinnen, auslöschen.

Noch ein weiterer wichtiger Hinweis muß hier eingeflochten werden. Wir halten es nicht für gut, allzu stark und zu lange auf elterliche Schuld und eigene Schuldgefühle hinzuweisen. Natürlich muß ein Schulkomplex lege artis aufgelöst werden. Aber man sollte möglichst rasch dazu übergehen, auf die Schuldlosigkeit der Betroffenen hinzuweisen. Der Frigidin muß bewußt gemacht werden, daß sie nicht schuld ist an ihrem Leiden. Wir halten es weiter nicht für ratsam, die Eltern allzu stark mit Schuld zu belasten. Das würde die alten Fehleinstellungen zu Vater und Mutter nur vertiefen. Die Patientin soll ja gerade von ihnen loskommen. Eine Lösung dieses Problems sehen wir nur darin, daß wir das damalige krankmachende Milieu als schicksalhafte Gegebenheit hinstellen.

In diesem Sinne habe ich die Patientin angehalten, die Disharmonie in der elterlichen Ehe zu sehen. Vater und Mutter hätten den ehrlichen Willen gehabt, eine gute Ehe zu führen, aber eben nicht zueinander gepaßt. Die Eltern hätten daraus die Konsequenz gezogen und sich scheiden lassen. Nun sei es für die Tochter an der Zeit, ihrerseits die Folgerungen zu ziehen und durch Vernunft und Einsicht zu physiologischem Denken zu gelangen.
Nach dem Motto, daß geteiltes Leid halbes Leid ist, habe ich die Patientin darauf hingewiesen, daß sie hinsichtlich ihrer getrübten Kindheit nicht allein dastehe. In vielen Ehen herrschten schicksalhaft keine idealen Zustände. Oftmals fehle in der Familie der Vater, wenn er im Krieg gefallen oder frühzeitig verstorben ist. Oft sogar fehlten beide Elternteile, und das Kind muß dann ohne Liebe in einem Waisenhaus aufwachsen. Und bei Stiefeltern käme auch nicht die gewünschte Nestwärme zustande. – Solche Hinweise helfen meines Erachtens, die eigene Misere in einem mildernden Licht zu sehen und führen die Patientin von einer übersteigerten egozentrischen Betrachtensweise weg.
Bei der Durchleuchtung der Schulzeit sind besonders die Anpassungsschwierigkeiten der Patientin zur Sprache gekommen. Sie sind als eine Kontaktstörung aufzufassen, die ebenfalls ihre Wurzel in der Fehleinstellung des Kleinkindes zu Vater und Mutter hat.

Am leichtesten und flüssigsten vollzog sich mit der Patientin die Aufarbeitung der Fehlerziehung in den Entwicklungsjahren. Diese Dinge waren der erst 22jährigen Frau noch lebhaft in Erinnerung. Auch hier ist nicht nur der spezielle Fall der Patientin abgehandelt worden, sondern es wurde darüber hinaus über Fehlerziehung aus religiösen, moralischen, weltanschaulichen und zeitgeistigen Motiven gesprochen und damit das Blickfeld der Patientin erweitert.

Hinführung zur seelischen und körperlichen Hingabefähigkeit: JUNG spricht bei der Erläuterung des analytischen Individuationsprozesses vom reduktiven und prospektiven Aspekt, also von Abbau und Aufbau. SCHAETZING äußert sich im Hinblick auf die Therapie der weiblichen Impotenz in der Weise, daß es zunächst gilt, die verklemmte Liebesfähigkeit zu lösen und dann die Frau zur Liebesfähigkeit hinzuführen. Und ROEMER schließlich sagt offen: »Die Analyse allein ... ist keine Therapie. Sie stellt nur den Weg zur richtigen Aufarbeitung der Neurose dar.«

Der Verfasser spricht zufolge seiner neurophysiologischen Denkensart gern davon, daß die im Kleinkindalter gemachten Urerfahrungen Ersteintragungen in den Cortex cerebri darstellen. Sie erwecken dadurch für den Laien sogar den Anschein der anlagemäßigen Gegebenheit. Wenn nun in der dritten Phase der analytischen Behandlung abartiges Denken und Handeln entwertet und gelöscht wird, bleibt gewissermaßen nur noch ein leeres Blatt Papier zurück. So wird verständlich, daß mit dem Sich-Freimachen von Pathologischem die Behandlung noch nicht beendet sein kann.

Der Verfasser ist nicht so vermessen, hier eine vierte Phase in der Behandlung der Frigidität zu proklamieren. Aber es ist nun mal ein Unterschied, ob eine Klaustrophobie, eine Raumangst, oder eine Frigidität zur Behandlung steht. Und in unserem Falle muß noch einiges, sogar noch vieles getan werden, um unsere Patientin zur seelischen und geschlechtlichen Hingabefähigkeit zu führen.

Als erstes muß die Patientin lernen, *ihren Mann so zu sehen, wie er ist* (DEUTSCH). Wenn es ihr im Augenblick noch zu schwer fällt, den Blick auf sich selbst zu richten – und das wird in der Regel der Fall sein –, mag sie getrost erst einmal daran gehen, ihren Gatten objektiv zu betrachten. Sie hat ihn bisher nur mit ihren Kinderaugen gesehen, hat in ihm den Vater gesehen. Und die einstmaligen Beziehungen zum Vater waren, wie wir weiter oben aufgezeigt haben, nicht gerade ideal und frei von sexueller

Tönung. So muß die Patientin jetzt begreifen lernen, daß ihr Gatte nicht ihr Vater ist, sondern ein anderes Individuum, ein Mann eigener Prägung. Wenn sie erkennt, daß er fleißig für sie arbeitet, um ihr ein angenehmes Leben zu bereiten, und bemüht ist, ihr alle Unannehmlichkeiten vom Leib zu halten und sie zu beschützen, wird sie ihn allmählich in seinem Wert und Wesen bejahen (FRANKL). Nach dieser Erkenntnis wird sie eine völlig neue Zuneigung zu ihm fassen, und diese seelische Zuneigung wird sich allmählich vertiefen. Damit ist unseres Erachtens der erste große Schritt getan. Im Volksmund heißt es nicht umsonst: »Die jungen Leute sollen sich zuerst verstehen und lieben lernen, das andere – gemeint ist das Geschlechtliche – kommt von selbst.« Und wir vertreten ebenfalls die Anschauung, daß die Zuneigung von der Hingabe nur noch ein Schritt trennt.

Um das Wesen des Mannes begreifen zu lernen, ist es vielleicht nicht verkehrt, wenn man mit der Patientin nicht nur über ihren Ehemann spricht, sondern darüber hinaus ganz allgemein über die Männerwelt. Das Wesen des Mannes muß nach außen gerichtet sein. Der Mann muß arbeiten, muß kämpfen, muß aggressiv sein, muß im Berufsleben sich durchsetzen. Dieses Denken und Handeln des Mannes ist nicht gegen die Frau gerichtet, sondern geschieht allein für die Frau, um sie zu schützen, ihr Leben zu sichern, sie zu erfreuen.

Nachdem der erste große Schritt getan ist, nämlich den Gatten als Ernährer, Beschützer und Kameraden zu sehen, ist es jetzt an der Zeit, *die Patientin zu sich selbst finden zu lassen.* Selbstkritik ist bekanntlich sehr schwer. Und die Patientin muß gewissermaßen eine Eigenanalyse betreiben. Sie muß aus eigener Einsicht, mit ihrer »ratio«, erkennen, welche ihrer bisherigen Anschauungen irrig, welche ihrer Verhaltensweisen falsch gewesen sind. *An diese Selbsterkenntnis schließt sich der Neuaufbau ihrer psychischen Konzeption.*

Die Patientin soll aus eigener Einsicht die Rolle der Frau und die Rolle der Mutter bejahen und aufgreifen. Sie soll in der Hingabe an ihren Mann die biologische Erfüllung ihrer Lebensaufgabe sehen. Das erscheinen zunächst große und schwere Worte. In Wirklichkeit vollzieht sich diese Selbstreifung nicht so schwierig. Die Natur hilft viel dabei. Von JUNG wissen wir, daß in jeder Frau die Urinstinkte des Weibes archetypisch angelegt sind. Sie gilt es zu wecken. Es ist also nichts Neues oder sogar Wesensfremdes einzupflanzen, sondern nur Schlummerndes wachzurufen. Hier wird uns *die transpersonale Übertragung* zum wichtigen Helfer. Nach Adler bildet die Konstellation archetypischer Bilder, also hier des archetypischen Mutterbildes, eine verborgene Energiequelle, denn sie besitzt eine transformierende Wirkung.

An dieser Stelle sei ein weiterer Hinweis aus der Praxis eingeschaltet. Ehe wir in der Patientin das archetypische Mutterbild erstehen lassen, müssen wir vorher etwas ganz Wichtiges, nämlich die Mutter-Kind-Bindung, *das gegenwärtige Verhältnis unserer Patientin zu ihrer Mutter,* klären. Auf die schädlichen Folgen einer zu starken und persistierenden Bindung der Tochter an die Mutter oder den Vater ist an früherer Stelle bereits aufmerksam gemacht worden. Wenn hier pathologische Zustände auftreten, lassen diese ein archetypisches Mutterbild nicht aufkommen und auch nicht wirksam werden. Aufgabe des Arztes ist es dann, die Patientin von der Mutter seelisch zu lösen und räumlich zu trennen. Bei Schwierigkeiten empfiehlt Schulte die Umkehr der Motivierung, also die Loslösung von der Mutter nicht aus eigenem Interesse, sondern um der Mutter willen.

In meinem Behandlungsfall war eine zu enge und zu lange Bindung der Patientin an ihre Mutter ganz offensichtlich. Deshalb erachtete ich die Hereinnahme der Mutter in die Wohnung nach deren Scheidung von ihrem Mann als einen Übelstand. Wollte ich therapeutisch vorankommen, mußte die Tochter der bewußten und unbewußten Einflußnahme durch die Mutter entzogen werden. Das habe ich der Patientin und ihrem Mann erläutert und die Realisierung meiner Forderung auch durchgesetzt.

Der Arzt besitzt neben der personalen und transpersonalen Übertragung noch eine *Reihe von Hilfsmitteln,* um die Frigidin zu heilen. Bei der Introduktion, also bei Beginn der Behandlung, haben wir der Patientin zum ersten Mal das *Bild der naturgemäßen Ehe* vor Augen geführt, gewissermaßen als therapeutische Zielsetzung. Auf dieses prospektive Bild kommen wir in den folgenden Monaten noch oftmals zurück und sprechen dabei immer wieder die vier Themen durch:

a) die biologischen Aufgaben, Rechte und Pflichten des Mannes in der Ehe,
b) die biologischen Aufgaben, Rechte und Pflichten der Frau in der Ehe,

c) die seelische Gemeinschaft in der Ehe,
d) die körperliche Gemeinschaft in der Ehe.

Fortschreitend gehen wir dazu über, nicht mehr zu erzählen, sondern die Patientin selbst ihre Ansichten vortragen zu lassen, und können dabei zugleich beobachten, inwieweit sich ein Wandel in den Anschauungen der Patientin vollzieht.

Damit aus Abwehr Hingabe wird, aus Unruhe Ruhe, aus Angst Macht, aus Aggression und Neid Anerkennung des Mannes, aus Mißtrauen gegen den Mann Glaube an seine Güte und Treue, aus ängstlichem Behaltenwollen Freude am Schenken, ist uns noch ein zweites Hilfsmittel in die Hand gegeben. Wir bitten die Patientin, *die guten Ehen ihrer Umgebung zu studieren,* die Ehegatten in ihrem Gehabe zueinander zu beobachten, ihnen ruhig Fragen zu stellen und ihre Ansichten zu hören. Für den Psychologen ist es eine uralte Weisheit, daß die Aussage eines Arztes an Glaubwürdigkeit gewinnt, wenn sie von der Gemeinschaft bestätigt wird.

Damit aus Angst vor Schwangerschaft Kinderwunsch werde, wird von vielen Psychoanalytikern die *Adoption eines Kindes* vorgeschlagen. An ihm sollen sich die mütterlichen Urinstinkte entzünden. Das ist psychologisch durchaus richtig gedacht.

Bei meinem Kasus – meine Patientin war zur Zeit der Behandlung 22 Jahre jung und erst drei Monate verheiratet – glaubte ich, mit einer bescheideneren Lösung auszukommen. Ich habe die Patientin gebeten, mit dem dreijährigen Kind ihrer Freundin spazieren zu gehen und sich mit dem Kind so zu beschäftigen, daß das Kind seinerseits die Tante liebgewinnt.

Neben den soeben beschriebenen Umwegen gibt es noch den *direkten Weg,* wobei der Arzt die Patientin direkt fragt: »Was haben Sie gegen die Männer? Was haben Sie speziell gegen Ihren Mann?« Erhält er unbefriedigende Antworten, ist dies für ihn der Anstoß, in analytischem Gespräch nachzuforschen. Im schlimmsten Fall muß eben nochmals von vorn mit analytischen Sitzungen begonnen werden, wenn man glaubt, daß einem etwas entgangen ist, man einen noch unbekannten wichtigen Faktor in der Psychogenese aufdecken muß, um weiterzukommen.

Von Prill wird der Vorschlag gemacht, *die Frigidin mit einer erfolgreich Behandelten zusammenzuführen.* Aussprachen zwischen diesen beiden Frauen wirken sicherlich heilungfördernd.

Sehr häufig finden wir den Hinweis auf *populärwissenschaftliche Literatur.* Von unserer Seite möchten wir empfehlen »Die erfüllte Frau« von ROBINSON, »Geschlecht, Liebe und Ehe« von SCHULTZ und »Der Weg aus der Gefühlskälte« von HENKE. Die ärztlichen Gedanken über das Für und Wider solcher Schriften sind bekannt. Wenn von einer Patientin der Wunsch nach geeigneter Literatur geäußert wird, beraten wir sie, bitten sie, daheim immer ein Kapitel zu lesen, anschließend ihre eigenen Anschauungen mit dem Gelesenen in Vergleich zu setzen, daraus ihre Lehren zu ziehen und bei Unklarheiten mit uns zu diskutieren.

In der psychotherapeutischen Literatur wird schließlich noch darauf aufmerksam gemacht, *schädigende Phantasien und Tagträume auszuräumen.* In der Enttäuschung über die Ehe ist es nahezu verständlich, daß die Patientin ihre Zuflucht zu den Träumen nimmt und sich im Geiste eine paradiesische Zukunft ausmalt. Hier ist es Aufgabe des Arztes, die Patientin von der unwirklichen, nebelhaften Zukunft abzubringen und sie ins Jetzt zurückzuführen, damit sie die Gegenwart zum eigenen Heil umgestaltet.

Aus den vielen in diesem Kapitel gegebenen Hinweisen wird begreiflich, daß in der dritten Phase der Heilbehandlung eine Vielzahl heilender Faktoren von außen und von innen her auf die Patientin einwirken. Durch sie vollzieht sich allmählich die innerliche Wandlung der Patientin.

Der seelischen Neuorientierung folgt als letzter Akt die körperliche Wandlung. Aus einstmals erzwungener Unterwerfung, wenn der Koitus überhaupt erduldet wurde, soll freiwillige Hingabe werden. Es ist ohne weiteres einzusehen, daß solch ein Wandel sich nicht von heute auf morgen vollziehen kann und auch nicht störungsfrei abläuft. Da sind vor allem alte Ängste abzubauen, die hemmend wirken. Bei der Analyse sind wohl die Wurzeln der Frigidität aufgedeckt worden, nicht aber zielgerichtet die neurotische Angst, obwohl sie meist miterfaßt wird. Weiter sind nahezu typisch Rückschläge nach dem ersten lustvollen Koitus und Orgasmus. Aus diesen Hinweisen wird ersichtlich, daß sich auch die Wandlung zur lustvollen körperlichen Hingabefähigkeit langsam vollzieht.

Einen guten Fingerzeig gibt uns FRANKL, indem er sagt, daß *die Liebe des Geschlechtsaktes als Ausdrucksmittel bedarf.* In diesem Sinne können wir auf die Patientin einwirken, um sie zur körperlichen Hingabe an ihren Mann zu bewegen. Wenn sie auch zunächst noch kein Verlangen nach einer geschlechtlichen Vereinigung mit ihrem Mann in sich spüre, so solle sie sich ihm dennoch nicht versagen, sondern *sich ihm gewähren als Ausdruck ihrer Liebe.*

Bei meiner Patientin habe ich alle die oben aufgezeigten Wege beschrieben, und ich darf rückblickend sagen, daß der Heilungsablauf glatter vonstatten gegangen ist, als ich anfangs gedacht hatte. Viel hatte ich sicherlich der Jugend der Patientin und ihrer angeborenen Intelligenz zu verdanken. Das ist ja nun hinreichend bekannt, daß Psychotherapie bei jungen Menschen besonders fruchtbar ist, weil sie eben noch jung sind und der Geist noch aufnahmefähig ist.

Zusätzliche Behandlungsmöglichkeiten

Ehe über zusätzliche Behandlungsmöglichkeiten, ihre Einordnung in den Heilplan und ihre therapeutische Bedeutung gesprochen werden kann, müssen für den Lernenden, damit er unsere Ausführungen darüber versteht, zunächst einmal die drei Standardmethoden der psychischen Heilbehandlung aufgezeigt werden.

Weit an erster Stelle rangiert die klassische analytische *Psychotherapie,* die durch die Veröffentlichungen FREUDS ins Leben gerufen worden ist. Der vom Verfasser abgehandelte Kasus der Maria K. spiegelt dieses Verfahren wider.

Werden in den Heilplan pragmatische Verfahren einbezogen, haben wir die *zweigleisige Standardmethode* von KRETSCHMER vor uns. Hier bildet die reine analytische Psychotherapie gewissermaßen das Hauptgleis, während sich auf dem Nebengleis vornehmlich die Ausräumung der pathologischen Symptomatik im Psychischen und Somatischen mittels übender Verfahren vollzieht. Von ihnen besitzen das autogene Training und die Hypnotherapie die größte Bedeutung. Welche therapeutischen Ziele mit ihrer Hilfe angegangen werden können, ist allgemein bekannt.

Nimmt man schließlich noch, besonders im Hinblick auf die pathologische Symptomatik im Organischen, herkömmliche Heilweisen hinzu, dann wird eine Behandlungsform durchgeführt, die MÜLLER-HEGEMANN als *Komplextherapie*, SCHULTE als *Somatopsychotherapie* und PRILL u. v. a. als *aktiv-klinische Psychotherapie* kennzeichnen. Von den psychotherapeutisch tätigen Gynäkologen in Deutschland hat ROEMER als erster auf die Nützlichkeit herkömmlicher Heilweisen bei den gynäkologischen Organneurosen hingewiesen, ohne sich dabei um die Terminierung seines Handelns zu kümmern.

Auf den von MÜLLER-HEGEMANN bereits vor über zwanzig Jahren geschaffenen Begriff »Komplextherapie« muß näher eingegangen werden. Das erste Postulat des Autors geht dahin, alle psychischen und herkömmlichen Heilweisen zu einer Einheit (Komplex) zusammenzufassen. Dabei soll keine Heilweise als »therapia magna sterilisans« herausgestellt und keine achtlos beiseite getan werden. Fußend auf der Ganzheitslehre PAWLOWS erhebt MÜLLER-HEGEMANN die zweite Forderung, auch in der Heilbehandlung den Menschen als Ganzheit zu sehen und nicht bei therapeutischer Zielrichtung auf die Psyche den Körper zu vernachlässigen und umgekehrt. Bei einer Erkrankung im Psychischen wird verständlicherweise die Psychotherapie in ihrer verschiedensten Methodik und Technik den Schwerpunkt der Behandlung bilden, während pragmatische Verfahren, medikamentöse, diätische und physikalische Maßnahmen nur unterstützen können. Bei einer organischen Erkrankung wird das Umgekehrte der Fall sein. Wissen wir doch, daß der organisch Kranke nicht nur unter seiner Krankheit, sondern auch unter dem Bewußtsein »krank zu sein« leidet. Nach MÜLLER-HEGEMANN werden die objektiven Krankheitssymptome von einem Beiwerk funktioneller Beschwerden umworben. Das dritte Postulat des Autors hat zum Inhalt, daß für jeden zur Behandlung stehenden Fall ein individueller Therapieplan zu erarbeiten ist.

In Weiterführung und Zusammenfassung der Gedanken von MÜLLER-HEGEMANN hat der Verfasser dieses Buches in seiner Neurosenlehre den Satz geprägt: *»Der Therapieplan wird auf der einen Seite bestimmt durch den Charakter der Erkrankung, die Stärke der Symptomatik im Psychischen und Somatischen und die therapeutische Zielsetzung und auf der anderen Seite durch die geistigen, seelischen und körperlichen Qualitäten des Krankheitsträgers.«* Um diesen inhaltsschweren Satz, in dem *alle wesentlichen Gesichtspunkte für die Erstellung eines individuellen Therapieplanes* enthalten sind, zu erläutern, würden wir eine ganze Vorlesungsreihe benötigen. Dafür sind hier weder Raum noch Zeit. So wollen wir uns mit dem Hinweis bescheiden, daß die vom Verfasser geübte Behandlung der psychogenen und organogenen Sexualstörungen das soeben Gesagte widerspiegelt. (Siehe hierzu die kasuistischen Beiträge im dritten Teil des Buches.) Der Verfasser schlägt vor, diese modernste Form der Therapie *individuelle Ganzheitsbehandlung* zu nennen.

Damit wollen wir zurückkehren zur Therapie der primären Impotenz der Frau. Unsere bisherigen Ausführungen haben erkennen lassen, daß es sich bei der Frigidin um einen langsamen Selbstreifungsprozeß handelt, der nur in rein analytischer Psychotherapie bewerkstelligt werden kann. Welche therapeutischen Hilfsmaßnahmen können eingesetzt werden, um diesen Heilungsvorgang zu unterstützen?

Werfen wir zunächst einen Blick auf die Anwendbarkeit *pragmatischer Verfahren.* Geeignet erscheint uns das *Autogene Training* (A.T.) in seiner Zielsetzung II und III. Durch gezieltes Organtraining können Unterleibsbeschwerden bekämpft und die Funktionstüchtigkeit der Genitalorgane gesteigert werden. Dabei ist auf organnahe Gestaltung zu achten. Die Patientin legt zu diesem Zweck ihre beiden Hände flach auf den Unterleib. Wenn sie im Anschluß an das Organtraining noch einen formelhaften Leitsatz im Geist aufsagt und im Zustand der Versenkung sich in diesen vertieft, ist die Zielsetzung III angeschlossen. Der Vorsatz kann zum Beispiel inhaltlich die Hinwendung zum Gatten als Ziel haben.

Nach SCHAETZING wird durch das A. T. gleichzeitig ein psychologischer Effekt erzielt. Die Patientin lernt zunächst an extragenitalen Körpergebieten sich zu entspannen, sich »zu lassen«, was zum Wegbereiter der geschlechtlichen Hingabefähigkeit werden kann.

Hypnotherapie bei primärer Frigidität erachtet der Verfasser als einen falschen Weg (»via falsa«).

Bei der Nennung *herkömmlicher Heilweisen* denken wir mit Blickrichtung auf den Unterleib an Moorpackungen, Bestrahlungen, Herbathermbäder nach Kneipp, Heilgymnastik, Dampfbäder und Spaziergänge (Terrainkuren). Solche Maßnahmen werden besonders dann nicht von der Hand zu weisen sein, wenn die Patientin über Beschwerden im Unterleib klagt und unter ihnen leidet.

Eine *örtliche Heilbehandlung* bei primärer Frigidität war

noch vor wenigen Jahren undenkbar. Seit den Versuchen von MASTERS, HASTINGS und ELLIS ist man auch hier aufgeschlossener. Während die Psychoanalytiker die reine analytische Psychotherapie in den Mittelpunkt stellen und mit fortschreitender Heilung das spontane Ingangkommen der physiologischen Abläufe im Organischen erhoffen, gehen bei den oben genannten neurophysiologisch eingestellten Forschern die therapeutischen Gedanken genau in die umgekehrte Richtung. Sie bemühen sich darum, die bisher anorgastische Frau zunächst einmal den Orgasmus erleben zu lassen und danach die psychosexuelle Nachreifung zu vollziehen. Die von ihnen empfohlenen Technizismen bestehen im Wesentlichen darin, daß die Patientin als erstes eine sexuell stimulierende Story liest und sich damit in einen sexuellen Erregungszustand versetzt. Anschließend wird ein elektrischer Vibrator auf die Region der Klitoris gesetzt und solange in Gang gehalten, bis der Orgasmus eintritt. Ist dies gelungen, wird die Patientin angehalten, ihre Klitoris so lange manuell zu stimulieren, bis sie ebenfalls wieder zum Orgasmus kommt. Hat sie diese Reaktionsfähigkeit erlangt, bittet sie ihren Gatten, zunächst manuell und anschließend durch den Koitus dasselbe zu tun. MASTERS empfiehlt zusätzlich ein Training der Beckenbodenmuskulatur.

Zufolge der Publikationen von MASTERS und JOHNSON ist es auf diesem Weg gelungen, bis jetzt völlig anorgastische Frauen in einer Behandlungszeit von zwei bis drei Wochen vollständig von ihrer Frigidität zu heilen. Obgleich eine signifikante Kasuistik und Statistik noch nicht vorliegen, wird kein psychotherapeutisch tätiger Gynäkologe umhin können, sich mit diesem modernen Verfahren gedanklich ernsthaft zu befassen und zumindest einen Versuch in dieser Richtung zu unternehmen.

Bei einer Patientin, deren Menstruationszyklus und Ovulationszyklus in Ordnung sind, eine *Hormontherapie* in die Wege zu leiten, erachten wir als eine Via falsa. Anders liegt natürlich der Fall, wenn ein im Entwicklungsalter befindliches Mädchen an primärer ovarieller Insuffizienz leidet.

Wenn BESOLD schildert, daß man früher bei Frigidität eine Röntgen-Reizbestrahlung gab, gehört das heute mit Sicherheit der Vergangenheit an.

Es sei abschließend noch ein kurzes Wort zur *gesunden Lebensweise* gesagt. Wenn eine junge Frau den ganzen Tag im Büro über der Schreibmaschine hockt, oder im entgegengesetzten Fall, den ganzen Tag im süßen Nichtstun auf der Couch verbringt, erachten wir eine solche Lebensweise dem Körper abträglich. Wir unterbreiten dann der Patientin entsprechende Vorschläge, die einen körperlichen Ausgleich beinhalten. Gewöhnlich ist es aber doch wohl so, daß die Menschen in unserer aufgeklärten Zeit auf die Gesunderhaltung ihres Körpers selbst achten. In jedem Falle tun sie es mehr als früher, manchmal übertreiben sie sogar.

Bei meiner Patientin Maria K. habe ich von pragmatischen Verfahren Abstand genommen, da sie nicht über Unterleibsbeschwerden zu klagen hatte, sofern sie nicht von ihrem Mann angetastet wurde.
Die weiter oben erläuterte und von Masters publizierte örtliche Behandlung ist mir damals, als ich Maria K. in Behandlung hatte, noch nicht bekannt gewesen. Meine Bemühungen am Ort der Not waren viel bescheidener. Trotzdem glaube ich, daß sie entscheidend zur körperlichen und seelischen Umstimmung der Patientin beigetragen haben. Der Leser wird sich noch daran erinnern, daß die Patientin bei der Schilderung ihrer »jetzigen Beschwerden« darüber klagte, daß ein Verkehr mit ihr nicht möglich sei. Und bei der anschließenden gynäkologischen Untersuchung zeigten sich in der Tat Symptome von Vaginismus, zumindest Zeichen des unangenehmen Berührtseins beim Eindringen des touchierenden Fingers des Arztes in die Vagina. Ich habe daher zweimal – in der neunten und zehnten Behandlungswoche – eine vorsichtige Dehnung der Scheide mittels Hegarstiften vorgenommen. Es ging mir dabei weniger um eine Dehnung des vaginalen und paravaginalen Gewebes, denn die Scheide war ja eingängig und gesund, sondern um die *psychische und körperliche Gewöhnung der Patientin an den späteren Impetus.* Um unangenehme Sensationen vorsorglich auszuschalten, hat die Sprechstundenhelferin den Satz Hegarstifte vorher angewärmt und leicht mit Salbe bestrichen. Die begleitenden ärztlichen Suggestionen bei der Dilatation ergeben sich von selbst, so daß sie nicht der Erwähnung bedürfen.
Von *naturgemäßen Heilweisen* habe ich der Patientin lediglich *Spaziergänge und Sonnenbäder* gemeinsam mit ihrem Mann angeraten und dabei sicherlich nicht nur die frische Luft im Auge gehabt. Es ging mir darum, in der Übergangsphase zunächst einmal die seelische Gemeinschaft zwischen den Ehegatten zu stärken und zu vertiefen. Dazu tragen gemeinsame Spaziergänge, gemeinsame Theaterbesuche, kurzum, eine gemeinsame Freizeitgestaltung viel bei. Das gemeinsame Erleben der freien Natur ist sicherlich nicht zu unterschätzen. Und daß *Sonnenbäder das sexuelle Empfinden mobilisieren,* ist eine uralte Weisheit.

In epikritischer Sicht glauben wir sagen zu dürfen, daß man die primäre Frigidität am besten in mehrgleisiger Behandlung angeht. Die klassische analytische Psychotherapie bildet sine dubio das Hauptgleis, während die Hilfsmaßnahmen von seiten des Arztes, des Ehemannes und nicht zuletzt auch von seiten der Patientin selbst, die pragmatischen Verfahren und herkömmlichen Heilweisen nur unterstützenden Charakter besitzen.

Lösung der Patientin vom Arzt

Im Ablauf der tiefenpsychologischen Langzeitbehandlung kommt es zu einer engen seelischen Bindung zwischen Arzt und Patientin. Darüber ist bei Abhandlung der Psychoanalyse bereits gesprochen worden. Im Hinblick auf das Phänomen der Übertragung sei noch einmal daran erinnert, daß nicht nur der Arzt auf die Patientin überträgt, sondern auch die Patientin ihrerseits ihre Vorstellungen und Gefühle auf den Arzt überträgt. *Sie sieht in ihm also nicht nur den Arzt, sondern auch den Mann, sogar ihren Mann.* Das weiß der erfahrene Psychoanalytiker. Daher ist er stets darauf bedacht, daß das Arzt-Patient-Verhältnis streng gewahrt bleibt und es zu keiner Fehlverhaltensweise von seiner Seite kommt. Als Seelenarzt muß er die Patientin seelisch führen und diese Führung auch behalten. Er ist es, der die Frigidin zu einer neuen Einstellung zum anderen Geschlecht hinführt. Diese in ihr raumgreifende psychische Konzeption muß voll zum Gatten hingelenkt werden.

Wird in der Endphase der Behandlung der sich anbahnende Heilerfolg spürbar, beginnt für den Analytiker die Zeit, sich langsam und behutsam von der Patientin zu lösen. Das geschieht äußerlich sichtbar schon dadurch, daß die Absände zwischen den Sitzungen allmählich auf vier Wochen und darüber hinaus verlängert werden. Ziel des ärztlichen Bemühens ist, daß die Patientin sich in dem Maße vom Arzt löst und damit von ihm abwendet, wie sie sich ihrem Mann zuwendet. Keinesfalls darf der Arzt die Behandlung abrupt abbrechen, sondern muß die Patientin noch eine angemessene Zeit seelisch betreuen, um den Heilerfolg zu festigen.

Ausklang: Ich habe die Patientin im Herbst 1958 wegen Ortswechsels aus den Augen verloren, als sie in augenfällig harmonischer Ehe lebte und im 7. Monat schwanger war.

Seelische Betreuung des Ehemannes

Wir bringen dieses Kapitel vollabsichtlich als Nachtrag, obwohl wir aus zeitlicher Sicht weit früher darauf zu sprechen hätten kommen müssen.

Versetzen wir uns einmal in die Situation des Ehemannes. Er ist enttäuscht, verletzt, gekränkt, weil seine Gattin, die er aus Liebe geheiratet hat, ihn von sich stößt. Seine seelische und nicht zuletzt seine körperliche Not sind groß. Seine Enttäuschung wandelt sich allmählich in Zorn. Schließlich droht er mit Scheidung und schickt seine Gattin energisch zum Arzt.

Diese Überlegungen lassen erkennen, daß etwas für den Ehemann und die Aufrechterhaltung der Ehe getan werden muß. Und so bitten wir den Ehemann zu uns, sobald die Diagnose »Frigidität« feststeht und die Patientin zur ersten Behandlung erschienen ist.

Zunächst einmal geht es uns darum, den Ehemann kennenzulernen und in einem kurzen Interview zu ermitteln, was für ein Mensch er ist, und ob er als Ehepartner zu unserer Patientin paßt. Natürlich wissen wir um den sicheren Instinkt der Frau, einen gleichgearteten Partner fürs Leben zu finden. Bei einer kontaktgestörten Frau aber - und mit einer solchen haben wir es nach Speer zu tun - kann dieser Instinkt Schaden genommen haben.

Bei meinem Fall hatte ich es mit einem jungen, intelligenten, strebsamen und charakterlich einwandfreien Menschen zu tun (Studienrat), so daß ich in dieser Hinsicht vollauf beruhigt sein konnte.

Wie bei Abhandlung der Symptomatik aufgezeigt worden ist, bildet bei der Frigidität das klassische Symptom die Anorgasmie. In diesem Falle läßt also die Ehefrau den Congressus wenigstens zu. Demzufolge bitten wir den Ehemann, für das gegenwärtig kühle Verhalten seiner Gattin Verständnis aufzubringen und auf ein besseres geschlechtliches Sichverstehen nach der Behandlung zu hoffen. Wenn beide Partner diese Einstellung zeigen, ist die Ehe zunächst einmal gerettet, und der Arzt hat für seine analytische Behandlung Zeit gewonnen. Selbstverständlich muß der Ehemann über das Leiden seiner Frau unterrichtet werden, wobei auch hier die Heilungsfähigkeit besonders herauszustellen ist.

Ärger liegen die Dinge, wenn die Ehefrau den Koitus verweigert, den Ehemann von sich stößt. Und das war, wie wir eingangs berichtet haben, bei unserer Patientin der Fall. Hier bedarf der Ehemann in seiner körperlichen Not der seelischen Betreuung. Er benötigt einen Halt, an dem er sich aufrichten kann und der ihn ermutigt auszuharren.

In diesem Bemühen habe ich den Ehemann darauf hingewiesen, daß er eine auffallend schöne Frau besitzt, um die ihn sicherlich alle Kollegen beneiden. Schon aus diesem Grunde sollte er nicht sogleich die Flinte ins Korn werfen und mit seiner Frau brechen. Als zweiten Faktor habe ich ins Feld geführt, daß seine Gattin nicht schuld an ihrer Frigidität ist, daß man ihr die schicksalhaften Gegebenheiten in ihrer Jugendzeit nicht zum Vorwurf machen kann. Und schließlich habe ich den Ehemann damit vertröstet, zunächst einmal Geduld zu üben und den Heilerfolg abzuwarten.

In den Abhandlungen über die Frigidität ist häufig zu lesen, daß ein verständnisvoller Ehemann viel zur Heilung seiner frigiden Gattin beitragen kann. Bei meinem Fall habe ich den Ehemann gebeten, zunächst einmal eine seelische Gemeinschaft mit seiner Frau genügen zu lassen und diese zu vertiefen. Dabei habe ich ihm das bereits zitierte Sprichwort aus dem Volke als seelischen Halt gegeben, wonach zuerst immer die seelische Zuneigung da sein muß und ihr die geschlechtliche Hingabe von selbst folgt.

Im Augenblick sollte er mein ärztliches Bemühen in der Weise unterstützen, daß er seine Frau behutsam dazu bringt, harmlose körperliche Berührungen von seiner Seite zu ertragen. Dabei wies ich auf das Umlegen des Mantels, das Arm-in-Arm-Gehen auf der Straße, unter dem Regenschirm usw. hin.

Wenn es ihm gelungen ist, daß seine Gattin solche unverfänglichen Berührungen hinnimmt, sollte er einen weiteren Vorstoß unternehmen und die erogenen Zonen seiner Frau tangieren, dabei aber den orgastischen Zonen fernbleiben. Bei dieser Gelegenheit habe ich ihm einen kleinen Vortrag über das Liebesspiel vor dem Koitus (»preliminary and petting sexplay«) gehalten. Wenn eine Frau die Berührung ihrer erigiblen Organe zuläßt und auf deren Reizung anspricht, dann dürfte es nur noch ein kleiner Schritt sein, bis sie ihren Schoß dem Mann öffnet.

Bei diesen Hinweisen klingt für den Kundigen die *Verhaltenstherapie* an. Von unserer Seite sei zusätzlich auf die von Wolpe entwickelten Methoden der systematischen Desensibilisierung und die Techniken der Verhaltensformung aufmerksam gemacht. Führt man sich die jüngste Literatur vor Augen und das bisher publizierte Erfahrungsgut, darf heute bereits zum Lehrsatz erhoben werden, daß das Einwirken auf die neurotische Verhaltensweise eines Patienten in geeigneten Fällen einen durchaus gangbaren Weg darstellt, um die Neurose selbst

anzugreifen. Im Hinblick auf die primäre Frigidität möchten wir von einer Hilfsmaßnahme sprechen, die man stets in den Therapieplan einbeziehen sollte.
Ich glaube rückblickend sagen zu dürfen, daß meine dreimaligen Aussprachen mit dem Ehemann auf fruchtbaren Boden fielen. Er hielt treu zu seiner Frau, nach sechs Monaten war bereits ein vorsichtiger Koitus ohne Abwehr möglich, und nach Abschluß der Behandlung bestand volle Harmonie.

Nach der Darstellung unseres kasuistischen Beitrages steht dem Leser nunmehr die primäre Impotenz der Frau lebhaft vor Augen. So können wir jetzt zu einigen *wichtigen allgemeinen Betrachtungen* übergehen, um uns in das Leiden und seine Problematik weiter zu vertiefen. Abgehandelt werden sollen die Pathogenese, die frigide Persönlichkeit sowie diagnostische und therapeutische Probleme.

Pathogenese

Wir wollen zunächst einmal bewußt nur von der Herkunft des Leidens sprechen und nicht von Psychogenese. Zu unterscheiden haben wir nämlich eine anlagemäßig gegebene Frigidität, eine auf einer psychischen Fehlentwicklung basierende Frigidität und eine organogene Frigidität. Die psychogene Frigidität müssen wir nochmals aufgliedern in die primäre Impotenz und die sekundären Potenzstörungen.

Organogene und endokrinogene Frigidität

Beginnen wir mit den leichtesten Fällen, der *organogenen und endokrinogenen Frigidität (Impotenz).* Hier bringt die von uns aufgezeigte und nach allen Richtungen betriebene Diagnostik rasch Klärung. Zu denken haben wir nicht nur an einen *pathologischen Befund am Genitale* und eine *endokrinogene Funktionsstörung der Genitalorgane,* sondern auch an Allgemeinerkrankungen, wie die perniziöse Anämie, die Lues III, den Morbus ADDISON und die SIMMONDS-Kachexie. Allerdings steht in den letzteren Fällen das Grundleiden so brennend im Vordergrund, daß die Frigidität in ihrem Schatten verschwindet. Nach Auswertung mehrerer Statistiken glauben wir sagen zu können, daß bei der Impotenz der Frau nur etwa ein bis fünf Prozent der Fälle organisch bedingt sind (HENKE, KEMPER, STOURZH). Der kleine Prozentsatz macht deutlich, daß bei der primären Impotenz organogene Fälle nahezu eine Rarität darstellen. Trotzdem müssen sie Erwähnung finden. Zu denken ist an angeborene Fehlbildungen (Aplasie der Vagina, des Uterus, der Ovarien) und Unterfunktion der Genitalorgane zufolge primärer Insuffizienz der Ovarien. Im Gegensatz hierzu besitzen bei den sekundären Potenzstörungen organische Erkrankungen und hormonelle Störungen eine weit größere Bedeutung. Darüber wird im zweiten Teil des Buches noch eingehend zu sprechen sein.

Psychogene Frigidität

Psychoanalytiker und Gynäkologen gehen darin einig, daß die *Psychogenie des Leidens* weit an erster Stelle rangiert. Über die verschiedenen psychogenetischen Faktoren ist bei Abhandlung unseres kasuistischen Beitrages bereits mehrfach gesprochen worden, so daß wir uns hier mit einer summarischen Zusammenfassung begnügen können. Die Wurzel des Leidens reicht stets bis in die frühe Kindheit zurück. In dieser ersten Lebensphase finden alle kardinalen Prägungen statt, seien es gute oder schlechte, physiologische oder pathologische. Und die Frigidität geht stets hervor aus einer Fehleinstellung der Eltern zu ihrem Kind, woraus bei bestimmten anlagemäßigen Gegebenheiten eine Fehlhaltung des Kindes gegenüber den Eltern resultiert, die später kategorialen Charakter annimmt und sich bei der Frigidin in einer Fehleinstellung zum eigenen Geschlecht, wie auch einer abartigen Einstellung zum anderen Geschlecht offenbart.

Es gibt eine Fülle von Möglichkeiten, von schicksalhaften Gegebenheiten, die eine *psychische Fehlentwicklung* auszulösen vermögen. Wir denken dabei an die zerrüttete Ehe, die das Kind ablehnende Mutter, die das Kind vernachlässigende Mutter, die gedemütigte Mutter, die das Kind mit Liebe überschüttende und damit das Kind irritierende Mutter. Auf seiten des Vaters muß an analoge Fehlverhaltensweisen gedacht werden. Besonders tragisch liegen die Verhältnisse, wenn ein Elternteil fehlt oder das Kind sogar elternlos in einem Waisenhaus aufwächst.

Reif hebt bei seinen Beiträgen zu diesem Thema spezielle Situationen hervor, so die überstarke Zuneigung des Kleinkindes zum Vater, wodurch im Erwachsenenalter die Tochter unbewußt dem Vater verhaftet bleibt und sich nicht einem anderen Mann zuzuwenden vermag.

Vermehrt wird die Vielzahl psychogenetischer Faktoren durch die vielen Möglichkeiten einer *Fehlerziehung* in den Entwicklungsjahren. Eine solche Fehlerziehung kann aus religiösen, sittlichen, weltanschaulichen und gesellschaftsspezifischen Gründen erfolgen. Nicht übersehen werden darf, daß junge Menschen auch einem Zeitgeist völlig verfallen können, wenn die elterliche Fürsorge fehlt oder versagt, und die Mädchen dann nicht mit dem psychischen Potential ausgerüstet werden, das sie befähigt, alles an sie Herankommende kritisch zu betrachten. Wie bereits im Ablauf der Arbeit erwähnt, befinden sich die Mädchen in den Entwicklungsjahren in einer kritischen Phase, zwischen Lust und Angst, Versuchung und Versagung, Hinstreben und Fliehen. Daher kann eine intensive und langzeitige Fehlerziehung durchaus bewirken, daß ein Mädchen in die Regression flieht.

Ob Fehlerziehung allein ausreicht, um Frigidität auszulösen, oder stets bereits in der frühen Kindheit die entscheidenden Markierungen gesetzt worden sein müssen, ist eine noch strittige Frage. Der Verfasser vertritt mit dem Gros der Analytiker die Anschauung, daß die tiefste Wurzel des Leidens so gut wie immer in der frühen Kindheit zu suchen ist. Die Eltern besitzen als erwachsene Menschen gefestigte Anschauungen und Verhaltensweisen, richten danach ihr Leben, auch ihre Ehe aus und übertragen ihr eigenes seelisches Gut wissentlich und unbewußt auf die Kinder. Sie wirken somit fortlaufend in gleicher Weise auf das heranwachsende Kind während dessen vier Entwicklungsphasen ein. Daraus wiederum darf man im Hinblick auf die primäre Frigidität folgern, daß der Grundstock bereits in der frühen Kindheit durch eine Fehlverhaltensweise der Eltern zum Kind gesetzt wird und während der Entwicklungsjahre durch intensive und langzeitige Fehlerziehung eine weitere Vertiefung erfährt.

Wenn wir soeben davon gesprochen haben, daß die Eltern als Erwachsene gefestigte Anschauungen usw. besitzen, soll damit nicht gesagt werden, daß sie seelisch und geistig vom ersten Tag der Ehe bis ins hohe Alter auf der gleichen Stufe verharren. Sie streben selbstverständlich weiter nach Vervollkommnung, nur vollzieht sich dieser Vorgang im Vergleich zur seelisch-geistigen Entwicklung in den Sturm- und Drangjahren ruhig und bedacht. Es wird somit das von ihnen auf die Kinder zu übertragende Gut nur allmählich und nur in Nuancierungen eine Änderung erfahren. Selbstverständlich muß auch an einen Umschwung ins Negative, an das Auseinanderleben der Eheleute und an Scheidung gedacht werden.

Wir sind bei unseren Betrachtungen von der Frage ausgegangen, welche Mächtigkeit eine Fehlerziehung in den Entwicklungsjahren besitzt, ob insbesondere aus ihr eine primäre Frigidität hervorzugehen vermag. Aus den Hinweisen im Schrifttum darf entnommen werden, daß hierin noch keine volle Übereinstimmung besteht. So sagt BERGLER, daß die Frigidität kein phasenspezifisches Symptom darstellt, daß vielmehr die Triebentwicklung auf verschiedenen Stufen und aus unterschiedlichen Ursachen gestört werden kann. Er läßt damit alle Möglichkeiten offen und steht mit seiner Ansicht nicht allein.

Die Psychogenese wäre unvollständig, wollten wir abschließend nicht noch der *psychischen Traumatisierung* durch außergewöhnliche Ereignisse Erwähnung tun. An erster Stelle rangiert die geschlechtliche Verführung und Vergewaltigung. Gott sei Dank sind diese abscheulichen Vorkommnisse nicht so häufig, wie man es nach den Lehrbüchern annehmen müßte. Daß sie aber ein psychisches Trauma setzen, darüber besteht kein Zweifel. Eine Verführung im Kleinkindalter führt nach DEUTSCH in nahezu paradoxer Weise zu Schuldgefühlen im Kind und bedingt im Erwachsenenalter ursächlich die psychische Frigidität. Demgegenüber ziehen Verführungen in der zweiten, dritten und vierten Entwicklungsphase aus der Abscheu vor dem Körperlichen eine Verdrängung der gesamten Sexualität nach sich.

Auch *die Geburt eines weiteren Kindes* in der Familie oder der Tod eines Angehörigen sind unter bestimmten Bedingungen als ein außergewöhnliches Ereignis aufzufassen. Sie lassen Neid, Aggression, Flucht in die Regression, Ratlosigkeit, Kontaktgestörtheit erstehen.

Und schließlich sollen Verkehrsunfälle, Naturkatastrophen, Gewitter, Überschwemmungen, Häuserbrand, Krieg und Nachkriegschaos wenigstens einmal beim Namen genannt werden.

Die Flut dieser Hinweise macht es erforderlich, einen gemeinsamen Nenner zu finden. Wird ein Mädchen von den Eltern nicht naturgemäß aufgezogen, wächst es in einem pathologischen Milieu heran oder finden seelische Traumatisierungen statt, woraus ihm die Rolle der Frau nicht wünschenswert, nicht ehrenvoll, nicht lebenswert erscheint, sperrt es sich gegen seine Weiterentwicklung zur Weiblichkeit und nimmt seine Flucht in die Regression. Wenn ihm darüber hinaus – meist durch eine Fehlverhaltensweise des Vaters – die männliche Rolle als begehrenswert erscheint, kommt es zu phallischer Haltung, Männerkomplex und Identifikation mit dem männlichen Geschlecht.

Aus den bisherigen Darlegungen geht hervor, daß es *für die Frigidität keine einheitliche Psychogenese gibt und demzufolge auch keine uniforme Frigidin.* Aber an noch weitere Thesen aus der Neurosenlehre muß gedacht werden. Von ALEXANDER und CARUSO hören wir, daß eine Neurose nicht allein auf ein anamnestisches Datum zurückgeführt werden kann, sondern daß *anlagemäßige Faktoren mitbestimmend sind.* Abgezielt wird dabei besonders auf die Psychasthenie, aber auch auf den unterschiedlich hohen Intellekt, die divergierenden Temperamente, die Charaktereigenschaften, die emotionale und vegetative Labilität. Greifen wir einmal die vier Temperamente sanguinisch, phlegmatisch, cholerisch und melancholisch heraus. Sie sind als Varianten im physiologischen Bereich des menschlichen Temperaments aufzufassen. Wenn wir uns in sie vertiefen, erahnen wir, daß allein zufolge dieser Faktoren die Frigidität unterschiedlich zum Durchbruch kommen muß. SCHULTZ sagt im Hinblick auf die persönlichkeitsspezifische Neurose, daß hinter jeder Neurose ein erbbestimmtes Persönlichkeitsbild bestimmter Eigenart ruht, das dafür verantwortlich zu machen ist, daß sich eben gerade diese Form einer Neurose entwickelt.

Über die neurotischen Hintergründe der Frigidität besteht ein reichhaltiges Schrifttum (BONAPARTE, DEUTSCH, HITSCHMANN und BERGLER, MATUSSEK). MATUSSEK vertritt die These, daß *die Frigidität stets in eine bestimmte Neurosenstruktur eingebettet ist.* ADLER hebt speziell das Kardinalsymptom *Angst* hervor. Die Frigidin habe Angst, sich im Geschlechtsakt zu verlieren, ausgelöscht zu werden, den Sprung ins Dunkle, die Hingabe ihrer selbst zu wagen, prägenitale verbotene Wünsche zu erfüllen, die Liebe zu einer wichtigen Beziehungsperson zu verlieren. Von SPEER werden wir dahingehend belehrt, daß wir die Frigidität nur als ein Symptom, als die Ausdrucksform einer schweren zwischenmenschlichen Kontaktstörung aufzufassen haben. Nach ihm ist die Frigidin nicht fähig, menschlichen Kontakt zu gewinnen, zu geben und zu erhalten. Das Versagen beim genitalen Vollzug offenbart die Unfähigkeit zu Tiefenkontakt und echter Wir-Bildung, ist Ausdruck eines tiefsten seelischen Nichtkönnens. Ebenso fehlt der Frigidität die Liebe zu den Kindern, REIF interpretiert, daß die Frigidin unfähig ist, einen Teil ihrer übersteigerten Eigenliebe auf andere zu übertragen. ROEMER fand in einem seiner Fälle die Ablehnung des Mannes aus eigenem Persönlichkeitsanspruch, aus dem Grund des Sich-nicht-unterwerfen-Könnens. Und EWALD spricht davon, daß mangelnder Kontakt zur Mitwelt und allzu starke Elternbindung in die Vereinsamung eines Narzißmus führen, in ein Berauschen an sich selbst, in ein Abgleiten in homoerotische Bahnen und dabei zu einer hochmütigen Ablehnung der Umwelt, die man begehrt und zu der man keinen Kontakt findet.

Zu diesen Darlegungen muß Stellung bezogen werden. Daß die Frigidität niemals für sich allein steht, sondern stets von einem strukturneurotischen Gehabe – wenn auch uneinheitlicher Natur – untermauert und umwoben ist, weiß jeder, der einmal eine Frigidin zu Gesicht bekommen hat. Im Hinblick auf die Lehre SPEERS müssen wir zunächst einmal unterscheiden zwischen Kontaktstörung und Kontaktschwäche. Eine Störung entsteht, und zu einer Kontaktstörung in der frühen Kindheit kommt es, wie bereits sattsam erwähnt, durch die Fehlverhaltensweisen der Eltern zu ihrem Kind und der daraus resultierenden Fehleinstellung des Kindes zu seinen Eltern, woraus im späteren Leben eine allgemeine Störung in den zwischenmenschlichen Beziehungen hervorgeht. Und diese ist behandlungsfähig. Im übrigen erfährt täglich jede Mutter, daß der Säugling einen sozialen Kontakttrieb besitzt. Er streckt verlangend nach der Mutter seine Händchen aus und macht sich notfalls lautstark bemerkbar. Wenn die Mutter und später auch der Vater diesem Wunsch nicht nachkommen, bildet dies die tiefste Wurzel der Kontaktstörung. – Haben wir dagegen eine Kontaktschwäche bis Kontaktlosigkeit vor Augen, dann sind wir uns bewußt, daß es sich um einen anlagemäßig bestehenden Faktor handelt. Und SCHAETZING sagt wörtlich: »Da ist nichts zu machen.« Die angeborene Kontaktschwäche gehört in das Gebiet der Psychopathie, und wir denken dabei an den schizoiden Sonderling

(Speer). Eine solche hypothetische Aussage ist leicht getan. Schneider und verschiedene andere machen darauf aufmerksam, daß es analytisch sehr schwierig ist, Kontaktschwäche von Kontaktstörung zu unterscheiden, daß es dafür keine klaren Richtlinien gibt. Meist bringt uns erst unser ergebnisloses analytisches Bemühen auf den Gedanken, eine nicht behandlungsfähige Erbanlage anzunehmen.

Damit gleiten wir immer mehr hinüber zur anlagemäßig gegebenen Frigidität. Ehe wir damit beginnen, müssen wir erst noch *drei Sonderformen der psychogenen Frigidität* beleuchten, die in der Literatur regelmäßig Erwähnung finden. Es handelt sich um die klitoridale (klitorielle, klitoriale), psychische und mütterliche Frigidität.

a) Klitoridale Frigidität

Ihrer Bedeutung nach an erster Stelle, aber auch am meisten umstritten, rangiert die *klitoridale Frigidität.* Von Freud an gehen die Psychoanalytiker einig, daß es sich hier um eine schwere Impotenz der Frau handelt, die in vielen Fällen noch verknüpft ist mit phallischer Haltung. Nach Deutsch und Robinson stellt sie sogar die vorherrschende Form der Frigidität in unserer Gesellschaft dar. Die Lehre Kempers vom phylogenetischen Orgasmuswandel hat zum Inhalt, daß sich die Frau vom klitoridalen zum vaginalen Orgasmus hinentwickelt hat. Letzterer sei das Zeichen der vollen sexuellen und psychosexuellen Reife, das Kriterium der vollentwickelten weiblichen Liebesfähigkeit (Freud). Aus der Kasuistik schließt Matussek, daß die vaginal orgastische Frau viel seltener ihren Partner wechselt als die klitoriell orgastische, was als ein Zeichen der reiferen Entwicklungsstufe gedeutet wird. Demgegenüber handle es sich bei der klitoridalen Frau um eine Regression. Außerdem zeige der klitoridale Orgasmus nicht den gleichen voll befriedigenden und entspannenden Effekt, wie der vaginale Orgasmus. In dem Verhaftetbleiben der Klitoris sieht Matussek eine männliche Identifizierung, eine phallische Haltung mit Neid und zugleich Aggression gegen den Mann und im Hinblick auf die Frigidität die unbewußte Abwehr, die weibliche Rolle zu übernehmen. Bergler spricht direkt von einer »phallischen Regression«.

Gegen diese Thesen nehmen die Sexualforscher Stellung (Kinsey, Stourzh). Und sie offerieren uns ein statistisches Material, an dem man nicht achtlos vorübergehen kann. Nach den Ergebnissen ihrer Befragungen sind etwa ein Drittel aller Frauen klitoridal orgastisch, finden sich geschlechtlich voll befriedigt und wünschen keine Änderung in ihrem sexuellen Empfinden. GIESE, der als Sexualforscher eine Kapazität darstellt, meint, daß die Klitoris nicht als rudimentäres Überbleibsel, sondern ontogenetisch und phylogenetisch als ein vollwertiges orgastisches Organ anzusehen ist. Die Klitoris sei weder rudimentär noch infantil oder viril, sagt auch STOURZH.

Wegen dieser gegensätzlichen Auffassungen in einer so wichtigen Frage war es für uns eine Verpflichtung, weiteren Einblick in die Literatur zu nehmen. Vier verschiedene Hypothesen haben wir gefunden, die wir dem Leser kurz unterbreiten möchten. Zunächst einmal beharren auch heute noch viele namhafte Psychoanalytiker auf der Lehre FREUDS vom phylogenetischen Orgasmuswandel und damit auf den Thesen über die klitoridale Frigidität. Eine zweite Gruppe von Wissenschaftlern vertritt extrem entgegengesetzte Anschauungen. Sie messen der Klitoris für den Orgasmus der Frau die zentrale und primäre Rolle zu und erachten die Vagina als Stimulationsorgan von sekundärer Bedeutung. Wieder andere Autoren erklären, daß Vagina und Klitoris für die sexuelle Reaktionsfähigkeit der Frau gleich wichtig sind und einander ergänzen.

Ein großes Stück weiter haben die Sexualforschung die Untersuchungen von MASTERS und JOHNSON über den weiblichen Reaktionszyklus gebracht. Zufolge ihrer Beobachtungen im Labor, die sie auch durch den Film objektivieren konnten, werden beim Koitus die Labia minora rhythmisch hin und her bewegt. Da die Labien ventral in das Praeputium clitoridis auslaufen, pflanzt sich der Rhythmus auf dieses Organ fort, und auf diese Weise kommt es beim Koitus nicht nur zur Stimulierung der Vagina, sondern stets auch der Klitoris. – Weiterhin konnten die beiden Forscher feststellen, daß kein Unterschied in der Reaktion der Sexualorgane, kein Unterschied im Ablauf des Orgasmus besteht, gleichgültig, ob die Stimulation durch Masturbieren, durch natürlichen oder artifiziellen Koitus oder auch nur durch Reizung der Mamillen erfolgt. Daraus folgern sie, daß es nur einen Orgasmus gibt, nämlich *den sexuellen Orgasmus*. Gleichzeitig anerkennen sie aber, daß psychologische Unterschiede zwischen der Masturbation und dem Koitus bestehen.

Wenn MASTERS und JOHNSON zufolge ihrer Forschungsergebnisse die Aussage tun, daß der Streit über den klitoridalen und vaginalen Orgasmus nur noch historische Bedeutung besitzt, dann geschieht das unseres Erachtens zumindest verfrüht, denn es werden dabei die Untersuchungen und Offenbarungen einer vierten Gruppe von Forschern achtlos beiseite getan. Von dort hören wir selbst in jüngster Zeit noch und trotz der Publikationen der Sexualforscher: »Jawohl, es gibt einen klitoridalen und vaginalen Orgasmus. Es besteht ein Unterschied in den körperlichen und seelischen Empfindungen« (47, 53, 55). Solchen freimütigen Äußerungen – teilweise sogar mit Leidenschaft und persönlichem Engagement vorgetragen – haben wir unsere Hochachtung und unseren Respket entgegenzubringen.

Bei objektiver Betrachtung muß die Feststellung getroffen werden, daß auch heute noch nicht völlige Klarheit über die klitoridale Frigidität herrscht. Trotzdem läßt sich aus den divergierenden Auffassungen für uns psychotherapeutisch tätigen Ärzte ein Ausweg, eine zuverlässige Richtschnur, finden. Die Patienten zeigen sie uns selbst. Glaubt eine Frau, daß bei ihr sexuell und psychosexuell alles in Ordnung ist, so ist sie auch für uns in Ordnung, und wir werden uns hüten, ihre Auffassungen durch unbedachte Äußerungen ins Wanken zu bringen. Kommt allerdings eine Patientin in unsere Sprechstunde und klagt darüber, daß sie nur klitoridal erregbar sei, sie dabei nur wenig Wollust empfinde und auch ihr Mann daran Anstoß nehme, daß er per coitum seine Frau nicht befriedigen könne und sie deswegen ante oder post coitum masturbieren müsse, dann ist für uns die Indikation zu ärztlichem Eingreifen gegeben.

b) Psychische Frigidität

Auf die zweite Sonderform, die *psychische Frigidität*, ist bereits mehrfach hingewiesen worden. Bei diesen Frauen ist der Sinn allein auf die Sättigung ihres Geschlechtstriebes gerichtet, was sich in ihrem Lebenswandel und einem laufenden Partnerwechsel widerspiegelt. Nicht zu Unrecht spricht man hier von Nymphomanie. Solange die Frauen unverheiratet sind, geht alles gut, denn kein Mensch stört sich heute mehr an einem freien Lebenswandel. In der Ehe aber werden diese Neigungen zur Qual. Jetzt zeigt sich, daß die psychisch Frigide unfähig ist, eine tiefere seelische Bindung an ihren Mann einzugehen. Auch als einziger Geschlechtspartner genügt er ihr bald nicht mehr. Und es widerstreben ihr Schwangerschaft und Mutterschaft. Über diese ihre eigene Haltung ist sie unglücklich, und *da sie sich nicht selbst von ihr zu befreien vermag, sucht sie den Seelenarzt auf.*

In diesem Zusammenhang weisen die Psychoanalytiker darauf hin, daß der psychosexuell reifen Frau durch ihre seelische Bindung an den Gatten alle anderen Männer gleichgültig sind und daß sie ebenso nicht mehr masturbiert, weil sie nur noch in der Vereinigung mit ihrem Mann Lust und Glück empfindet. Nach DEUTSCH geht die psychische Frigidität oftmals auf eine Verführung in der frühen Kindheit zurück. Der Lustgewinn läßt das Mädchen den späteren Koitus bejahen, sogar überbejahen, während die aus der Verführung hervorgehenden Schuldgefühle eine tiefe und bleibende Zuneigung zum Mann unmöglich machen. Neben dieser glaubwürdigen Hypothese muß psychogenetisch vor allem an die psychische Entartung durch den Zeitgeist gedacht werden.

Für den Lernenden sei abschließend darauf hingewiesen, daß die psychische Frigidität zu Recht eine Sonderform darstellt. Das klassische Symptom der Impotenz der Frau bildet die Anorgasmie. Die psychische Frigidin aber ist orgastisch, und wir dürfen mit GIESE von einer Frigidität trotz Orgasmie sprechen.

c) Mütterliche Frigidität

Die dritte Sonderform, die *mütterliche Frigidität*, besitzt nur untergeordnete Bedeutung und wird in vielen Lehrbüchern nicht einmal erwähnt. Hier haben wir Frauen vor uns, die ihre ganze Liebe den Kindern zuwenden. Für sie ist Liebe ein Sorgend-in-der-Welt-Sein (BUYTENDIJK). Dabei wird der Ehemann durchaus nicht vergessen. Ihn bemuttern sie ebenfalls. Nur im Hinblick auf die Vita sexualis erweisen sich diese Frauen kühl. Nun, solange die Ehemänner damit zufrieden sind, daß bei ihren Frauen die mütterliche Liebe vor der geschlechtlichen rangiert, ist alles in Ordnung. Wenn sie aber darunter leiden und deswegen die Sexualberatung aufsuchen, wird damit ärztliches Eingreifen auf den Plan gerufen. Therapeutisch ist meist keine Langzeitbehandlung vonnöten, sondern es genügen analytisch-therapeutische Gespräche.

Unsere Betrachtung über die mütterliche Frigidität zeigt, daß im Gegensatz zum Sexualtrieb der Mutterinstinkt sich nur schwer unterdrücken läßt oder überhaupt nicht. Und wenn uns eine Patientin erzählt oder wir in Gesellschaft hören, daß eine Frau den Mann ablehnt, das Kind aber bejaht, dann sollten wir uns dieser Aussage erinnern.

Anlagemäßige Frigidität

Eine kurze Betrachtung der *anlagemäßig gegebenen Frigidität* möge den Beschluß der Pathogenese bilden. Zwei Hypothesen sollen kritisch durchleuchtet werden. Handelt es sich bei einer Frigidität, bei der wir weder eine Psychogenese noch einen pathologischen Organbefund ermitteln können und bei der wir demzufolge als letzte Möglichkeit eine anlagemäßige Bedingtheit in Erwähnung ziehen müssen, in der Tat um die *Weitergabe einer abartigen Erbmasse oder um die Folge einer Reifungsstörung in der Fetalzeit?*

a) Folge einer Reifungsstörung

Die Erfahrung lehrt den Gynäkologen, daß die Natur nicht fehlerfrei arbeitet, daß es bei der Entwicklung neuen Lebens zu Fehlbildungen kommt. Der Geburtshelfer ist es, der beim Neugeborenen die verschiedensten Mißbildungen als erster zu Gesicht bekommt. Mit Rücksicht auf das Thema unserer Arbeit wollen wir ausschließlich einen Blick auf das Genitale werfen. Da sind sowohl Doppelbildungen als auch konträr dazu Unterentwicklung und sogar das Fehlen von Organen und Organabschnitten zu beobachten. Im Hinblick auf die Zwitterbildung erleben wir nicht nur eine unklare Differenzierung der äußeren Geschlechtsmerkmale, sondern auch die Anlage der generativen Organe beider Geschlechter in einer Person, so daß zu Recht von Pseudohermaphroditismus und echtem Hermaphroditismus gesprochen wird.

Aus der Beobachtung von Doppelbildungen, Fehlbildungen, ausgebliebenen Organbildungen und Zwitterbildungen darf man unseres Erachtens – ohne dabei einen zu gewagten Gedankensprung zu tun – auf analoge Fehlentwicklungen auf dem Gebiet der Sexualität schließen. Denken wir nur daran, daß SCHULTZ-HENCKE in ähnlicher Weise den einzelnen körperlichen Entwicklungsphasen in der frühen Kindheit bestimmte Antriebserleben zuordnet. Im Falle einer pathologischen Entwicklung auf dem

Gebiet der Sexualität haben wir Irritationen, Alterationen und Perversionen des Geschlechtstriebes vor Augen. Damit stoßen wir auf *die Hypothese, die primäre Impotenz der Frau als die Folge einer Reifungsstörung in der Fetalzeit aufzufassen.*

Im Hinblick auf die Lokalisation einer solchen Störung sind alle Möglichkeiten von der äußeren Scham bis zum Kortex gegeben. Im Bereich der Klitoris, der Labia minora und des Introitus vaginae sind ein Fehlen oder ein Nichtfunktionieren der sensiblen Endapparate und eine ebensolche Dysfunktion der Druckrezeptoren im paravaginalen Gewebe denkbar. Bei Aplasie des Uterus hat BESOLD Anorgasmie beobachtet. In zentripetaler Richtung stoßen wir auf die Ovarien und die Hypophyse. Ihre Dysfunktion führt vorwiegend zu endokrinogener Impotenz. Und schließlich haben wir das im ventromedialen Teil des Tuber cinereum gelegene Sexualzentrum mit seinem benachbarten Erotisierungszentrum vor uns (HESS). Es stellt die dirigistische Zentrale dar, wie vergleichsweise das Atemzentrum und Kreislaufzentrum, und ist von der Psyche und der Peripherie her beeinflußbar. Liegt hier eine Fehlfunktion zufolge einer fetalen Reifungsstörung vor, muß sich das auf die gesamte Sexualität der Frau während des ganzen Lebens auswirken.

Obwohl die neurologische Forschung noch keine klare Auskunft geben kann, insbesondere sich nicht topographisch festzulegen vermag, muß angenommen werden, daß der Geschlechtstrieb, die Triebanlage, in der Tiefe des Kortex zu suchen ist. Und der Gedanke erscheint nicht abwegig, daß quantitative und qualitative Irritationen, Alterationen, Perversionen und das Fehlen des Geschlechtstriebes möglicherweise in einer Reifungsstörung dieses Triebzentrums begründet sind. Hierunter würden auch bezüglich unserer Fragestellung die primäre Frigidität, die latente Homosexualität und Labilität der Triebrichtung fallen.

In der uns zugänglich gewordenen Literatur haben wir eine ganze Reihe von Aufsätzen gefunden, in denen in ähnlicher Weise auf die Bedeutung der Triebanlage hingewiesen wird. So glaubt EWALD, daß die anlagemäßige Frigidität in einer angeborenen Schwäche oder dem Fehlen des Sexualtriebes zu sehen ist. Und LIEPMANN spricht bei Abhandlung der Homosexualität von der Impotentia cerebralis.

Pathogenetisch muß zuletzt daran gedacht werden, daß die *Frigidität auf einer abartigen Erbanlage basiert.* Hier sind für unsere Vorstellungen richtungweisend die weltbekannte Kontaktpsychologie von Speer und seine Lehre vom *schizoiden Sonderling.* Kein psychoanalytisch tätiger Arzt kommt daran vorbei, sich in das Gedankengut von Speer zu vertiefen, und so wollen auch wir hier ein wenig verharren.

Der psychisch Gesunde sucht und findet Kontakt zu seinen Mitmenschen. Durch diese naturgegebene Fähigkeit wird der Mensch zum Sozialwesen, wird er fähig, eine Ehe einzugehen, und fähig, sich in ein Volk einzuordnen.

Die Fähigkeit, Kontakt einzugehen und zu erhalten, ist bei den Menschen unterschiedlich stark ausgebildet. Die einen sind kontaktfreudig, suchen die Gemeinschaft und fühlen sich in ihr wohl. Andere sind zurückhaltender, schüchterner, tun sich schwerer bei dem gleichen Bemühen. Manche bleiben sogar lieber allein, machen einsame Spaziergänge, widmen sich einem künstlerischen Beruf oder sind eifrige Leser, ohne daß dabei ihre Verhaltensweise auf einer pathologischen Basis beruht. Neben dieser unterschiedlichen Kontaktfähigkeit des durchaus psychisch Gesunden müssen noch die ebenfalls im physiologischen Bereich liegenden passageren Sonderlingstendenzen erwähnt werden. So ist u. a. der Mensch im Zustand der Ermüdung herabgesetzt kontaktfreudig. All das bisher Gesagte umreißt Speer als *physiologische Sonderlingshaltung.*

Zu einer pathologischen Sonderlingshaltung kommt es durch psychische Fehlentwicklung und Fehlerziehung. Darüber ist bereits genügend bei Abhandlung der Psychogenese der primären Frigidität gesprochen worden. Speer spricht hier von der *neurotischen Sonderlingshaltung*, von einer Kontaktstörung als Erlebnisreaktion, von einem erlebnismäßig begründeten Kontaktverlust.

Den schwersten Fall bildet der *schizoide Sonderling.* Hier handelt es sich um eine angeborene, strukturbedingte Kontaktschwäche bis Kontaktlosigkeit. Damit befinden wir uns auf dem Gebiet der Psychopathie. Der Übergang zur Schizophrenie ist ein nur fließender.

Aus diesen Erkenntnissen erwächst für den Arzt im Hinblick auf die *Diagnostik* die Forderung, stets hinter dem vordergründigen Geschehen, den geschilderten Beschwerden und Störungen die Persönlichkeit des Kranken zu ergründen und hier besonders nach einer eventuell bestehenden Sonderlingshaltung zu fahnden. Oft bildet die tiefste Ursache einer neurotischen Entgleisung *eine in der Persönlichkeit schlummernde Sonderlingsreaktionsbereitschaft*, die durch die Angst vor dem Ehepartner, durch die Angst vor dem Tiefenkontakt mit ihm, mobilisiert und damit wachgerufen wird. Um Sonderlingstendenzen auf die Spur zu kommen, bedarf es der sorgfältigen Analyse des Patienten. Daneben darf die Durchleuchtung der Verwandtschaft nach psychischen Abwegigkeiten und Geisteskrankheiten nicht außer acht gelassen werden. Gerade bei diesem Bemühen erhält der Arzt oft die entscheidenden Hinweise.

Im Hinblick auf die *Therapiefähigkeit einer Sonderlingshaltung* lassen uns die Ausführungen von SPEER hoffen. Bisher hörten wir in Rede und Schrift, sobald psychopathische Züge angesprochen wurden, immer nur ein klares Nein. SPEER macht zunächst einmal die Aussage, daß die strukturbedingte Kontaktschwäche recht unterschiedliche Grade aufweist. Und er macht weiterhin geltend, daß im kontaktschwachen Sonderling nicht nur die Angst vor dem Kontakt ruht, sondern ebenso die Sehnsucht nach Kontakt. An welchen Ort der gedachten schizoiden Entartungslinie, vom physiologischen Sonderling über den neurotischen Sonderling, den schizoiden Psychopathen bis hin zum Schizophrenen, man einen Patienten mit Sonderlingstendenzen einstufen muß, hängt nach SPEER davon ab, welche wirklichen Entartungszeichen er aufweist. Einen reinen Sonderling gibt es nicht! Selbst bei den schwersten Fällen ist die Sehnsucht nach Kontakt noch zu eruieren. Im Hinblick auf die Therapiefähigkeit sagt SPEER wörtlich: »Es kann nicht genug betont werden, daß die Kontaktschwäche keine unveränderliche Gegebenheit darstellt. ... Und wenn zehnmal sicher ist, daß es sich dabei um eine angeborene Artung handelt, so ist der Mensch als Ganzes dennoch formbar, solange er nicht jene bekannten Zeichen der Unerziehbaren trägt.«

Die drei Phasen der klassischen analytischen Heilbehandlung zeigen auf, wie die Befähigung des Sonderlings, Kontakt aufzunehmen und zu erhalten, gesteigert werden kann. Zuerst gilt es zu ergründen, inwieweit es sich bei einer Sonderlingshaltung um eine strukturbedingte oder erlebnismäßig begründete handelt.

Wichtige Hinweise für eine strukturelle Bedingtheit sind das Nichtauffinden eines Komplexes, das Ausbleiben eines Widerstandes (weil eben kein Komplex da ist) und die innere Ausgeglichenheit des Patienten. Man hat als Arzt nicht das Gefühl, daß der Patient unter seiner Abartigkeit leidet. In der zweiten Phase muß dem Patienten seine Abartigkeit bewußt gemacht werden. Das Sichbewußtsein seiner Eigenart ist die unbedingte Voraussetzung, daß der Patient sein zukünftiges Leben danach einrichtet. Ein erster Kontakt wird zum Arzt hergestellt, allmählich vertieft und damit geübt. Später gilt es, diese neu erworbene Fähigkeit dem Ehepartner und der Gemeinschaft anzutragen, übend zu steigern und damit zu festigen.

Rückblendend auf die primäre Impotenz der Frau glauben wir sagen zu dürfen, daß eine kontaktschwache Frigidin durchaus die Chance hat, mit Hilfe ihrer eigenen Fähigkeiten, vor allem mit ihrer ratio, ihrem Willen und ihrer Ausdauer einen ausreichenden Kontakt zu ihrem Ehepartner herzustellen, damit die Ehe aufrechtzuerhalten und zu verinnerlichen und sich ebenso in ausreichendem Maße in die Gemeinschaft ihrer Umwelt einzupassen.

Wichtig ist nach Speer, daß ein Sonderling bei solch einem Reifungsprozeß nicht überfordert wird. Das geschähe z. B. dann, wenn man ihn sogleich eng an die Kette legt, ihm alle bisherigen Freiheiten untersagt und ihn voll und ganz in die Familie und die Wohnung hineinzwängt. Hat ein Sonderling bisher gern Spaziergänge gemacht oder Bücher gelesen, so soll er ruhig auch weiter diese Freiheiten genießen. Diese Stunden dienen der Besinnung und Bilanz. Auch ein Skat- und Kegelabend muß ihm weitergewährt werden. Der Sonderling, ob Mann oder Frau, soll wissen, daß ihm nur so viel abverlangt wird, wie zur Vertiefung des Kontaktes mit seinem Ehepartner notwendig ist. Auch hier wird also wieder an die Vernunft und Einsicht des Menschen appelliert.

Speer schließt seine Ausführungen über die Liebesfähigkeit mit dem Hinweis, daß die Kontaktpsychologie nur einen Aspekt darstellt, unter dem ein Unvermögen auf dem Gebiet der vita sexualis gesehen werden muß. »Keineswegs steckt hinter jeder Neurose eine Kontaktstörung.« Das zu hören und zu wissen ist für den Lernenden wichtig, aber auch um der Objektivität willen, damit nicht die Erkenntnisse anderer Sexualforscher achtlos beiseitegetan werden.

Wir haben die Betrachtung über die Kontaktpsychologie von Speer vollabsichtlich etwas eingehender gebracht und bereits vorzeitig einen Einblick in Diagnostik und Therapie gegeben. Wie bereits weiter oben erwähnt, kommt kein Arzt, der Sexualstörungen behandelt, darum herum, sich in diese Gedankengänge zu vertiefen. Andernfalls werden seine therapeutischen Bemühungen stets nur symptomatisches Stückwerk sein.

Am Ende unserer Betrachtungen über die Pathogenese der Impotenz der Frau wollen wir festhalten, daß wir mit naturwissenschaftlichen Untersuchungsmethoden heute zwar die Gegebenheit einer anlagemäßig bestehenden Frigidität noch nicht nachweisen können, daß sie aber aus der Empirie, Kasuistik und Statistik gefolgert werden muß. Es kann sich dabei um eine unter bestimmten Bedingungen einsetzende Reifungsstörung in der Fetalzeit oder um die Weitergabe einer abartigen Erbmasse handeln. Im ersteren Falle blicken wir besonders auf das Triebzentrum im Subkortex. Aber auch an anderen Orten ist, wie wir aufgezeigt haben, eine Reifungsstörung mit konsekutiver Frigidität im Psychischen und Anorgasmie im Organischen möglich.

Lediglich noch einen Hinweis wollen wir uns gestatten. In der Literatur ist viel davon zu lesen (Kinsey, Giese), daß Frigidität häufig durch die Schuld des Mannes entsteht. Kinsey spricht wörtlich von der *man made situation*. Daß der Mann viel dazu beiträgt, ob eine Frau die vita sexualis freudig aufgreift oder sie ablehnt, unterliegt keinem Zweifel. In der Realität ist es aber doch wohl so, daß der Mann durch seine Fehlverhaltensweisen bei der Frau sekundäre Potenzstörungen zur Auslösung bringt, daß aber bei der primären Impotenz andere Kräfte am Werke sind.

Primär frigide Frauentypen

Ein Teil dieses Themas ist bereits im vorangegangenen Kapitel abgehandelt worden. So wollen wir uns nicht wiederholen, sondern nur noch einmal zusammenfassen. Die Fülle der psychogenetischen Möglichkeiten sowie die Vielzahl der divergierenden anlagemäßig gegebenen Faktoren im Bereich des Psychischen machen begreiflich, daß es eine Uniformität der Frigidität nicht gibt. Und was für das Leiden gilt, trifft ebenso für die Leidensträgerin zu. Sowohl das Gehabe der Frigidin als auch ihre psychische Konzeption und die Struktur ihrer Neurose sind uneinheitlich. Wir haben es somit auch mit keiner uniformen frigiden Persönlichkeit zu tun.

In dieser Erkenntnis wollen wir nun daran gehen, sieben frigide Frauentypen, sieben verschiedene Erscheinungsformen weiblicher Frigidität aufzuzeigen. Der kritische Leser wird hier sogleich aufbegehren, denn Erscheinung ist Äußeres, und Persönlichkeit bedeutet Inneres. Das ist richtig. Wir wollen aber nicht vergessen, daß das Gehabe eines Menschen, seine Mimik und Gestik, seine Äußerungen, Handlungen und Verhaltensweisen seine Seele widerspiegeln.

Der Sextyp

Wir könnten auch sagen: der demonstrative Sextyp. Frauen dieses Typs legen offenkundig Wert auf Körper-, Gesichts- und Haarpflege. Sie erscheinen immer gepflegt. Charakterisierend ist darüber hinaus ihr Bemühen, ihre weiblichen Formen zur Geltung zu bringen, ihre Weiblichkeit zu betonen. Hinter dieser äußeren Schale verbirgt sich in nahezu paradoxer Weise Frigidität. Gedacht werden muß vorwiegend an die *psychische Frigidität.*

Der virile Typ

Vertreterinnen dieses Typs bilden in gewisser Weise das Gegenstück zum Sextyp. Auch sie erscheinen äußerlich gepflegt, wie dies überhaupt als ein gemeinsames Merkmal frigider Frauen angesehen werden darf. Sie versuchen aber im Gegensatz zum Sextyp ihre weiblichen Formen zu verbergen, indem sie Kostüme und kurzen Haarschnitt tragen. Wenn obendrein eine Hypoplasie der Brüste besteht, sollte an die symbolische Aussage dieses Befundes gedacht werden. Hinter dem virilen Typ steht sine dubio die *klitoridale Frau mit phallischer Haltung.*

Der kultivierte Typ

Er ist die klassische Verkörperung der kühlen Frau. Wir finden ihn überall, aber besonders häufig in der gehobeneren Gesellschaft. Nach BERGLER stellt die Frigidität das natürliche, nach dem Verfasser das stilgerechte Verhalten der kultivierten Frau dar. Diese Frauen geben sich kühl, reserviert bis unnahbar. In Gesprächen erscheinen sie gebildet und redegewandt. Auf Parties sind sie bemüht, zu brillieren und den Ton anzugeben. Hier handelt es sich eindeutig um das Ergebnis von *Fehlerziehung.* Die Mädchen werden von Jugend an in einem bestimmten Stil erzogen, wachsen in den Stil einer bestimmten Gesellschaftsschicht hinein, den sie übernehmen und später als den ihren betrachten.

Von Schauspielern wird der klassische Typ der kühlen Frau oftmals in extremer Form zur Darstellung gebracht. Nun, wir wissen, daß es zur Aufgabe des Schauspielers gehört, zu verdeutlichen und damit zu übertreiben. Die Gründe, warum dies für den Zuschauer so sein muß, sind bekannt. In der realen Wirklichkeit bekommen wir die *demonstrativ kühle Frau* nur selten zu Gesicht. Und wenn wir ihr wirklich einmal begegnen, müssen wir uns fragen, was hinter dem äußeren Erscheinungsbild steckt. Entweder ist ein solches demonstratives Gehabe der Ausdruck absoluter Sicherheit, dann haben wir es mit einer *anlagemäßig bestehenden Frigidität* zu tun, oder die Frigidin baut um sich einen Schutzwall, hinter dem sie Unsicherheit, Ratlosigkeit, Leere und Fluchthaltung verbirgt. Dann erleben wir ein *hysterisches Gehabe,* wie es uns SCHULTZ so eindrucksvoll schildert.

Der neutrale (indifferente) Typ

Wie der Name besagt, geben sich diese Frauen unauffällig in ihrer äußeren Erscheinung und ihrem Gehabe. Man vermag also von der äußeren Gewandung keine sicheren Schlüsse auf ihr Innenleben zu ziehen. Somit sind im Hinblick auf die Frigidität alle Möglichkeiten gegeben. Zu denken ist vornehmlich an die *anlagemäßig bestehende Frigidität.* Denn wo innen nichts vorhanden ist, kann außen nichts erscheinen!

Der gehemmte Typ

Er stellt schließlich das klassische Erscheinungsbild der *psychogenen Frigidität* dar. Wir denken dabei an das vorzügliche Lehrbuch von SCHULTZ-HENCKE »Der gehemmte Mensch« und brauchen dem Wissenden keine weiteren Worte über das Äußere und Innere dieses Frauentyps zu sagen. Man erkennt die gehemmte Frau bereits, wenn sie das Sprechzimmer betritt, spätestens aber, wenn sie ihre Beschwerden und Sorgen vorbringt.

Auffallend sind bei vielen dieser Frauen ihr kindliches Gesicht und Züge kindlichen Gehabes, so daß man vielleicht nicht zu Unrecht sogar von einem infantilen Typ sprechen kann.

Der Sonderlingstyp

Der Lernende erinnere sich, daß SPEER eine neurotische (erlebnisbegründete) Sonderlingshaltung und eine schizoide (strukturbedingte) Sonderlingshaltung herausstellt. Es nimmt daher nicht wunder, daß heute jeder psychoanalytisch tätige Arzt bei der Ergründung der Persönlichkeit seiner Patienten nach Sonderlingstendenzen sucht. Das ist aber leichter gesagt, als erfolgreich getan. Bei der Neurotikerin stößt man in der Regel sofort auf die Hemmung und erst etwas später auf die Kontaktstörung. Man kann somit den neurotischen Sonderling dem gehemmten Typ zuzuordnen. Die schizoide Psychopathin wiederum, die als Nichtleidende einen indifferenten Eindruck macht, läßt sich unschwer dem neutralen Typ zuweisen. Der Verfasser möchte aber doch aus seiner eigenen Erfahrung heraus sagen, daß der Sonderling einen Typ für sich darstellt und sich bereits bei der ersten Konfrontation aufspüren läßt. Jeder psychisch Kranke erweist sich nach einer bestimmten Richtung hin psychisch alteriert. Und der Sonderling gibt sich in ganz bestimmter Weise absonderlich, eigenartig, wesensfremd. Es kommt im Zimmer das Gefühl der Kälte, der trennenden Wand auf. Entsteht der Verdacht einer Sonderlingshaltung, muß diesem selbstverständlich anamnestisch und analytisch nachgegangen werden.

Der verkrampfte Typ

Dieser Frauentyp gehört eigentlich nicht mehr hierher, obgleich man ihm viel häufiger begegnet, als allen anderen sechs Typen zusammen. Eine Frau, die bei ihrem vorangegangenen Geschlechtspartner vollorgastisch gewesen ist und bei ihrem jetzigen Partner hyp- oder sogar anorgastisch ist, empfindet ihre *sekundäre Potenzstörung* als furchtbar und unerträglich. Sie leidet bei jedem anorgastischen Koitus Tantalusqualen. Der Zustand des Unbefriedigtseins verändert ihr ganzes Wesen. Sie erscheint unruhig, gereizt, verkrampft, mit sich und der Welt zerstritten. Nicht nur die Art ihrer Darstellungen, sondern bereits ihre Mimik und Gestik spiegeln ihren seelischen und körperlichen Zustand wider. Es ist ergreifend zu beobachten, wie im Ablauf der Behandlung diese Verkrampfung sich löst. Aber, wie gesagt, dieser Typ gehört streng genommen nicht hierher. Wir wollten ihn nur zum Vergleich heranziehen.

Am Rande sei noch erwähnt, daß versucht worden ist, *Zusammenhänge zwischen Körperbau und Frigidität* aufzufinden. So machen KLEINSORGE und KLUMBIES, basierend auf ihrer Kasuistik, die Aussage, daß *blonde Asthenikerinnen* besonders anfällig für Frigidität sind. Der Verfasser kann dies durch zwei eigene Fälle erhärten. Aus kasuistischen Beiträgen aber zu schließen, daß zarte blonde Frauen zu Impotenz neigen, geht unseres Erachtens zu weit.

Der Verfasser ist während seiner langjährigen Tätigkeit bei der Behandlung frigider Frauen relativ häufig auf den *dysplastischen Typ mit Vollmondgesicht und dunklem Haar* gestoßen. Frauen dieses Typs sieht man noch im Erwachsenenalter Arm in Arm mit ihrer Mutter gehen, während die Hochzeit von Monat zu Monat verschoben wird. Aber auch hier wäre es weit über das Ziel hinausgeschossen, wollte man Körperbau und Frigidität in einen generellen Zusammenhang bringen. Viel eher muß an endogene Fettsucht mit konsekutiver Impotenz gedacht werden.

Therapie

Differentialdiagnostik

Durch das Hinzukommen der Neurosen muß der Arzt nunmehr in drei Richtungen forschen, muß – wenn wir so terminieren wollen – eine dreidimensionale Diagnostik betreiben. Er hat sich von Anbeginn zu fragen: Liegt bei dem zur Behandlung stehenden Fall eine infektiöse, organische oder neurotische Erkrankung vor? Auch für den Psychiater mit seiner speziellen Blickrichtung auf psychische Erkrankungen ist die Sicht klarer geworden. Vor seinem geistigen Auge steht die Trias: Psychose, Psychopathie, Neurose.

Wie der praktizierende Arzt differentialdiagnostisch zur primären Impotenz des Weibes hinfindet, ist bei Abhandlung unseres Falles gezeigt worden. Der psychologisch ausgebildete Frauenarzt vermag bereits nach der ersten Konsultation die richtige Diagnose zu stellen. Die emotional vorgetragenen Beschwerden, die abartigen Ansichten der Patientin über den Koitus, ihren Gatten und die Ehe und daneben der negative gynäkologische Befund führen zur Psychogenie des Leidens. Die anschließenden Zusatzuntersuchungen dienen nicht nur der Sicherung und Präzisierung der Diagnose, sondern werden auch aus psychologischen Gründen im Interesse der Patientin durchgeführt. Nur wenn die Patientin erkennt, daß alles getan wird, daß alle diagnostischen Register gezogen werden, um ihr Leiden völlig zu klären, wird sie am Schluß geneigt sein, uns zu glauben, daß ihr Unterleib organisch gesund und funktionstüchtig ist und es sich um eine Erkrankung im Psychischen handelt.

Das *abschließende Gespräch* dient zwei Zielsetzungen. Als wichtigstes muß die Frigidin, wenn auch mit dem nötigen Zartgefühl, so doch in aller Offenheit über den Charakter ihres Leidens und seine Herkunft belehrt werden. Als zweites erfolgt in therapeutischer Sicht eine Aussonderung der Fälle. Organogen und endokrinogen impotente Frauen werden in konservative oder operative Behandlung überführt. Erblich veranlagte Frigidinnen scheiden von selbst aus, da sie in sich keinen inneren Drang zur Behandlung spüren. Und wenn sie aus situativen Gründen eine Behandlung eingehen, geben sie sehr rasch wieder auf, oder der Analytiker trennt sich seinerseits von ihnen, wenn er bei seinen analytischen Bemühungen kein Material gewinnt, das auf eine Psychogenie des Leidens hinweist. Bei den psychogenen Fällen schließlich läßt sich erfahrungsgemäß ohne Schwierigkeit die primäre Impotenz von den sekundären Potenzstörungen absondern. Es obliegt dann der Entscheidung des Arztes, welche Fälle er selbst behandelt und welche er besser dem Psychoanalytiker überweist. Darüber wird bei Abhandlung der therapeutischen Probleme noch zu sprechen sein.

Therapieplan

Man kann in einem Lehrbuch der Chirurgie die Durchführung einer bestimmten Operation dem Lernenden Schritt für Schritt exakt vor Augen führen und durch Farbtafeln das operative Vorgehen zusätzlich illustrieren. Die analytische Langzeitbehandlung in gleicher Weise aufzuzeigen, ist ein Ding der Unmöglichkeit. Die Gründe hierfür sind im Ablauf der Arbeit dargelegt worden. So sollen wenigstens für den interessierten Leser die wichtigsten Punkte und Phasen der Heilbehandlung skizziert werden:

a) Eingehende Untersuchung mit allen erforderlichen Zusatzuntersuchungen, um definitiv zu klären, ob eine infektiöse, organische oder neurotische Erkrankung vorliegt.

b) Abschließende Belehrung der Patientin über die primäre Frigidität, den Charakter dieses Leidens, die pathologische Symptomatik im Psychischen und Somatischen und Hinführung der Patientin zur freien Entscheidung über ihre Behandlung.

c) Introduktion (therapeutische Zielsetzung, Pakt)

d) Erarbeitung der biographischen Anamnese

e) Langzeitige analytische Psychotherapie in fünf Phasen:

Ergründen

Selbst-Erkennen

Sich-Freimachen

Hinführung zur seelischen und geschlechtlichen Hingabefähigkeit

Lösung von der Patientin.

f) Zusätzliche therapeutische Möglichkeiten:

Pragmatische Verfahren (autogenes Training)

Aussprachen der Patientin mit einer Geheilten

Populärwissenschaftliche Literatur
Adoption eines Kindes
Desensibilisierung der Vagina
naturgemäße Heilweisen (Bäder, Packungen, Massagen etc.)
gesunde Lebensweise.

Der *zweite therapeutische Weg:* Die von uns dargelegte rein analytische Psychotherapie bei der primären Impotenz der Frau kennzeichnet BROWN als *rekonstruktive Therapie.* Er umreißt sie in der Weise, daß zuerst die psychische Hemmung vor der Sexualität ergründet werden muß. Bildet ein pathologisches Angstgefühl, eine Aggression, ein Schuldgefühl, eine persistierende Bindung an die Eltern, eine inzestuöse Fixation oder ein anlagemäßig gegebenes Unvermögen die Wurzel des Leidens? Ist diese Frage zufriedenstellend geklärt, erfolgen die Umstrukturierung und der Neuaufbau der Persönlichkeit.

In seiner epikritischen Betrachtung kommt BROWN zu dem Schluß, daß die FREUDsche Psychoanalyse für eine Massentherapie ungeeignet ist. Mit ihr kann das große Patientengut, das einer psychischen Heilbehandlung bedarf, nicht bewältigt werden. Nun, das ist jedem Arzt bekannt. Das größte Handikap bildet zweifellos die lange Zeitdauer der Behandlung. Aber auch die kleine Zahl der praktizierenden Psychoanalytiker und die sehr lange Ausbildungszeit der Ärzte dürfen nicht übersehen werden.

So nimmt es nicht wunder, daß man in den Kliniken seit langem bemüht ist, in der Psychotherapie neue Wege, neue Techniken und Methoden zu erarbeiten. In den Publikationen der letzten zehn Jahre und auf Kongressen kommt dieses Bemühen deutlich zum Ausdruck. Auch beim letzten Psychotherapie-Kongreß in Heidelberg im Frühjahr 1969 haben wir aus berufenem Munde davon gehört.

In seinen weiteren Ausführungen setzt sich BROWN für die *rationale Therapie* ein, die der Verfasser als *den zweiten therapeutischen Weg* kennzeichnen möchte. Hier wird nicht tiefenanalytisch in das Unbewußte des Menschen vorgedrungen und nicht unter langem Zeitaufwand die Vergangenheit des Patienten erschlossen, sondern es werden *sofort das Gegenwärtige, die aktuelle Lebenssituation des Patienten,* seine Sorgen und Nöte, seine Störungen und Beschwerden in den Mittelpunkt der Betrachtung, der Diagnostik und Therapie gestellt. *Den Ablauf der Behandlung kennzeichnen die Termini Klärung, Desensi-*

tisation, Beratung, Hilfestellung, Umerziehung, Aufbau. Welche Inhalte hinter den einzelnen Begriffen stehen, weiß der Leser aus der bisherigen Lektüre des Buches, so daß wir uns Wiederholungen sparen können.

Neben dieser allgemeinen Leitlinie werden zusätzlich von vielen Seiten *praktische Winke* gegeben. So empfehlen HASTINGS, CALDERON und ELLIS als ersten und wichtigsten Schritt in der Therapie, *die anorgastische Frau den Orgasmus erleben zu lassen.* (Die Technizismen sind an früherer Stelle bereits beschrieben worden.) An dieses bahnbrechende Erlebnis soll die psychosexuelle Nachreifung, falls sie überhaupt noch vonnöten ist, angeschlossen werden.

Besonders wenn ein pathologisches Angstgefühl die Wurzel der Hemmung vor der Sexualität bildet, raten WOLPE und LAZARUS zu *systematischer Desensitisation durch progressive Entspannung*, also durch autogenes Training. – CAPRIO, BERGER und RICHARDSON reden der Hypnotherapie das Wort und berichten in ihren Publikationen über gute Heilerfolge. KEGEL rät zu einem *Training der Beckenbodenmuskulatur*, um dadurch insbesondere die in die Vagina einstrahlenden und sie umschließenden pubokokzygealen Muskeln zu kräftigen. MASTERS und JOHNSON plädieren dafür, beide Ehepartner gemeinsam zu behandeln und *die Ehe in den Mittelpunkt der Auseinandersetzung* zu stellen. Damit sagen sie uns nichts Neues.

Damit der Lernende klar sieht, muß eine kritische Betrachtung den Beschluß bilden. Jeder von uns weiß, daß die klassische analytische Psychotherapie aus den uns allen bekannten Gründen nie eine Massentherapie sein kann. So ist jedes Bemühen, neue Verfahren zu entwickeln, nur zu begrüßen. Und die rationale Therapie im Sinne von BROWN, welche die ratio des erwachsenen Menschen zum wichtigsten Faktor in der Heilbehandlung macht, bildet einen guten und sicher fundierten Weg. *Diesem Verfahren gehört möglicherweise die Zukunft.* Zugleich aber möchten wir warnend den Finger heben. Der Lernende glaube nicht, daß durch den Fortfall der Tiefenanalyse sich für die Zukunft eine analytische Ausbildung erübrigt. *Es kann nur der ein verkürztes Verfahren praktizieren, wer in der Standardmethode erfahren ist.*

Therapiebedürftigkeit

Jeder praktizierende Gynäkologe weiß, wie häufig potenzgestörte Frauen in seiner Praxis erscheinen und um Behandlung bitten. Das ist ihm Beweis genug für die Therapiebedürftigkeit der Sexualstörungen. Trotzdem müssen wir dem Leser einen Einblick in die *Statistik* geben, um eindrucksvolle Zahlen sprechen zu lassen. Herangezogen worden sind von uns die statistischen Erhebungen von Besold, Burgess und Wallin, Chesser, Kinsey, Stourzh und Terman. Es handelt sich dabei um die Befragung von Tausenden von Frauen in der Alten und Neuen Welt, durchgeführt in den Jahren 1938 bis 1962.

Basierend auf diesem Zahlenmaterial haben wir Durchschnittswerte errechnet und dürfen nun die folgenden globalen Aussagen tun. *65% aller Frauen sind vollorgastisch bis leicht hyporgastisch.* Es stellt gewissermaßen den Regelfall dar, daß die Frau nicht bei jedem Koitus zum Orgasmus kommt. *Nur etwa 25% der Frauen dürfen als vollorgastisch angenommen werden. Nach der pathologischen Seite hin besteht bei etwa 35% aller Frauen eine so starke Hyporgasmie bis Anorgasmie*, daß von einer Impotenz und damit von einem Leiden gesprochen werden kann. Von diesen 35% sind etwa 10% ständig anorgastisch.

Der soeben genannte Zahlenwert von 35% besagt keineswegs, daß alle diese potenzgestörten Frauen behandlungsbedürftig sind. Man stelle sich vor, es würden sich von 100 Frauen der Bevölkerung 35 wegen ihrer Sexualstörung in ärztliche Behandlung begeben! Sie würden die Wartezimmer aller Gynäkologen und Psychoanalytiker sprengen. In der Realität ist es vielmehr so, daß die meisten dieser Frauen mit ihrer vita sexualis, mit ihrem Schicksal zufrieden sind. Durch das Nicht-Aufsuchen des Arztes dokumentieren sie, daß ihnen der Gatte, die eheliche Harmonie, die Kinder und das Heim mehr bedeuten als der Orgasmus.

Bei dieser Erörterung müssen wir auch der *kühlen Frau* Erwähnung tun. Es gibt einen nicht zu unterschätzenden Prozentsatz kühler Frauen. Bei ihnen sind Hyporgasmie und Anorgasmie nahezu beheimatet. Diese Frauen besitzen anlagemäßig oder anerzogen ein kühles Temperament. Für sie rangiert die innerliche Liebe weit vor dem triebhaften Begehren. Beim Koitus wahren sie Zurückhaltung und lassen meist allein dadurch keinen Orgasmus aufkommen.

Wir Ärzte wissen, daß die Anorgasmie nicht die Potentia generandi beeinträchtigt, zumindest nicht zunichte macht. Und wir wissen darüber hinaus, daß es auch eine Satisfactio sine orgasmo gibt, also echte Wir-Bildung ohne Orgasmie. Wenn also eine Frau den Koitus überhaupt zuläßt, auch die Mutterrolle bejaht, unter ihrer Anorgasmie nicht leidet und auch ihr Gatte an der geschlechtlichen Kühle keinen Anstoß nimmt, vielleicht, weil er selbst von kühlem Wesen ist, dann liegt unseres Erachtens keine Therapiebedürftigkeit vor.

Wenn hyposexuelle Frauen zu uns kommen oder geschickt werden, wollen sie meist nur Klarheit gewinnen, und die geben wir ihnen in dem abschließenden Gespräch nach Beendigung der Untersuchungen. Hierbei werden die Fortpflanzung und der Geschlechtsakt bewußt nüchtern dargestellt. Auf die geschlechtliche Liebe und die Gefühlssphäre der liebenden Frau wird nur eingegangen, wenn danach gefragt wird, und auch dann nur andeutungsweise. Die durchgeführten Untersuchungen und die abschließende Versicherung des Arztes, daß die Geschlechtsorgane gesund und funktionstüchtig sind, setzen Ruhe im Psychischen und bewahren die dysorgastische Frau vor neurotischer Entgleisung.

Leidet dagegen eine Frau unter ihrer geschlechtlichen und seelischen Impotenz, leidet auch der Ehemann unter dem Verhalten seiner Frau, suchen beide den Arzt auf und erbitten Rat und Hilfe, dann ist *die Indikation zu ärztlichem Handeln gegeben.* Vergessen wir nicht, daß die geschlechtliche Disharmonie nicht auf sich beruhen bleibt, sondern die ganze Ehe vergiftet und selbst am Arbeitsplatz Auswirkungen zeigt.

Wir Ärzte haben im Koitus nicht nur einen der Fortpflanzung dienenden Akt zu sehen. Durch den Congressus kommt es zu echter Wir-Bildung. Das muß so sein, damit das Aufwachsen des gezeugten Lebens in einem warmen Nest gesichert ist. Darüber hinaus führt die geschlechtliche Harmonie die Ehepartner so eng zusammen, wie es keine staatlichen Gesetze und kirchlichen Gebote vermögen.

Zufolge unserer Erfahrungen glauben wir, daß bei der primären Frigidität nur in der Minorität der Fälle von einem Leiden in des Wortes ursprünglicher Bedeutung gesprochen werden kann. Bei den Motiven, welche die Frauen zu uns führen, scheinen uns situative Gründe zumindest mitbedingend zu sein. Zu nennen sind die Angst, den Lebensgefährten zu verlieren, die

Angst vor der Schande durch die Scheidung und die Angst vor Mittellosigkeit und Unbehütetsein nach der Scheidung.

Diese Feststellung kann uns nicht verwundern, wenn wir bedenken, daß die Wurzel zur Impotenz bereits in der frühen Kindheit gesetzt wird. Eine frische Wunde schmerzt, eine vor vielen Jahren gesetzte Wunde ist nur noch an der zurückgebliebenen Narbe zu erkennen. Diese fällt allerdings auf und wirkt sogar störend, wenn sie den Menschen verunstaltet oder behindert. Ähnliche Überlegungen gelten für die primäre Frigidität.

Gegenüber unseren Erfahrungen, daß Frigidinnen unter ihrer Abartigkeit nur in der Minorität der Fälle leiden und für den Weg zum Arzt häufig äußere Gründe zumindest mitbestimmend sind, spricht Asperger davon, daß die Frigidin ihre Kälte, Leere und mangelnde Liebesfähigkeit als quälend spürt, und zwar sowohl die Symptome im Psychischen als auch im Körperlichen. Daher wird sie rastlos, sucht ständig nach Liebe und Erfüllung, stürzt sich in Parties, ohne Erfüllung zu finden, da sie eben nicht das Ihrige dazugeben kann, um Erfüllung zu finden. Und in ihrer Verzweiflung sucht sie schließlich den Arzt auf.

Aus diesen Darlegungen wollen wir *den Schluß ziehen, daß der Frigidin die äußeren Gründe bewußt sind, daß aber im Unbewußten das verzweifelte Verlangen sitzt, sich selbst zu finden.* So muß also der Arzt jeden einzelnen Fall auf seine Therapiebedürftigkeit ernsthaft prüfen. Und er fordert auch die Patientin zu der gleichen Prüfung auf und führt sie damit zur freien Entscheidung hin. Denken wir stets daran, daß die primäre Frigidität nur in reiner analytischer Psychotherapie angegangen werden kann und eine Langzeitbehandlung vonnöten ist!

Als Schlußbemerkung sei angeführt, daß die Frage der Therapiebedürftigkeit bei den sekundären Potenzstörungen nie einer so ernsten Erörterung bedarf. Darüber wird im zweiten Teil dieses Buches noch zu sprechen sein.

Therapiezuständigkeit

Hier muß mit aller Deutlichkeit gesagt werden, daß allein der Psychoanalytiker zufolge seiner Ausbildung und Erfahrung dazu befähigt ist, die primäre Impotenz der Frau »lege artis« und mit Aussicht auf Heilung anzugehen. Der Gynäkologe mag sich damit bescheiden, die sekundären Potenzstörungen in Angriff zu nehmen. Sie machen zwar ebenso für ihn eine psychoanalytische Ausbildung notwendig, erfahrungsgemäß sind aber die situativ bedingten Sexualstörungen leichter heilungsfähig und erfordern so gut wie nie eine analytische Langzeitbehandlung.

Hier können wir viel von ROEMER und SCHAETZING lernen. Sie führen uns in ihren kasuistischen Beiträgen eindrucksvoll vor Augen, wie es ihnen in eleganter Gesprächsführung gelingt, die potenzgestörte Frau die seelischen Hintergründe ihrer Erkrankung erkennen zu lassen, sie damit zum Evidenzerlebnis hinzuführen und ihr in anschließenden therapeutischen Gesprächen Heilung zu bringen. Bei allem Respekt vor diesen Leistungen, denen wir nachzueifern trachten, wollen wir nicht übersehen, daß die Sanierung des Milieus und die Ausräumung bestehender Konfliktsituationen oftmals die conditio sine qua non darstellen, um einen dauerhaften Heilerfolg zu erzielen. Und hier können wir auf Schwierigkeiten stoßen, deren Behebung nicht in unserer Macht steht.

Gynäkologen, die sich aus Neigung der psychosomatischen Gynäkologie zuwenden und hierfür als Voraussetzung, um lege artis arbeiten zu können, sich vorher einer Lehranalyse unterzogen haben, gibt es heute erst wenige. Diese Gegebenheiten dürften, soweit der Verfasser orientiert ist, sowohl für die DDR wie auch für das Bundesgebiet zutreffen. Aber die Dinge sind im Fluß. Noch vor dreißig Jahren haben die damals Studierenden kaum etwas von Neurosen gehört. Heute besteht bereits an jeder Universität eine Klinik für Psychotherapie, und auf Kongressen und in den Fachzeitschriften erleben wir, wie man darum bemüht ist, die von der Psychologie und Neurologie her erforschte Neurosenlehre auf einen gemeinsamen Nenner zu bringen, die diagnostische und therapeutische Methodik zu vereinheitlichen und ebenso einheitliche Richtlinien für die Ausbildung der jungen Psychoanalytiker zu erarbeiten. Nach weiteren dreißig Jahren wird man mit Sicherheit so weit sein, daß sich an jeder Frauenklinik eine Fachkraft befindet, die sich ausschließlich mit der Behandlung der psychischen und psychosomatischen Erkrankungen befaßt, die in den Aufgabenbereich des Frauenarztes fallen. Und ebenso darf angenommen werden, daß es dann eine ausreichende Zahl von praktizierenden Gynäkologen gibt, die auf dem gleichen Sektor tätig werden.

Therapiefähigkeit

Der Verfasser hat trotz eifrigen Suchens im Schrifttum keine statistischen Hinweise über Häufigkeit und Heilungserfolge bei primärer Frigidität gefunden. Das Hauptaugenmerk liegt eben doch auf den weit häufigeren sekundären Potenzstörungen. Der Verfasser selbst ist durchschnittlich zwei bis dreimal im Jahr einer primären Frigidität begegnet, wohlgemerkt, einer primären Frigidität! Die sekundären Potenzstörungen gehören zum täglichen Arbeitspensum jedes Gynäkologen, besonders wenn er in einer Großstadt tätig ist.

Wenn auch statistische Zahlen fehlen, so schildern uns doch vereinzelte Psychoanalytiker in ihren kasuistischen Beiträgen so eindrucksvoll ihre Heilungserfolge bei primärer Frigidität, daß sie uns in jedem Falle ermutigen, die Behandlung dieses Leidens in Angriff zu nehmen. Zusätzlich hat CLAUSER dem Verfasser mündlich einen Fall unterbreitet, bei dem es ihm gelungen war, eine Frigidin nach ergebnisloser Hormontherapie anderenorts in reiner analytischer Psychotherapie völlig zu heilen. Der sichtbare Erfolg seines Bemühens waren eine harmonische Ehe und die Geburt von zwei Kindern.

Der Verfasser möchte mit seinem bescheidenen Erfahrungsgut die *Heilungsfähigkeit der primären Frigidität* unterstreichen, aber gleichzeitig ehrlich darauf aufmerksam machen, daß es Frigidinnen gibt, die nach durchgeführter Diagnostik und abschließender Belehrung über den Charakter ihres Leidens den Arzt verlassen, ohne sich einer Behandlung zu unterziehen.

Hier muß daran gedacht werden, daß es sich um schizoide Sonderlinge im Sinne von SPEER handelt, die nicht unter ihrer Abartigkeit leiden und die deshalb auch keine Veranlassung sehen, sich einer psychischen Heilbehandlung zu unterziehen. Trotzdem glaubt der Verfasser, daß auch diesen Frauen geholfen worden ist. Unklarheit macht unsicher, Wissen setzt Ruhe!

II. Teil
Die sekundären Potenzstörungen der Frau

Nomenklatur

Im Eingang des Buches sind der primären Impotenz didaktisch die sekundären Potenzstörungen gegenübergestellt worden. Und in der Tat lassen sich trotz der Verschiedenartigkeit der Symptome und trotz der unterschiedlichen Stärke und Zeitdauer ihres In-Erscheinung-Tretens diese sekundären, passageren, situativ bedingten Potenzstörungen global abhandeln, da sie drei entscheidende Wesenszüge gemeinsam haben. Sie gehen aus den Beifügungen *sekundär, passager und situativ bedingt* hervor und bedürfen der Erläuterung.

Unter dem Attribut *sekundär* haben wir zu verstehen, daß die Frau primär, d. h. im Beginn der Hochzeit ihres Lebens, eine körperlich und seelisch physiologisch empfindende Frau gewesen ist und erst zu einem späteren Zeitpunkt im geschlechtsreifen Alter eine Potenzstörung erfahren hat. Der Begriff *passager* bringt zum Ausdruck, daß es sich um kein immerwährendes Leiden handelt, sondern um eine vorübergehende funktionelle Störung. Es wird damit gleichzeitig die Heilbarkeit des Leidens angedeutet. Und schließlich weist der Terminus *situativ bedingt* auf die Ätiologie der Störung hin. Um sie erläutern zu können, müssen wir einen kleinen Ausflug in die Neurosenlehre unternehmen.

Am Eingang der Neurosenlehre von MÜLLER-HEGEMANN steht der fundamentale Satz: »Eine Neurose entsteht, wenn ein Mensch mit einem Erlebnis konfrontiert wird, das er zufolge seiner psychischen Konstitution nicht zu bewältigen vermag, sondern fehlverarbeitet und damit im Psychischen erkrankt.« Dieser Lehrsatz hat zum Inhalt *das Erlebnis, die Erlebnisfehlverarbeitung* (SPEER) *und den erlebenden Menschen* (G. SCHNEIDER). Das *Erlebnis* stellt im einfachsten Fall ein *plötzliches Ereignis* dar. Wir denken dabei an eine Vergewaltigung, eine Todesnachricht, einen Unfall oder einen Streit. Wenn wir unter *Affekt* die von einer Wahrnehmung ausgelöste Reaktion (KLEINSORGE) verstehen und bei letzterer zunächst einmal ganz allgemein von einer Gemütsbewegung (PSCHYREMBEL) sprechen, gehen wir nicht fehl in der Annahme, daß im Falle eines plötzlichen Ereignisses ein *Affektstoß* ersteht. Von ihm zu unterscheiden ist die *Affektspannung*, der eine *bestehende Konfliktsituation* zugrunde liegt. Als Beispiele mögen eine zerrüttete Ehe, die böse Schwiegermutter im Haus und ein unerträglicher Arbeitsplatz dienen. Auch mit sich selbst vermag der Mensch in einen Konflikt zu geraten. Diesen Zustand kennzeichnen die Dichterworte: »Zwei Seelen wohnen, ach, in meiner Brust.« Und schließlich kann der Mensch sich zwischen zwei Mitmenschen gleich zwischen zwei Polen befinden, wenn diese gegensätzlich auf ihn einwirken und er als Betroffener sich nicht entscheiden kann, wem er sich zuwenden soll und damit in einen inneren Zwiespalt gerät. Eine solche Situation ist gegeben, wenn bei einer Frau der Ehemann und der Geliebte die beiden Pole bilden. Nicht mehr korrekt, sondern nur im erweiterten Sinn des Wortes dürfen wir von einem Erlebnis sprechen, wenn wir *das Durchleben einer gestörten frühkindlichen Entwicklungsphase* vor Augen haben. Als Faktoren, die einer physiologischen Entwicklung des Kleinkindes entgegenwirken, sind die das Kind fehlerziehende Mutter, die das Kind vernachlässigende Mutter und das Fehlen der Mutter zu werten. Darüber ist bei Abhandlung der Psychogenese der primären Frigidität eingehend gesprochen worden. *Zusammenfassend* wollen wir festhalten, daß wir unter einem Erlebnis terminologisch einen Sammelbegriff zu verstehen haben, der von einem plötzlichen Ereignis über eine bestehende Konfliktsituation bis zum Erleben einer gestörten Entwicklungsphase reicht.

Für die Erläuterung der sekundären Potenzstörungen ist das soeben über die *Konfliktsituationen* Gesagte von Bedeutung. Aus bestimmter Ursache – auf sie kommen wir bei Abhandlung der Psychogenese noch zu sprechen – gerät die Patientin in eine Konfliktsituation, in einen inneren Zwiespalt, ganz allgemein in eine Situation, die sie nicht zu bewältigen, nicht zu verkraften vermag. Demzufolge entsteht in der Patientin eine Affektspannung, die, je länger die Konfliktsituation besteht, desto stärker zur Entladung drängt. Mit anderen Worten, die Patientin gerät in einen *Zustand seelischer Not*, der eher oder später zur *neurotischen Entgleisung* führt, wenn die Patientin nicht vorher aus eigener Kraft mit ihren Lebensschwierigkeiten fertig wird oder ihr Mitmenschen oder ein Arzt helfend beistehen.

Es sei dem Leser bereits hier gesagt, daß unsere Betrachtungen über den Zustand seelischer Not als zeitliche Zwischenstation oder als Vorstadium der neurotischen Entgleisung sehr wichtig sind, um unsere späteren Ausführungen über die Gynagogie (SCHAETZING), die Seelenführung der Frau in Not zu verstehen.

Unser kurzer Ausflug in die Neurosenlehre würde zu falschen Vorstellungen führen, wollten wir neben dem Erlebnis und der Erlebnisfehlverarbeitung nicht ein Wort über *den erlebenden Menschen* sagen. Unter seiner *psychischen Konstitution* verstehen wir die ihm innewohnende seelische Kraft, Kritikfähigkeit und Abwehrbefähigung gegenüber psychischen Insulten. Sie ist das *Endergebnis aus Anlage, Entwicklung und Erziehung.* Dieses Potential, Kraftfeld der Seele, ist von Mensch zu Mensch verschieden. Die Empirie der Psychoanalytiker und nicht zuletzt auch die Tierversuche von PAWLOW liefern uns den Beweis, daß in der gleichen Konfliktsituation der eine Mensch neurotisch entgleist und der andere nicht. Und CLAUSER hat ganz recht, wenn er sagt, daß es falsch ist, das auslösende Agens als den allmächtigen Popanz hinzustellen. Dabei komme die Eigenverantwortung der neurotisch reagierenden Persönlichkeit viel zu kurz (Kolloquium mit dem Verfasser). Aus all diesen Aussagen geht hervor, daß nicht so sehr das Erlebnis als vielmehr der erlebende Mensch den Schwerpunkt unserer Betrachtung bilden muß.

Neben der psychischen Konstitution dürfen wir die *psychische Kondition* nicht außer acht lassen. Darunter wollen wir *die seelische Verfassung des Menschen im Augenblick seiner Konfrontation mit einem Erlebnis* verstehen. Es gibt eine ganze Reihe von Faktoren, die eine passagere Affektlabilität, d. h. eine zeitweilig herabgeminderte Abwehrkraft im Seelischen bedingen. So ist der Mensch u. a. dann erhöht psychisch verwundbar, wenn er sich in einem Zustand von Ermüdung oder Überforderung befindet oder wenn er krank ist, mit anderen Worten, wenn bei ihm ein vorübergehender Vitalitätsverlust (ROEMER) vorliegt.

Damit sind wir am Ende unserer Erläuterungen der sekundären Potenzstörungen. *Zusammenfassend* wollen wir das folgende festhalten. Im geschlechtsreifen Alter, also im Erwachsenenalter, gerät die Frau aus bestimmter Ursache in einen Zustand seelischer Not, der wegen seiner Nichtbewältigung zur neurotischen Entgleisung führt. Wir haben damit eine Aktualneurose vor uns. Die Patientin kann bis zum Zeitpunkt ihrer Erkrankung durchaus seelisch gesund gewesen sein, wofür ihre gesunde Potenz im Beginn der Vita sexualis spricht. Es kann sich aber auch um das neurotische Reagieren einer Frau handeln, die in ihrer Jugend eine psychische Fehlentwicklung erfahren hat.

Wie wir aus der Neurosenlehre wissen, produziert eine Neurose auf dem Weg der Konversion und Somatisation *pathologische Symptome im Körperlichen und Seelischen*, die sich als *funktionelle Störungen und Beschwerden* verschiedenster Art äußern. Die Neurophysiologen sprechen in ihrem Gedankengut davon, daß hochgespannte intrakortikale Vorgänge nicht auf den Kortex beschränkt bleiben, nicht von ihm neutralisiert werden können, so daß es zu Ausstrahlungen in Richtung auf das Stammhirn kommt und damit zu einer Beeinflussung der dirigierenden Zentrale des Vegetativen. Nach Umschaltung und Umformung der kortigenen Impulse im Dienzephalon gelangen diese auf nervalem und humoralem Wege weiter in die Peripherie und führen zufolge ihres pathologischen Charakters funktionelle Organstörungen herbei, die vom Menschen in Gestalt verschiedenster Beschwerden wahrgenommen werden.

Es ist also, um noch einmal kurz zu präzisieren, eine Potenzstörung, z. B. die Anorgasmie, nicht als eine Krankheit sui generis aufzufassen, sondern als das Symptom einer neurotischen Entgleisung.

Dieses Kapitel wäre unvollständig und eine einseitige Darstellung, wollten wir neben den psychogenen Potenzstörungen nicht auch *die organogenen und endokrinogenen Potenzstörungen* erwähnen. *Vom Endokrinium ausgehende Sexualstörungen* bilden sicherlich eine Seltenheit, da sie zu einer Zeit einsetzen, wo normalerweise ein Erschöpfungszustand der in Frage kommenden inkretorischen Drüsen noch nicht angenommen werden kann. Wenn wir von den physiologischen Schwankungen des Hormonpegels absehen, wie sie u. a. im Ablauf des Ovulationszyklus auftreten, so werden pathologische Werte bei langen und schweren Erkrankungen, in Notzeiten, wo der Selbsterhaltungstrieb vor dem Fortpflanzungstrieb rangiert, nach Entbindungen, nach Unterleibsoperationen, die mit teilweisem oder totalem Verlust der Ovarien einhergehen, und im Klimakterium beim physiologischen Einschlafen der Ovarien beobachtet. Auch von der Psyche her kann die Ausschüttung von Hormonen gebremst oder sogar unterbunden werden. Aber da sind wir bereits wieder bei den psychogenen Störungen.

Potenzstörungen zufolge organischer Erkrankungen im Bereich des Genitales sind ebenfalls nicht von der Hand zu weisen, obwohl auch sie die Ausnahme bilden. Gedacht werden muß an entzündliche Vorgänge wie die Vaginitis, Parametritis und Adnexitis, die fraglos den Congressus dolorosus gestalten. Ebenfalls dürften die Retroflexio uteri, Adhäsionsbildungen im Bereich der Adnexe und Tumoren zu unangenehmen bis schmerzhaften Sensationen führen. Ein Mangel an Friktionsreizen kann bei einem erweiterten und gesenkten Scheidenrohr bestehen. Wir Gynäkologen erleben es gar nicht selten, daß aus diesem Grunde Frauen uns um eine plastische Verengerung der Vagina bitten. Auch krankhafte Zustände im Bereich der Nachbarorgane können zu schmerzhaften Sensationen beim Congressus führen, was wir durch einen Fall in unserer Kasuistik im dritten Teil des Buches erhärten werden. Nur der Vollständigkeit halber sei noch erwähnt, daß schwerste Allgemeinerkrankungen eine Impotenz der Frau nach sich ziehen. Hier steht aber die Grundkrankheit so zwingend im Vordergrund, daß die Impotenz von Arzt und Patientin völlig unbeachtet bleibt.

Wie bereits erwähnt, bilden die organogenen und endokrinogenen Potenzstörungen die Ausnahme. Man muß aber um sie wissen. Und wenn man nicht auf einen solchen Fall stößt, erkennt man, wie wichtig es doch ist, *die Diagnostik erschöpfend abzuhandeln* und differentialdiagnostisch immer an diese Möglichkeit zu denken. Aus diesem Grunde werden wir, obwohl die psychogenen Potenzstörungen den Schwerpunkt unserer Betrachtungen bilden, stets auf diese Störungen zu sprechen kommen, wenn sie differentialdiagnostisch in Erwähnung gezogen werden müssen.

Symptomatik

Nachdem wir wissen, daß die verschiedenen Potenzstörungen nicht als Krankheiten, sondern als Symptome aufzufassen sind, deren kausalen Hintergrund eine Aktualneurose bildet, ist es nun an der Zeit, uns den Symptomen selbst zuzuwenden.

Allem voran muß die Aussage getan werden, daß bei den sekundären Potenzstörungen, im Gegensatz zur primären Impotenz, die Symptome drängend und peinigend im Vordergrund stehen. Die vielfältigen Störungen, Erscheinungen und Beschwerden lassen sich zu drei Syndromen zusammenfassen, die es zu beleuchten gilt.

Die augenfälligste und *zeitlich erste Erscheinung einer anbrechenden Potenzstörung bildet die Empfindungsverarmung beim Congressus.* Wie wir wissen, kommen vor und beim Koitus drei verschiedene Reize zum Tragen. Als erste wirken äußere (visuelle) Reize auf das Sexualzentrum der Frau ein. Zu nennen ist hier der in seiner Männlichkeit und Stärke begehrenswert erscheinende Mann. Die Stärke der inneren Reizungen, des inneren Dranges, wird bestimmt durch die Höhe des Hormonpegels. Er bildet die innere Reizbasis. Beim Koitus schließlich laden die Friktionsreize das Sexualzentrum in steigendem Maße auf, bis bei einem höchsten Spannungsgrad in der Akme ein Vorgang ausgelöst wird, der zum Orgasmus führt. Ersteht beim Anblick des begehrenden Partners keine sexuelle Erregung, besteht ein niedriger Hormonpegel, läßt ein zu weites Vaginalrohr keine Friktionsreize aufkommen oder werden sexuelle Erregung und Ausschüttung der Inkrete von der Psyche her unterbunden, kommt es damit zu einer nicht genügenden Reizentfaltung. Die Akme wird nicht erreicht, der Orgasmus bleibt aus. Bei unveränderter Situation erlebt die Frau immer seltener den Orgasmus (Hyporgasmie), bis sie schließlich anorgastisch wird. Mit der Permanenz der *Anorgasmie* ist der absolute Nullpunkt, die *Empfindungslosigkeit* erreicht.

Das Aufkommen von *Schmerzen beim Koitus (Dyspareunie) bildet die nächste Phase in der Progredienz des Leidens.* Auch hier haben wir es nicht mit einem Symptom, sondern einem vielgestaltigen Syndrom zu tun. Die Schmerzempfindungen reichen von unangenehmen Sensationen bis zu unerträglichen Schmerzen, die die Patientin beim Congressus laut aufschreien lassen. Wenn wir die Patienten fragen, wo sie beim Koitus Schmerzen empfinden, werden uns die unterschiedlichsten Angaben gemacht. Die einen klagen über Schmerzen am Scheideneingang bei der Immissio penis, weil »die Scheide zu eng sei«. Andere wieder empfinden Schmerzen während des Koitierens in der Scheide selbst und derart stark, »als würde alles zerreißen«. Wieder andere projizieren ihre Schmerzen in die Tiefe des Leibes, in die

Region der Ovarien und ins Kreuz, was uns an Adnexalgien und die Parametritis posterior denken läßt. Schließlich wird uns noch das Bild der Pelipathie vor Augen geführt und von uns auch bei der gynäkologischen Untersuchung eruiert. Über dieses imposante Krankheitsbild besteht eine reichhaltige Literatur. Weder auf sie noch auf das klinische Bild kann hier näher eingegangen werden. Es sei nur so viel gesagt, daß sich der ganze Unterleib in einem Zustand des Aufruhrs befindet, weshalb man nicht zu Unrecht von einer vegetativen Dystonie des Beckenraumes spricht. Was der Arzt auch bei der gynäkologischen Untersuchung tut, ob er die Vulva berührt, den paravaginalen Raum austastet, die Portio uteri anhebt, ja selbst wenn er mit der abdominalen Hand die Bauchdecken eindrückt, alles wird als Schmerz empfunden.

Unseren Fachkollegen sei in Erinnerung gerufen, daß die physiologisch empfindende Frau beim Koitus sich so voll dem körperlichen Geschehen hingibt, daß sie dabei tatsächlich aufkommende Schmerzen zu unterdrücken, nicht einmal wahrzunehmen vermag. Diese Beobachtung spricht dafür, daß es sich bei den geschilderten pathologischen Empfindungen um psychogene Irritationen handelt. Dennoch sei nicht abgeleugnet, daß es auch organogene Schmerzen beim Koitus gibt, was wir durch einen Fall in unserer Kasuistik im dritten Teil des Buches belegen werden.

Wenn beim Koitus die physiologischen Empfindungen schwinden und statt dessen Schmerzen auftreten, muß es zwangsläufig eher oder später zu Abwehrreaktionen der Frau kommen. Solche *Symptome der Abwehr machen sich in der Tat auch in der dritten Phase des Leidens* bemerkbar. Zu nennen sind der Pruritus vulvae, die Vagina sicca, der zervikale Abwehrfluor, die Abwehrblutung und vor allem der Vaginismus.

Beim psychogenen *Pruritus vulvae* bestehen subjektiv quälendes Jucken und Brennen im Bereich der Vulva, der Klitoris und des Perineums. Objektiv sind Kratz- und Scheuereffekte zu erkennen. Pathogenetisch handelt es sich um einen krankhaften Erregungszustand der Nervenendapparate, kortikal ausgelöst und auf nervalem und humoralem Wege der Peripherie zugeleitet. Differentialdiagnostisch ist zu denken an einen entzündlichen Prozeß (Vulvitis), an einen degenerativen Vorgang (Colpitis senilis) und eine allergische Reaktion infolge Unverträglichkeit von Kunststoffwäsche oder Waschmitteln. Diabetes, Leukämie und Oxyuriasis sind ebenfalls nicht auszuschließen. Als nächstliegende Ursache darf die Masturbation nicht außer acht gelassen werden.

Gegenüber dem psychogenen Pruritus vulvae bildet das psychogene *Vulvaekzem* ein relativ seltenes Ereignis. Hier ist noch sorgfältiger als beim Pruritus die Möglichkeit einer organischen oder infektiösen Erkrankung auszuschließen.

Glasklarer aus der Zervix hervorquellender Schleim darf als nahezu spezifisch für *psychogenen Fluor* angesehen werden. Er ist sicherlich vasomotorischen Ursprungs und entleert sich aus den Zervixdrüsen. Bei Behandlung mit herkömmlichen Mitteln erweist er sich als hartnäckig bis therapieresistent. Klares Sekret ist nicht mehr gegeben bei mischinfiziertem Fluor, wie wir ihn u. a. nach Entbindungen und Fehlgeburten beobachten. Ergänzend sei noch gesagt, daß es auch ein Fluorgefühl ohne Fluor gibt, d. h. die Patientin klagt über Ausfluß, ohne daß tatsächlich ein erhöhter Feuchtigkeitsgrad der Scheide besteht.

Im Anschluß an den psychogenen Fluor muß die konträre Erkrankung, *die psychogene Vaginitis sicca*, unbedingt Erwähnung finden. Bei der Inspektion offeriert sich die Scheide so auffallend trocken, daß man nahezu sagen kann, sie ist knochentrocken (Vagina sicca). Sehr häufig beobachtet man sekundäre entzündliche Veränderungen. Das ist nicht anders zu erwarten, denn im Falle einer Exsikkose gibt es keinen Scheidenfluß mehr, und damit verliert das Organ seine Selbstreinigungskraft. Die Patientin gibt an, daß sich der Congressus äußerst schmerzhaft vollzieht. Selbst dem Ehemann fällt die Trockenheit der Vagina beim Eindringen auf. Diagnostisch ist noch interessant, daß es sich nicht um eine Allgemeinerkrankung der Schleimhäute handelt, denn Mundhöhle, Rachenraum und Nasengänge weisen einen physiologischen Feuchtigkeitsgrad auf.

Seit den Untersuchungen von MASTERS und JOHNSON weiß man über die Ätiologie der Vagina sicca Bescheid. In der Erregungsphase kommt es bei der physiologisch reagierenden Frau zu einer Ausschwitzung schleimigen Sekrets aus der Scheidenwand, wodurch sich am Vaginalrohr ein schlüpfriger Film niederschlägt. Wird die sexuelle Erregung der Frau von der Psyche her unterbunden, bleibt die vaginale Lubrikation aus.

Die *psychogene Abwehrblutung* bietet kein einheitliches Bild. Die Menstruation kann verfrüht oder zeitgerecht eintreten. Stets ist sie stark verlängert oder weitet sich sogar zur uterinen Dauerblutung aus. Auch unmittelbar vor oder beim Congressus kann eine Abwehrblutung einsetzen. Die symbolische Aussage ist eindeutig. Das den Partner ablehnende Weib flüchtet sich in die Blutung, um sich vor dem Zugriff des Mannes zu schützen.

Neben den beschriebenen pathologischen Erscheinungen am Genitale können sich *zusätzlich Symptome der Abwehr von den Nachbarorganen* her bemerkbar machen. Als solche sind zu werten spastische Diarrhoen, die Colitis mucosa, Blasentenesmen, Polyurie und Pollakisurie. Auch die psychogene *allergische Dermatitis* mit grobfleckigem Exanthem ist als ein Symptom der Abwehr aufzufassen.

Das markanteste und zugleich imposanteste Abwehrgeschehen bildet zweifellos der *Vaginismus*, weshalb auf ihn näher eingegangen werden muß. Der Vorgang selbst ist jedem Frauenarzt von der eigenen Beobachtung her bekannt. Eine Beschreibung des mächtigen Reflexvorganges erübrigt sich somit. Psychologisch interessant ist die symbolische Aussage, das Vorhaben der Patientin. Beim Koitusversuch des Mannes krampft sie nicht nur den Constrictor cunni so stark zusammen, daß die Immissio penis unmöglich wird, die Patientin preßt zusätzlich die Oberschenkel aneinander, um dem Mann den Zugang zu verwehren und dreht das Becken nach dorsal, um sich von dem Geschlechtsorgan des Mannes zu distanzieren.

Ätiologisch müssen wir zwei Arten unterscheiden, *den primären idiopathischen Vaginismus und den sekundären traumatischen Vaginismus.* Ersterer ist als Symptom der Abwehr bei primärer Frigidität aufzufassen. Darüber ist im ersten Teil des Buches ausgiebig gesprochen worden. Beim sekundären Vaginismus handelt es sich um ein bedingtreflektorisches Geschehen zufolge eines vorangegangenen Traumas. STOECKEL hat die Ätiologie in der Weise gekennzeichnet, daß das Leiden durch eine Unterwertigkeit des Mannes ausgelöst wird. Der jugendlich gehemmte und in geschlechtlichen Dingen unerfahrene Mann verletzt beim Koitusversuch den Hymen, wodurch es zu Blutung und Schmerzen kommt. In dieser Situation erweist der Mann sich nicht als männlich genug, die Immissio penis zu erzwingen. Durch diesen verunglückten ersten Versuch lernt die Frau nicht das Wollustgefühl kennen, sondern behält nur die Angst vor Schmerz und Blutung in Erinnerung. So kommt es bei den nächsten Koitusversuchen reflektorisch zu den Erscheinungen des Vaginismus. Gedacht muß selbstverständlich auch an stattgehabte Vergewaltigungen werden. Ein solches Erlebnis kann für eine Frau, insbesondere für eine Virgo, ein derartiges psychisches Trauma bedeuten, daß sie den einmaligen Fall verallgemeinert und später bei der Annäherung eines geliebten Mannes mit Vaginismus reagiert.

Wie eine organische Erkrankung progredient verläuft, wenn nichts zu ihrer Ausheilung getan wird, so trifft dies auch für eine Erkrankung im Psychischen zu. Daher können wir auch bei der potenzgestörten Frau *eine vierte Phase* aufzeigen, die in gewisser Weise zugleich den Ausgang bildet, wenn nicht ärztliche Behandlung einsetzt. *Drei verschiedene Ausgänge im Körperlichen sind möglich, das Verlöschen der Deturgeszenzlibido, die Aufnahme einer Ersatzbefriedigung und die Spontanheilung.*

Wie wir gehört haben, weist die potenzgestörte Frau in der dritten Phase ihres Leidens durch Symptome der Abwehr den Mann von sich. Als letztes *verlischt in ihr die Deturgeszenzlibido*, d. h. das Verlangen nach dem Koitus. Das ist verständlich, wenn man bedenkt, daß beim Congressus nur Schmerzen, Abscheu und Ekel entstehen. Dieses Endstadium möchten wir als *sekundäre Frigidität* kennzeichnen.

Für die vom Mann sich distanzierende Frau ist charakteristisch *das Suchen nach einer körperlichen Ersatzbefriedigung*. Diese kann gefunden werden in der *Rückkehr zum Ipsismus*, zur Onanie der Jugendjahre. Als Ersatzbefriedigung ist ebenfalls zu werten die *überreichliche Zufuhr von Nahrungs- und Genußmitteln*. Der Psychoanalytiker weiß, daß er bei psychogener Fettsucht ätiologisch an die Impotenz denken muß. Schließlich kann die impotent gewordene Frau auch einen körperlichen Ausgleich in der *Ausübung eines körperlich anstrengenden Berufes oder Sports suchen.*

Last, not least gibt es auch einen Weg zur *Selbstheilung*. Wenn es sich bei der Patientin in der Tat nicht um eine primäre Impotenz, sondern nur um eine sekundäre Potenzstörung handelt, dann lehnt diese ja nicht die Vita sexualis an sich ab, sondern nur einen bestimmten Geschlechtspartner. Wenn sie auf das Liebeserleben nicht verzichtet, nicht verzichten kann oder will, geht sie nach einer Zeit der Ambivalenz zum Anwalt und reicht die *Scheidung* ein. Und es ist anzunehmen, daß sie bei dem nächsten Partner, dem sie sich nach der Scheidung zuwendet, wieder voll orgastisch ist. Wir kommen auf die Therapie zwar erst später zu sprechen, es sei aber bereits hier von ärztlicher Seite mahnend der Finger erhoben. Liegt die Schuld für die Potenzstörung eindeutig beim Mann, wird die Frau Heilung erfahren. Führt die Ätiologie des Leidens zu ihr selbst, dann wird sie bereits nach einem kurzen Zeitraum wieder an demselben Scheideweg stehen, an dem sie bereits einmal stand.

Wir kommen nun zur *pathologischen Symptomatik im Psychischen.* Um sie zu begreifen, müssen wir uns zunächst einmal in die Situation der Patientin versetzen. Sie hat in den ersten Jahren der Ehe physiologisch empfunden, d. h. beim Congressus die Erregung der Sinne, das tosende Meer der Gefühle im Orgasmus und den abschließenden Zustand der Erlösung, Entspannung und Befriedigung erfahren. Dieses Erlebnis, das keinem anderen Erleben im Dasein der Frau gleichkommt, ist allmählich immer fader geworden. Die Frau kommt nur noch selten zum Orgasmus und schließlich überhaupt nicht mehr. Nicht genug damit, statt der ersehnten positiven Empfindungen treten Schmerzen auf. Und Schmerz erzeugt Abwehr.

Zu *Beginn der Potenzstörung* sucht die Patientin nach Ursachen im Organischen und nach Entschuldigungsgründen für ihren Mann, dem sie im stillen oder auch offen alle Schuld zuschiebt. Sie bittet ihn im Guten und im Bösen, sie doch glücklich zu machen, sie den Orgasmus erleben zu lassen. Wenn trotz ihres Bittens ihr die Erfüllung versagt bleibt, schlagen allmählich ihre Gefühle um und richten sich gegen den Mann. Sie versagt sich ihm, damit er, der ja immer zur Ejakulation kommt, seine Strafe erfährt. Schließlich wird sie gegen ihn aggressiv. Damit kommt es zu den häßlichen Szenen, wie sie uns Frauenärzten so oft in aller Offenheit und emotional geschildert werden.

Im weiteren Verlauf des Leidens erfährt die Symptomatik im Psychischen eine fortschreitende Vertiefung. Aus einstmals Zuneigung wird Abneigung, Ablehnung, Verachtung, Haß. Im Körperlichen schlägt die Sehnsucht nach Zärtlichkeit und körperlicher Vereinigung in Gleichgültigkeit, Ablehnung, Abwehr, Ekel, Abscheu um. Darüber ist bei Abhandlung der Symptomatik im Somatischen bereits gesprochen worden.

Und schließlich zeigt *in der Endphase* die progredient verlaufende Potenzstörung *Auswirkungen auf die Patientin selbst.* Der Wandel in ihren Anschauungen, Empfindungen und Verhaltensweisen vollzieht sich recht verschiedenartig und wird durch eine Reihe von Faktoren bestimmt, die es zu erhellen gilt.

Als erstes muß gesagt werden, daß *der Geschlechtstrieb anlagemäßig unterschiedlich stark ausgebildet ist.* Die beiden entgegengesetzten Extreme bilden die Nymphomanie und die anlagemäßig gegebene Geschlechtskühle. So kommt es, daß sich die eine impotent gewordene Frau von der Vita sexualis zu distanzieren vermag, während die andere ihren Mann, die Kinder, Wohlstand und Geborgenheit bedenkenlos aufgibt, um der körperlichen Befriedigung nachzujagen.

An zweiter Stelle müssen die ebenfalls anlagemäßig gegebenen *Temperamente* genannt werden. Sie lassen die einen lebhaft reagieren und sogar aggressiv gegen ihren Mann werden. Konträr dazu sind depressive Verstimmung und ein Sich-Ergeben in das Schicksal zu beobachten.

Weitere gewichtige Faktoren bilden die Energie, Härte und Willensstärke des Menschen und insbesondere seine *Befähigung zur Selbstbeherrschung und Zügelung der Gefühle.* Von diesen Eigenschaften hängt weitgehend ab, ob sich eine impotent gewordene Frau von ihren Gefühlen überrennen läßt oder Psyche und Körper in der Gewalt behält. Hier spielt neben der Anlage sicher die Erziehung eine Rolle.

So sehr Triebe und Temperamente oftmals das Bild bestimmen mögen, wollen wir doch nicht *die Ratio des Menschen,* seine Vernunft, unterbewerten. Nach Phasen der Erregung kommen üblicherweise Stunden der Beruhigung und der inneren Besinnung. In diesen Zeiträumen überdenkt die Frau mit ruhigem Verstand ihre Situation. Und hier werden Fakten vordergründig, die die Frau im Zustand der Erregung bedenkenlos beiseite geschleudert hat. Da wird wach die Liebe zu den Kindern, und der sie schützende und für sie sorgende Ehemann gewinnt an Größe.

Alle die von uns aufgezeigten Faktoren machen verständlich, *weshalb die Frau bei einer Potenzstörung so unterschiedlich reagiert und das pathologische Geschehen einen ebenso unterschiedlichen Ausgang nimmt.* Die einen lassen Mann und Kind im Stich, und *das körperliche Begehren bestimmt all ihr Denken* und ihre nächsten Schritte. Die anderen leisten Verzicht und *distanzieren sich von der Vita sexualis.* Haben wir bei Abhandlung der Symptomatik im Körperlichen das Verlöschen der Deturgeszenzlibido (Verlangen nach dem Koitus) herausgestellt, so müssen wir hier im psychischen Bereich auf *das Entschwinden der Kontrektationslibido* hinweisen. Die Frauen, welche sich zwischen den beiden Extremen bewegen, nehmen *Ersatzbefriedigungen* auf. Diese tragen nur *teilweise pathologischen Charak-*

ter. Viele von ihnen stellen *echte sublime Verhaltensweisen* dar. So lenkt manche Frau ihren ganzen Geist auf die Ausübung eines Berufes. Andere wieder wählen eine fürsorgerische oder künstlerische Tätigkeit. Ganz besonders ist natürlich zu begrüßen, wenn eine Ehefrau trotz ihrer Enttäuschung im Liebesleben bei ihrem Mann ausharrt und ihr ganzes Sein der Erziehung ihrer Kinder widmet. Man darf vielleicht sogar sagen, daß für viele Frauen eine Potenzstörung ein harter, aber notwendiger Prüfstein bedeutet, der sie erst den richtigen Weg in die Zukunft finden läßt.

Am Ende der Symptomatik müssen notwendigerweise noch zwei Lehrsätze gebracht werden, um den Einblick des Lernenden in die neurotische Symptomatik zu vertiefen.

Da muß als erstes gesagt werden, daß *eine Neurose nur selten ein einziges Symptom im Somatischen produziert, vielmehr meist gleichzeitig mehrere zum Durchbruch kommen.* So erscheint im Falle einer Potenzstörung nicht nur als kardinales Symptom die Anorgasmie, sondern es machen sich nebenher oder auch vordergründig Schmerzempfindungen und Symptome der Abwehr bemerkbar. Selbst die psychogene paroxysmale Tachykardie gehört dazu und bringt die Herzensangst, die Angst vor dem Partner, die Angst vor einem weiteren Kind usw. symbolisch zum Ausdruck. Die Gesamtheit der Symptome hilft dem Analytiker, die dahinter stehende Neurose aufzuhellen.

SCHULTZ macht darauf aufmerksam, daß neurotisches Agieren und Reagieren sich von gesundem Denken, Handeln und Empfinden *nicht so sehr qualitativ als vielmehr quantitativ unterscheidet.* Der Verfasser spricht in diesem Zusammenhang davon, daß *die Neurotika überbejaht oder unterverneint* werden. Auch die psychisch gesunde Frau weist aus den verschiedensten Gründen hin und wieder den Mann von sich. Sie tut es dann aber mit kühlem Verstand und mit diszipliniertem Gefühl, während bei der neurotisch entgleisten Frau die aus dem Unbewußten hervorbrechenden Impulse keine Zügelung durch die Ratio erfahren.

Nomenklatur: Nachdem wir durch das Aufzeigen der Symptomatik klare Vorstellungen über die verschiedenen sekundären Potenzstörungen geschaffen haben, müssen notwendigerweise einige Worte zur Terminologie gesagt werden.

Wenn in einem Lehrbuch die Potenzstörungen der Frau abgehandelt werden, fallen stets die Ausdrücke *Anorgasmie, Dyspareunie, Vaginismus und Frigidität.* Das geschieht zu Recht.

Vergegenwärtigen wir uns noch einmal die vier Phasen der Potenzstörung. In der ersten Phase bildet das markanteste Symptom *die Anorgasmie.* Nur muß gesagt werden, daß sie nicht Ursache, sondern bereits Auswirkung ist, denn sie stellt das Endergebnis der Empfindungsverarmung beim Koitus dar. Die Anorgasmie zieht ihrerseits weitere pathologische Erscheinungen nach sich. So ist für die zweite Phase das Aufkommen pathologischer Empfindungen kennzeichnend, wobei der Schmerz zweifellos die Hauptrolle spielt. Hierfür steht der Terminus *Dyspareunie.* Daß es sich dabei um eine etwas freie Übersetzung handelt – wie uns der des Altgriechischen Kundige wird bestätigen müssen –, ist unbedeutend. In der Phase der Abwehr bildet der imposante Reflexvorgang des *Vaginismus* sine dubio das hervorragendste Symptom. Es genügt, wenn wir uns im Stillen merken, daß noch eine ganze Reihe weiterer Symptome im Bereich des Genitales und der Nachbarorgane auftreten, denen allen die gleiche symbolische Aussage der Abwehr zukommt. In der vierten Phase schließlich sind, wie wir wissen, verschiedene Ausgänge möglich. Die potenzgestörte Frau jagt entweder der Stillung ihres geschlechtlichen Begehrens nach, wendet sich im entgegengesetzten Fall von der Vita sexualis ab oder sucht nach Ersatzbefriedigungen. Zweifellos aber bildet *die sekundäre Frigidität* einen signifikanten Schlußpunkt im Körperlichen und Seelischen bei einer impotent gewordenen Frau. Und wir glauben besonders hier nicht, daß der Terminus Frigidität antiquiert ist. Epikritisch darf man sagen, daß bei Schaffung der Terminologie aus jedem Syndrom das markanteste Symptom herausgegriffen worden ist. Uns geht es in diesem Buch nicht darum, die Richtigkeit der bestehenden Termini zu bestätigen oder neue Fachausdrücke in die Welt zu setzen, sondern vielmehr wollen wir den Lernenden die zeitlichen Abläufe und kausalen Zusammenhänge erkennen lassen. Nur auf diesem Wege wird er die hinter den Symptomen stehende Neurose richtig erfassen und im Anschluß daran eine kausale Behandlung in die Wege leiten können.

Sekundär frigide Frauentypen

Nachdem die Symptomatik im Körperlichen und Seelischen abgehandelt worden ist, sind wir nun soweit, um einige signifikante pathologische Frauentypen aufzeigen zu können. Der Leser wird sich erinnern, daß der Verfasser bei Abhandlung der primären Impotenz sechs primär frigide Frauentypen herausgestellt hat. Es liegt daher der Gedanke nahe, dies auch bei den sekundär Gestörten zu versuchen.

Der verkrampfte Typ

Frauen dieses Typs sind es vornehmlich, die bei uns in der Sprechstunde erscheinen. Versetzen wir uns in ihre Lage! Sie sind anorgastisch geworden, sehnen sich nach körperlicher Befriedigung und können den Zustand körperlichen Unbefriedigtseins psychisch nicht bewältigen. Sie sind seelisch aus dem Gleichgewicht geworfen. Mit dem Ehemann besteht ein gespanntes Verhältnis. Haushalt und Kinder leiden Not. Diesen Zustand durch Verlassen des Ehemannes zu beenden, haben sie nicht den Mut. Sie wollen es auch gar nicht aus den oftmals in diesem Buch geschilderten Gründen. So geraten sie in einen Zustand seelischer Bedrängnis, aus dem weder der Ehemann noch Verwandte oder Bekannte sie zu befreien vermögen. Daher suchen sie den Arzt auf. Ihre Gestik und Mimik, die Art ihrer Schilderung der »jetzigen Beschwerden« und ihre Verhaltensweise bei der gynäkologischen Untersuchung spiegeln ihre Verkrampfung wider.

Der Verfasser hat in der Literatur den Terminus »verkrampfter Typ« gefunden, und er hält ihn für so zutreffend, daß er ihn nur unterstreichen kann.

Der erkaltete Typ

Der Leser wird sich erinnern, daß nach unseren Darlegungen in der vierten Phase des Leidens einen der Ausgänge die sekundäre Frigidität bildet. Hier hat sich die Frau von der Vita sexualis distanziert, das Begehren nach dem Koitus ist in ihr erloschen, sie hat sich von der Männerwelt abgewandt. Es ist ihr dies möglich gewesen aufgrund anlagemäßig gegebener und erworbener Faktoren, die von uns bei Abhandlung der sekundären Frigidität aufgezeigt worden sind. Diese Frauen strömen, auch wenn sie in der Gesellschaft vor Männern noch so gewandt, vielleicht sogar charmant plaudern, eine augenfällige Kälte aus, wie wir es in gleicher Weise auch bei der primär frigiden Frau beobachten.

Der nymphomane Typ

Er repräsentiert das entgegengesetzte Extrem. Diese Frauen sind triebmäßig hypersexuell veranlagt. Es gelingt ihnen nicht, den Zustand des Unbefriedigtseins psychisch zu bewältigen. Sie wollen es auch gar nicht, denn die körperliche Befriedigung, das Erleben und Stillen der Wollust, geht ihnen über alles. Das körperliche Begehren in ihnen ist so stark, daß sie die Gebote der Gesellschaft beiseitefegen, selbst auf Mann und Kind keine Rücksicht nehmen. Sie haben entweder neben ihrem Ehemann ständig Liebhaber oder lassen sich scheiden, um dann ungehemmt und ungestört ein in jeder Weise freies Leben führen zu können.

Die nymphomane Frau sucht genausowenig den Arzt auf wie die erkaltete Frau, höchstens dann, wenn sie des ständigen Nachjagens der Triebbefriedigung müde geworden ist oder an einen Mann gerät, den sie unbedingt halten möchte, und ihr dann ihr rastloses Wesen zum Verhängnis wird. Aus psychoanalytischer Sicht sei gesagt, daß dieser Frauentyp nur zum geringsten aus einer sekundären Potenzstörung hervorgeht, daß vielmehr umgekehrt Triebstärke und psychische Frigidität ursächlich die Anpassungsschwierigkeiten in der Ehe bedingen und eine immerwährende körperlich-seelische Gemeinschaft unmöglich machen. Somit ist der nymphomane Frauentyp didaktisch der primären Impotenz zuzuordnen. Er sollte nur hier Erwähnung finden, weil er das entgegengesetzte Extrem zur erkalteten Frau darstellt.

Der unsichere Typ

Frauen dieses Typs haben ihre Potenzschwäche durch die Aufnahme einer Ersatzbefriedigung zu bewältigen versucht. Sie sind sich aber nicht sicher, ob sie den richtigen Weg gewählt haben. Sie mögen in noch so sicherer Pose das Sprechzimmer des Arztes betreten, sie mögen noch so elegant die Zigarette halten, der Arzt sieht doch, daß die Hand zittert. Die Schilderung ihrer »jetzigen Beschwerden« und die Bitte um Auskunft enthüllen ihr Inneres. *Unsicher* erscheint uns die treffende Beifügung, denn wären diese Frauen von der Richtigkeit ihrer Haltung und Verhaltensweise überzeugt, würden sie nicht den Arzt aufsuchen. Es ist somit die Aufgabe des Arztes, diesen Frauen Sicherheit zu geben. Kann die Ersatzbefriedigung als eine echte sublime Verhaltensweise befürwortet werden, wird der Arzt die Patientin leiten, diesen Weg definitiv einzuschlagen und sie damit auf sicheren Boden bringen. Muß die Ersatzbefriedigung als pathologisch angesehen werden, bildet die Rückführung der Patientin zur physiologischen Vita sexualis möglicherweise den richtigen Weg. Aber davon später.

Der Gelegenheitstyp

Hier kommen wir schließlich zu dem Ausweg, den das Gros der Frauen in der Gegenwart wählt und auch seit jeher gewählt hat. Von ihm soll in aller Offenheit einmal gesprochen werden. Die Frau liebt ihren Mann und ihre Kinder, sie weiß die eigene Geborgenheit und die Sorge ihres Mannes um die Familie zu schätzen. Und so denkt sie aus kühler Überlegung, aber auch aus Verantwortungsbewußtsein und innerer Bindung nicht daran, auszubrechen und einer unsicheren Zukunft entgegenzugehen. Sie bescheidet sich mit der steten Wärme an der Seite ihres treu sorgenden Gatten und ist ergeben in ihr Schicksal. Wenn aber Gelegenheit besteht, mit einem Liebhaber die körperliche Liebe so mächtig wie früher zu erleben, erliegt sie allzu leicht dieser Versuchung, da eine innere Bereitschaft hierzu besteht. Sie tut es im verborgenen, nicht zuletzt nutzt sie einen Urlaub oder den Aufenthalt in einem Sanatorium dazu aus. Typisch ist, daß sie sich sehr bald von ihrem Freund wieder löst, weil der Congressus mit ihm rasch fade wird. Dann kehrt sie reuevoll in die Geborgenheit ihres Heims zurück, wird allerdings in der Zukunft, wenn der alte Fehltritt vergessen ist und eine neue Versuchung naht, wieder schwach. Wir wollen nicht amerikanische Statistiken heranziehen, die diese Verhaltensweise der Frau von heute als die Regel hinstellen, wir wollen andererseits auch nicht als Ärzte unsere Augen vor der Wirklichkeit verschließen und somit feststellen, daß derartige Vorkommnisse keine Ausnahme bilden.

In einer *Schlußbetrachtung* zu den von uns aufgezeigten vier potenzgestörten Frauentypen wollen wir festhalten, daß *das Gros der Frauen uns nicht aufsucht*, sondern selbst den Ausweg aus der kritischen Phase der Ehe findet. Solange eine Frau auf ihrem selbstgewählten Weg nicht mit den Gesetzen der Gesellschaft in Kollision gerät, haben wir ihre Entscheidung, wie immer sie sein mag, zu respektieren. Die Freiheit des Denkens, Empfindens und Handelns muß ihr zugestanden werden. Freiwillig sucht den Arzt nur *die verkrampfte Frau* auf, weil sie seelisch in Not geraten ist und allein nicht mehr weiter weiß. Sie gilt es seelisch zu führen und zu behandeln. *Auch die unsichere Frau* erscheint zeitweise bei uns. Sie muß Sicherheit erfahren, auf festen Boden gebracht werden. Von uns muß dabei sorgsam erwogen werden, ob wir die Patientin bestärken, den begonnenen neuen Weg weiterzugehen, oder sie behutsam auf die alte Straße zurückführen.

Psychogenese

Es ist ausgesagt worden, daß hinter der pathologischen Symptomatik im Seelischen und Körperlichen ursächlich eine Neurose steht, und zwar eine Aktualneurose im Sinne der Neurosenlehre. Wir wollen nun untersuchen, welche Vorkommnisse, Ereignisse, Situationen, Erlebnisse im weitesten Sinn des Wortes mächtig genug sind, eine Konfliktsituation zu schaffen, durch welche die Frau in einen Zustand seelischer Not gerät und schließlich zur neurotischen Entgleisung gebracht wird.

Gründe auf seiten des Mannes

Die Ursache für ein nicht aufkommendes oder ungenügendes Wollustgefühl bei der Frau ist *zunächst immer beim Mann zu suchen.* Zu nennen ist *der egozentrische Triebmensch*, dem es nur um die Befriedigung seines Geschlechtstriebes geht und der in der Erlangung seiner Triebbefriedigung keine Rücksichtnahme auf die Frau kennt. Er kennt kein liebendes Umwerben, keine Rücksichtnahme auf den Gesundheitszustand der Frau, auf ihre psychische Verfassung und die Situation. Von diesen Gepflogenheiten bis zum Zwang und zur Vergewaltigung sind nur noch kleine Schritte.

Ein körperlicher Überfall ist bei der Frau einer psychischen Vergewaltigung gleichzusetzen. So kann aus dem Sich-hingeben-

Müssen eine Ablehnung des Congressus hervorgehen. Jeder Zwang ruft nach uraltem Gesetz Widerstand gegen den Zwang hervor.

Als Gegenstück zum egozentrischen Triebmenschen ist *der unmännliche und gehemmte Mann* zu nennen. Eine Frau erwartet in ihrem Urinstinkt Männlichkeit und Stärke, denen sie sich als Weib freiwillig unterwirft. Ein Mann, der in allem das Gegenteil verkörpert, vermag eine Frau nicht sexuell zu erregen.

Aber auch ein geliebter Mann kann durch *vielerlei unbeachtete Faktoren abstoßend auf eine Frau wirken.* Wir denken dabei an üblen Mundgeruch, stinkende Kleidung, ungepflegten Körper etc. Wie wir an einem Fall in unserer Kasuistik noch zeigen werden, können abstoßende Faktoren eine Frau so stark beeindrucken, daß sie selbst bei Abwesenheit des Mannes in der Erinnerung an die unangenehme Sensation von Brechreiz befallen wird.

Als letztes müssen an Ursachen auf seiten des Mannes noch die anlagemäßig gegebene *Potenzschwäche, die Potenzstörung* (Ejaculatio praecox, Ejaculatio nulla) und *der abnormal ausgeführte Koitus* (Coitus interruptus, C. condomatus) genannt werden. Natürlich fallen diese Faktoren in den Bereich des Körperlichen, ihrer Auswirkung auf die Psyche der Frau kommt aber keine mindere Bedeutung zu.

Bei den bisher aufgezeigten Fehlanschauungen und Fehlverhaltensweisen der männlichen Ehepartner darf man in der Regel trotz aller Negativa annehmen, daß es sich um psychisch gesunde Persönlichkeiten handelt. Viel ernster ist die Situation, *wenn eine Frau an einen psychisch pathologischen Mann gerät,* z. B. einen Neurotiker, Psychopathen oder Perversen. Mit solch einer Situation wird die Ehefrau so gut wie nie allein fertig, es sei denn, sie betreibt resolut die Scheidung. Hier wird der Psychoanalytiker auf den Plan gerufen. Wie wir später bei Abhandlung der Diagnostik und Therapie noch sehen werden, führt der die Frau behandelnde Gynäkologe stets orientierende Gespräche mit dem Ehemann und im Ablauf der Therapie getrennte und gemeinsame Gespräche mit beiden Ehepartnern. Hierbei kann er dem Ehemann seine Fehlanschauungen und Fehlverhaltensweisen, Mängel, Ungehörigkeiten und kleineren Abartigkeiten vor Augen führen und sie zur Abstellung bringen. Jede ernstere psychische Abwegigkeit aber gehört in die Hand des Psychiaters. Sobald ein Gynäkologe neurotische oder psychopathische Züge beim Ehemann eruiert, hat er ihn an einen Nervenarzt mit einem orientierenden Begleitschreiben zu überweisen. Es muß dann gewissermaßen zuerst getrennt marschiert werden. Wenn beide Ehepartner eine ausreichende Reife erreicht haben, werden sie wieder zusammengeführt, und die Ehe wird in den Mittelpunkt der Therapie gestellt.

Gründe auf seiten der Frau

Erst in zweiter Linie sind die Ursachen für eine aufkommende Potenzstörung *bei der Frau selbst zu suchen.* Allem voran muß hier die *Ablehnung des ungeliebten Mannes* genannt werden. Jeder kennt die Ausdrücke Liebesheirat, Vernunftehe und Zweckehe. Aus diesen Worten geht hervor, daß nicht nur Menschen den Bund fürs Leben schließen, die sich in Liebe gefunden haben, sondern daß auch Vernunftgründe, Zweckmäßigkeitserwägungen und ähnliche Motive zu dem gleichen Schritt Veranlassung geben. Gewiß, auch Liebende müssen einen klaren Kopf behalten, sehr reale Überlegungen anstellen und solide Voraussetzungen schaffen, ehe sie heiraten können. Bei den anderen aber bilden wirtschaftliche Sicherung, Wohlhabenheit, Güterzusammenlegung, berufliche Gründe, geschäftliche Interessen, Gesinnungs-, Ideen- oder Interessengleichheit den Leitgedanken.

Im Beginn der Ehe geht üblicherweise alles gut. Beide Teile haben erreicht, was sie wollten, der eine Reichtum, der andere Ansehen. Die Ehepartner finden sich im Congressus, und nebenher bestehen viele verbindende Fäden. Früher oder später jedoch stellen sich erste Dissonanzen ein. Da beginnt nun die Frau sich zu fragen, ob sie den richtigen Mann gewählt hat. Materielle und ideelle Werte, einstmals lockendes Ziel, werden bedeutungslos, dafür aber das Fehlen der Liebe immer stärker zur seelischen Pein.

Der weitere Verlauf und oftmalige Ausgang solcher Ehen braucht von uns nicht beschrieben zu werden. Wir Ärzte stehen alle mitten im Leben, haben beruflich mit Menschen zu tun und studieren auch außerdienstlich mit offenen Augen unsere Umwelt.

An zweiter Stelle muß *die Ablehnung des nicht mehr geliebten Mannes* genannt werden. Hier werden vornehmlich die Gedanken wichtig, die bei der Abhandlung der kritischen Phase der Ehe geäußert werden (s. S. 118).

Am Beginn der Ehe steht das leidenschaftliche Zueinanderstreben von Mann und Frau, das körperliche Erleben, weit im Vordergrund. Das anfänglich große Flammenmeer verebbt allmählich zu einem stillen Feuer. Wenn es den Ehepartnern in den ersten Jahren nicht gelingt, eine innere seelische Bindung zueinander herzustellen, und wenn als bindendes Glied Kinder ausbleiben, ersteht in solch einer Ehe die Gefahr, daß sie zerfließt, sobald das sexuelle Begehren der Ehepartner zueinander verlischt. Da aber die Ehe durch staatliche und religiöse Bande geschützt ist, kann ein Partner nicht ohne weiteres ausbrechen. Er gerät in Konfliktsituationen mit dem Staat, der Kirche und dem Ehegatten. Und damit sind neurotischen Erkrankungen Tür und Tor geöffnet. Man kann ohne Übertreibung sagen, daß jede zerrüttete Ehe eine Keimzelle für neurotische Entgleisungen bildet. Was einmal Leidenschaft war, verliert allmählich den Reiz der Neuheit und wird zur Gewöhnung. Von der Gewöhnung zur Ablehnung und Abwehr sind nur noch weitere kleine Schritte. Man darf die Feststellung treffen, daß im Psychischen die Faktoren Leidenschaft – Gewöhnung – Ablehnung – Abwehr eine zeitlich fortlaufende Kette bilden, sofern die Ehe den Ehepartnern nur die Erfüllung ihrer Triebwünsche bedeutet und sie nicht dazu befähigt sind, die Ehe zu dem zu erheben, was sie in einer zivilisierten Welt darstellen soll.

Nach unseren Ausführungen birgt die auf der untersten Stufe der Triebbefriedigung basierende und beharrende Ehe die Gefahr des Entstehens einer Potenzstörung bei der Frau in sich, sobald die Leidenschaft erloschen ist. Wenn die Ehefrau sich dann ihrem Gatten in einer Art Pflichtgefühl weitergewährt, sei es, um aus Rücksichtnahme auf die Kinder die Ehe aufrechtzuerhalten oder um eigene Geborgenheit und Wohlstand nicht zu verlieren, kann der Zustand der Hyporgasmie unter leichten Schwankungen auf sich beruhen bleiben. Schreitet die Zerrüttung der Ehe weiter fort, wird die Empfindungsverarmung nur eine zeitliche Zwischenstation sein, der alarmierendere Symptome folgen.

Die Ablehnung des ungeliebten oder nicht mehr geliebten Mannes steht psychogenetisch nicht allein als Wurzel einer sekundären Impotenz. Es muß auch daran gedacht werden, daß *die Ehefrau einen Freund besitzt,* dem sie sich triebmäßig voll zuwendet, während sie ihrem Mann gegenüber anorgastisch wird. Oft liegen die Dinge auch so, daß Frauen eine Vernunftehe eingehen und dabei *ihren geliebten Jugendfreund nicht vergessen können. Die fehlende innere Zuneigung bei der Mußehe,* d. h. wenn bereits ein Kind unterwegs ist, gehört ebenfalls hierher.

Als nächste Möglichkeit ist die Potenzstörung als innerer Protest der Frau *bei Verdacht auf Untreue des Ehemannes und bei erwiesener Untreue* in Erwägung zu ziehen. In gleicher Weise muß an *die Ablehnung des ständig abwesenden Mannes* gedacht werden. *Die Vernachlässigung der Frau* zieht die körperliche und seelische Entfremdung nach sich.

Tiefenpsychologisch spielen für das Aufkommen einer Impotenz *Schuldgefühle* oft eine große Rolle. Sie gehen hervor aus den verbotenen Beziehungen zu einem Geliebten, aus dem unehelich geborenen Kind und der nicht ehrlichen Gesinnung bei Vernunftehe. Gerade dieser Hinweis macht begreiflich, daß es bei der Therapie nicht nur damit getan ist, die bestehende Konfliktsituation, welche die Neurose unterhält, zu bewältigen und aus der Welt zu schaffen, sondern daß die psychische Heilbehandlung an erster Stelle rangieren muß, um die Patientin von Schuldgefühlen, Angstgefühlen, Hemmungen und Verkrampfungen zu befreien.

Vor allen psychotherapeutisch tätigen Gynäkologen wird oft die *Angst vor einem Kind,* insbesondere die Angst vor einem weiteren Kind, als stets in Erwägung zu ziehender psychogenetischer Faktor hervorgehoben. Ob nun die Frau sich vor den Beschwerden der Schwangerschaft fürchtet, ob vor der Entbindung, ob wirtschaftliche Momente eine Rolle spielen, ob sie dem ungeliebten Mann kein Kind mehr schenken will, durch ihre psychische Einstellung, ihre Ablehnung, setzt sie unbewußt im Organischen Funktionsstörungen in Gang, die einem physiologischen Ablauf des Koitus entgegenwirken. Dabei wollen wir nicht vergessen, daß Frauen beim Congressus auch willentlich Zurückhaltung üben, um einen Orgasmus nicht aufkommen zu lassen. Sie glauben, dadurch eine Konzeption verhüten zu können.

Schließlich muß im Klimakterium und der Menopause an *das physiologische Verlöschen der Libido der Frau* gedacht werden. Die Ovarien und deren übergeordnete Zentren stellen in fortschreitendem Maße ihre Tätigkeit ein. Das allmähliche Versiegen der Sexualhormone hat ein langsames Absinken des Hormonpegels und schließlich eine Umstellung des Endokriniums zur Folge. Wenn wir uns in Erinnerung zurückrufen, daß Psyche und Soma eine Einheit bilden, wird verständlich, daß die Vorgänge im Organischen nicht ohne Auswirkung auf die Vita sexualis des Weibes sein können. Früher glaubte man, daß mit dem Sistieren der Menses die Libido schlagartig verlischt. Das ist durch die Untersuchungen von MASTERS und JOHNSON widerlegt worden. Die entgegengesetzt extreme Auffassung, daß die Frau bis ins hohe Alter koitusfähig und koitusfreudig sei, gilt unseres Erachtens nur für den Ausnahmefall. Die Norm liegt wie üblich zwischen den Extremen. Es vollzieht sich bei der Frau individuell und graduell unterschiedlich ein langsames Absinken der Deturgeszenzlibido, des Verlangens nach dem Koitus.

Gründe auf seiten beider Ehepartner

An dritter Stelle müssen psychologische Gründe genannt werden, an denen *beiden Ehepartnern Schuld zuzusprechen ist.* Auf der einen Seite lehrt uns die tägliche Beobachtung, daß sich junge Menschen suchen und finden, die in jeder Hinsicht zueinander passen. Dies nach dem Leitsatz „Gleich zu gleich gesellt sich gern“. Auf der anderen Seite müssen wir aber auch feststellen, daß Ehepartner grundverschieden sind. Der eine ist religiös streng gebunden, der andere freidenkend, der eine sportlich, der andere unsportlich, der eine musikalisch, der andere völlig unmusikalisch, der eine hat bisher verschwenderisch gelebt, der andere spartanisch bescheiden. Alle diese Gegensätze werden in der ersten Zeit der großen Liebe achtlos zur Seite geschoben, mit fortschreitender Zeit treten sie aber immer störender in den Vordergrund. Zuerst gibt es kleine Dispute, allmählich werden die Streitigkeiten ernster und häufiger, und am Ende steht die abbruchreife Ehe. Diesen Werdegang als die Regel hinzustellen, wäre jedoch falsch. Wenn die seelische Bindung stark genug ist, können die Gegensätze bei gemeinsamem guten Willen überbrückt werden. Deshalb verhält es sich oft sogar umgekehrt, daß Gegensätzlichkeiten als Grund der Entzweiung in den Vordergrund geschoben werden, während in Wahrheit die Partner körperlich sich nichts mehr zu sagen haben und eine seelische Bindung ebenfalls nicht mehr besteht oder vielmehr noch nie bestanden hat. Trotzdem bleibt als psychogenetischer Faktor bestehen, daß die Unmöglichkeit eines tiefen seelischen Kontaktes oft dadurch bedingt ist, daß der Mann in seiner Persönlichkeit allzu stark von der Frau abweicht. Kleinere Kabbeleien gibt es in jeder Ehe. Sie beleben, aber zerstören nicht. Zu ernsteren Verstimmungen und Entzweiungen geben Anlaß unterschiedliche Lebensauffassung und Weltanschauung, verschiedene Religionszugehörigkeit, ein starkes Bildungsgefälle zwischen Mann und Frau und nicht zuletzt Diskrepanzen in Charakter und sittlichem Empfinden. Solche *Unterschiede in der Persönlichkeit können von Anbeginn der Ehe gegeben sein, sie können sich aber auch erst im Ablauf der Ehe herausbilden,* wenn beide Partner eine extrem divergierende Entwicklung nehmen.

Nach der Inadäquatheit der Partner auf seelisch-geistigem Gebiet muß auch der *Ungleichheit im somatischen Bereich* Erwähnung getan werden. Hier ist vor allem die ungleiche Triebstärke, das unterschiedlich starke Verlangen nach dem Koitus zu nennen, das zur Disharmonie führt, wenn der stärkere Partner nur fordert und keine Rücksicht auf den schwächeren kennt. In solch einem Fall bildet die konstitutionelle Inadäquatheit der Partner die Wurzel der seelischen Konfliktsituation.

Bei einer Disharmonie in der Ehe ist oftmals nicht auf Anhieb zu entscheiden, sondern es bedarf erst analytischer Klärung, ob eheliche Schwierigkeiten und Zwistigkeiten die primäre Ursache der seelischen Spannungen bilden oder ein Sich-nicht-mehr-Verstehen auf sexuellem Gebiet. Streitigkeiten über Geld, Verwandte oder die Kinder können durchaus zu Verstimmungen führen, die als Folge ein körperliches Zueinanderfinden unmöglich machen. Es kann sich aber auch genau umgekehrt verhalten. Ein Sich-nicht-mehr-Verstehen im Sexualleben und der Zustand körperlichen Unbefriedigtseins führen zweifellos zu erhöhter Reizbarkeit und Streitsucht. Es hebt dann beim geringsten Anlaß ein heftiger Streit unter den Eheleuten an, der in keinem Verhältnis zur geringfügigen Ursache steht.

Schließlich können auch *Tagesärgernisse sowie körperliche und geistige Überanstrengung* am Arbeitsplatz am Abend noch so stark nachwirken, daß einem oder beiden Ehepartnern die Hinwendung zur Vita sexualis nicht mehr möglich ist. Wird trotzdem wegen des Begehrens auf der einen Seite ein Koitus ausgeführt, kann dieser mißglücken, indem es beim Mann nicht zur Ejakulation oder bei der Frau nicht zum Orgasmus kommt. Solch ein Vorkommnis wird bei jungen Menschen, wenn sie auch nur einen Funken Verstand besitzen, nie Folgen nach sich ziehen, sie vielmehr lehren, in Zukunft in einer ähnlichen Situation nichts mehr zu erzwingen, sondern einsichtsvoll Abstand zu nehmen. Aber es gibt auch Ausnahmen, wie das ärztliche Schrifttum beweist. – Zur Klarstellung sei gesagt, daß wir auch hier wieder von der Psychogenese in die Organogenese abgeglitten sind.

Trotz all dieser eindrucksvollen Ausführungen wäre es falsch, für das Bestehen einer Potenzstörung grundsätzlich den Mann oder die Frau verantwortlich zu machen. Es muß zusätzlich an *das Milieu* als psychogenetischen Faktor gedacht werden. Oft schlafen Kinder mit im Schlafzimmer der Eltern, die Wände können hellhörig sein oder es besteht auf seiten der Frau die Angst, von den Eltern oder anderen Menschen überrascht zu werden. In all diesen Fällen ist kein ungestörtes Milieu vorhanden. Die Frau kann sich nicht bedingungslos dem Mann hingeben. Unzureichend aufkommendes Wollustgefühl und Orgasmusstörung sind die Folge. Besteht ein gestörtes Milieu über einen längeren Zeitraum, kann sich die Anorgasmie chronifizieren.

Die kritische Phase in der Ehe

Wir kommen nun zu einer der wichtigsten Betrachtungen in diesem Buch, um die im Ablauf der Ehe auftretenden Potenzstörungen verstehen zu lernen.

Die Krisenherde, kritischen Phasen und kritischen Punkte im Leben der Frau werden uns in unvergleichlicher Weise von MAYER vor Augen geführt. Es gibt wohl kaum einen Gynäkologen, der diese Schriften nicht kennt. Leider lesen wir nichts darin über die kritische Phase in der Ehe. Wie überwindet die psychisch, geistig und körperlich gesunde Frau den Übergang von den Flitterwochen in den Alltag der Ehe, wie den Wechsel vom Sonntag in den Werktag? Wie gelingt es ihr, das langsame Ermatten des anfangs heißen Feuers körperlich und seelisch zu verkraften? Was befähigt sie, die körperliche Liebe zu einer körperlich-seelischen Gemeinschaft zu veredeln?

Die kritische Phase in der Ehe, die für jede Frau kommt und meist sehr rasch kommt, besitzt nach Ansicht des Verfassers nicht mindere Bedeutung als all die anderen Krisen im Leben der Frau.

Jede Frau, die dem Leben nicht fremd gegenübersteht, kennt

das große Erlebnis des Congressus, dem kein anderes Erleben gleichkommt. Sie weiß aber auch aus der Erfahrung, daß dieses hell lodernde Feuer allmählich niedriger wird. Es verhält sich hier nicht anders wie mit anderen Abläufen. Der erste Ball, die erste Schiffsreise, der erste Flug, die erste Autofahrt bilden ein schönes Erlebnis. Wenn aber beispielsweise das Autofahren aus beruflichen Gründen zum täglichen Erfordernis wird, führt es rasch zur Gewöhnung, und schließlich hat der Kraftfahrer nichts dagegen, wenn er am Sonntag den Wagen in der Garage lassen kann. *Ebenso kann aus einem anfänglich lustvollen Begehren Gewöhnung und aus Gewöhnung zuletzt Ablehnung werden.* Und die erfahrene Frau weiß das, sie kennt die drohende Gefahr in ihrer Ehe. Laut Statistik gehen 98 Prozent der Frauen nicht als Virgo und die Mehrzahl von ihnen nicht mit ihrem ersten Geschlechtspartner zum Traualtar. Allein diese Tatsache besagt, daß die geschlechtliche Anziehungskraft zum vorangegangenen Partner verlorengegangen sein muß, sonst hätte sich die Frau nicht von ihm getrennt und einem anderen Manne zugewandt.

So ist es also im Beginn der Ehe die große Aufgabe der Frau, die Ehe nicht auf dem niederen Niveau der legalisierten geschlechtlichen Befriedigung beharren zu lassen, sondern sie zu einer körperlich-seelischen Gemeinschaft zu erheben. Eine anfängliche seelische Zuneigung, die wir mit dem arg strapazierten Wort Liebe bezeichnen, ist in jedem Fall vorhanden. Sie hilft beiden Partnern, nach den Flitterwochen wieder auf die Erde zurückzufinden. Da muß der Beruf wieder aufgenommen und die neue Wohnung eingerichtet werden. Es kommen so viele Notwendigkeiten auf die jungen Eheleute zu, daß sie sehr bald erkennen, wie für die Vita sexualis nur wenig Zeit übrigbleibt. Dieses Hervortreten der Erfordernisse des Alltags ist sogar gut, um die jungen Menschen vor sexueller Übersättigung zu schützen. Denn, wie bereits gesagt, auf Übersättigung folgt allzu leicht Gewöhnung und Ablehnung, ohne daß dabei ein neurotisches Geschehen ursächlich eine Rolle spielen muß.

Beim Überwinden der kritischen Phase in der Ehe fällt der Frau die schwerere Rolle zu. Sie muß zunächst einmal *selbst seelisch verkraften,* daß die heiße Glut der ersten Liebe vergänglich ist und daß es gilt, sich mit der steten Wärme an der Seite ihres Mannes zu bescheiden. Darüber hinaus muß sie bemüht sein, *ihren Mann seelisch und körperlich dahin zu bringen,* daß auch er sich mit ihrer Liebe, mit dem Beischlaf allein mit ihr begnügt.

Es ist nun mal so, daß der Mann durchaus gern sieht, wenn seine Frau eine gute Köchin ist, wenn sie die kahle Wohnung zu einem trauten Heim macht, wenn sie ihm Kameradin und Berufskollegin und vor allem den Kindern eine gute Mutter ist. In erster Linie möchte er aber immer in ihr die Geliebte sehen. Das muß die Frau wissen, und das darf die Frau in keiner Phase der Ehe vergessen. Vielleicht ist dieses Wissen die tiefste Weisheit der Frau überhaupt. Aus dieser Erkenntnis erwächst für die Frau die Forderung, immer auf Körperpflege, Hygiene, Kosmetik und Kleidung zu achten. *Eine Ehefrau muß stets darum bemüht sein, ihrem Mann begehrenswert und liebenswert zu erscheinen.* Tut sie das nicht, vernachlässigt sie sich oder wird sie sogar zur Schlampe, beschwört sie damit die Gefahr herauf, daß der Mann sich von ihr abwendet und nach anderen Frauen Ausschau hält. Auf der anderen Seite braucht eine Frau ihr Bemühen, ganz Frau zu sein und zu bleiben, durchaus nicht zu übertreiben. Kein vernünftiger Ehemann fordert von seiner Frau, daß sie sich wie eine Sexbombe oder wie ein Teenager gibt, zu jeder Tages- und Nachtzeit sexuell erregende Kleider trägt, ständig hüftenschwingend vor ihm einhergeht und bei jeder Gelegenheit seine Geschlechtsorgane tangiert. Jede Frau weiß selbst am besten, wie ihr Adam seine Eva gern sehen möchte. Da bedarf es keiner Belehrung von männlicher Seite. Entscheidend ist für die Frau allein der Wille zum Wollen.

Die vierte und nicht minder wichtige Aufgabe der Ehefrau ist es, *die seelische Gemeinschaft zu vertiefen.* Hier heißt es, sich in die Gedankenwelt des Mannes hineinzuleben, Verständnis für seine Arbeit und seine Freizeitbeschäftigungen aufzubringen, sich in vielem anzupassen, umgekehrt aber auch den Mann in vielen Dingen mit Sanftmut und Umsicht zu führen. Die seelische Gemeinschaft, die seelische Harmonie der Eheleute tritt im Ablauf der Ehe immer stärker in den Vordergrund und ist im Lebensabend der Garant für das glückliche Zusammenleben zweier in Ehren alt gewordener Menschen.

Am Ende der Psychogenese muß *eine wichtige Aussage* getan werden. Der zweite Teil dieses Buches ist zielgerichtet den sekundären Potenzstörungen gewidmet, d. h. es werden ausschließlich Frauen ins Auge gefaßt, die im Beginn der Hochzeit ihres Lebens, im Beginn ihrer Vita sexualis, organisch potent und psychisch gesund gewesen sind. Demzufolge beziehen sich unsere

Ausführungen über Symptomatik, Psychogenese, Diagnostik und Therapie ebenfalls nur auf diese sekundären Störungen. In einem Lehrbuch müssen nun einmal klare Aussagen getan und aus didaktischen Gründen gerade Striche gezogen werden. In der lebenden Praxis liegen die Dinge nicht so einfach. Hier darf sich der Analytiker nie damit bescheiden, die vordergründige Symptomatik zu erfassen und zu beurteilen, auch wenn diese noch so zwingend und peinigend die Bühne beherrscht. Er muß sich vielmehr stets darum bemühen, hinter die Kulissen zu schauen. Da wird er dann oft die erstaunliche Feststellung machen, daß er eine neurotische Persönlichkeit vor sich hat, deren psychische Fehlentwicklung bereits in der frühen Kindheit begonnen hat, oder er stößt sogar auf einen Sonderling, dessen Versagen im genitalen Vollzug strukturbedingt ist, d. h. in einer angeborenen Kontaktschwäche begründet ist.

Wir bitten unsere Leser, diesen Hinweis auch bei allen folgenden Ausführungen über Diagnostik und Therapie der sekundären Potenzstörungen im Auge zu behalten. Das sei bereits hier gesagt: »Die Diagnostik muß in jedem Fall so weit wie möglich getrieben werden, um das Krankheitsbild so gut wie möglich aufzuhellen«! Das heißt nun wieder nicht, daß bei der Behandlung ein Leiden stets bei der tiefsten Wurzel erfaßt werden muß. Es ist vielmehr so, daß gerade der Psychotherapeut sich oftmals mit einer bescheideneren Zielsetzung begnügen muß und es auch getrost tun kann, um einen ausreichenden Heilerfolg, nämlich die Befreiung von einer Potenzstörung, zu erreichen. Auf die Umstrukturierung und den völligen Neuaufbau einer neurotischen Persönlichkeit muß in der Regel aus den uns bekannten Gründen verzichtet werden.

Übersicht der Psychogenese und Organogenese

Psychogenese: Wegen der Fülle der psychogenetischen Faktoren sei am Schluß des Kapitels für den Lernenden noch einmal die Psychogenese in Stichworten wiederholt.

a) auf seiten des Mannes
   der egozentrische Triebmensch
   der gehemmte unmännliche Mann

körperlich abstoßende Faktoren (unangenehmer Körpergeruch, Mundgeruch, übelriechende Kleidung etc.)
widernatürlich ausgeführter Koitus (Coitus interruptus, C. condomatus)
ständige Abwesenheit des Mannes
der seine Frau vernachlässigende Mann
der untreue Ehemann

b) auf seiten der Frau
Ablehnung des ungeliebten Mannes
Ablehnung des nicht mehr geliebten Mannes
nicht vollzogene psychische Loslösung von früherem Geliebten
fehlende Zuneigung zum Mann nach Mußheirat
intime Beziehungen zu einem zweiten Mann
Verdacht auf Untreue des Ehemannes
körperliche Entfremdung bei Vernachlässigung
seelische Entfremdung durch ständige Streitigkeiten
Angst vor einem weiteren Kind
Unterdrücken des Orgasmus, um einer Befruchtung entgegenzuwirken
elterliche, moralische und religiöse Verbote
Schuldgefühle nach außerehelichem Geschlechtsverkehr
wegen eines unehelichen Kindes
nach Zweckehe, wegen unehrlicher Gesinnung

c) auf seiten beider Ehepartner
geistige, seelische, körperliche Inadäquatheit

d) ein nicht ungestörtes Milieu

e) Persönlichkeitsneurose oder Psychopathie bilden die kausale Wurzel des vordergründigen Geschehens

Organogenese: Bei unserer Einführung in die sekundären Potenzstörungen haben wir bereits darauf aufmerksam gemacht, daß es neben den psychogenen Potenzstörungen, die selbstverständlich an erster Stelle rangieren, auch organogene und endokrinogene Störungen gibt. So wollen wir uns hier nicht wiederholen, halten es aber für wichtig, an die Übersicht der Psychogenese eine Übersicht der Organogenese anzuschließen.

Übersicht der Organogenese:

a) auf seiten des Mannes
konstitutionell bedingte Potenzschwäche
Potenzstörung (Ejaculatio praecox, E. nulla)

widernatürlich ausgeführter Koitus (Coitus interruptus, C. condomatus)

b) auf seiten der Frau
   hormonelle Insuffizienz nach Entbindung
   hormonelle Insuffizienz nach Ovarektomie
   Umstellung des Endokriniums in der Menopause
   Unterleibserkrankungen (Vulvitis, Vaginitis, Endometritis, Adnexitis)
   pathologische Veränderungen am Genitale
   Retroflexio uteri fixata
   Adnexadhäsionen
   Adnextumoren
   Erweiterung der Vagina
   narbige Stenosierung der Vagina
   Senkung der Vagina
   regressive Vorgänge am Genitale in der Menopause (senile Atrophie)
   rheumatische Erkrankungen im Beckenraum
   schwerste Allgemeinerkrankungen

c) auf seiten beider Ehepartner
   körperliche und nervöse Erschöpfung nach anstrengendem Tagwerk
   herabgesetze Kondition durch ständige Überforderung im Beruf
   konstitutionelle Inadäquatheit der Triebstärke (sexuelle Inadäquatheit)

Diagnostik: Analytisches Gespräch

Im ersten Teil des Buches haben wir bereits darauf hingewiesen, daß nach der Erforschung der Neurosen der Blick des Arztes noch umfassender und klarer geworden ist. In der Diagnostik heißt es nunmehr, *stets zugleich in drei Richtungen zu fahnden.* In jedem zur Behandlung stehenden Fall muß der Arzt sich fragen: Liegt hier eine infektiöse, organische oder neurotische Erkrankung vor?

Mit der Sicht auf die Neurosen ist zugleich die Gefahr erstanden, eine organische Erkrankung als psychosomatisches Geschehen anzusehen. Für die Patientin ist Schmerz gleich Schmerz, Blutung gleich Blutung. Sie vermag da keine Unterschiede festzustellen. Daher muß der Arzt, auch wenn ihm die Patientin in der ersten Minute die Diagnose über den Schreibtisch ins Gesicht schreit, sich in ausreichendem Maße über den Gesundheitszustand der Patientin und die Funktionstüchtigkeit der Geschlechtsorgane orientieren, um nicht leichtfertig eine Fehldiagnose zu stellen, die schwere Folgen nach sich ziehen könnte. Wie das Erfragen der Beschwerden und der Vorgeschichte und die körperliche Untersuchung mit allen erforderlichen Zusatzuntersuchungen abgewickelt werden, ist ebenfalls bereits im Teil I des Buches abgehandelt worden. Es sei für den Lernenden lediglich noch einmal darauf hingewiesen, daß die Sorgfalt in der Diagnostik nicht nur um der Diagnostik willen vonnöten ist, sondern um dem herkömmlichen Denken der Patientin gerecht zu werden. Der Arzt wird die Patientin nur dann von dem Vorliegen einer psychogenen Potenzstörung überzeugen können, wenn er vorher den Nachweis erbracht hat, daß die Geschlechtsorgane gesund und funktionstüchtig sind und der Hormonhaushalt in Ordnung ist.

An dieser Stelle möchten wir in aller Offenheit über eine Beobachtung berichten. Wir überweisen regelmäßig Patienten zur fachärztlichen Untersuchung und Behandlung an die Klinik für Psychotherapie einer benachbarten Universität. Von diesen Patienten kommen relativ viele – so daß es uns auffallen mußte – enttäuscht zurück und erzählen uns folgendes: »Herr Doktor, ich bin in X vom Arzt überhaupt nicht untersucht worden. Er hat nur mit mir geredet. Da gehe ich nicht wieder hin.«

Natürlich besteht das uralte Postulat der Psychoanalytiker, den psychisch Kranken nicht körperlich zu untersuchen, sondern sich ausschließlich auf seine Psyche zu konzentrieren, völlig zurecht. Wir alle wissen, warum dies so sein muß. Und wir glauben, daß auch in der Zukunft das Postulat seine Gültigkeit behalten wird.

Wie der Psychiater und der Internist mit ihren Problemen fertig werden, ist deren Angelegenheit. Der psychotherapeutisch tätige Gynäkologe wird nicht umhin können, an den Beginn der Behandlung die herkömmliche Diagnostik zu stellen. *Ideal liegen die Dinge in den großen Frauenkliniken.* Hier wird in der gynäkologischen Poliklinik die Diagnostik erschöpfend, nach allen Richtungen fahndend, in aller Ruhe abgehandelt, wie es im Eingang des Buches von uns aufgezeigt worden ist. Kommt am Ende dieses Bemühens der Arzt zu der Entscheidung, daß eine psychische bzw. psychosomatische Erkrankung vorliegt, überweist er die Patientin an den im gleichen Haus tätigen Seelenarzt, d. h. an den Gynäkologen, der ausschließlich psychotherapeutisch tätig ist. Dieser kann sich dann auf die im Haus durchgeführten Untersuchungen beziehen, braucht selbst die Patientin nicht mehr anzufassen und entspricht damit in idealer Weise dem Postulat der Analytiker. Wir glauben, daß in der Zukunft sich dieser Behandlungsablauf zumindest in allen größeren Frauenkliniken einbürgern wird.

Diagnostisch-analytisches Gespräch: Bei der Diagnosefindung genügt nicht die grobe Feststellung, daß eine psychogene Potenzstörung vorliegt. Es muß vielmehr die von SCHULTZ-HENCKE geforderte Mikroanalyse betrieben werden. Nur unter dieser Voraussetzung ist es möglich, eine kausale Therapie anzuschließen. Um die Psychogenese einer Aktualneurose zu ermitteln, wird heute allgemein die klassische Analyse nach FREUD nicht mehr für erforderlich gehalten, sondern das diagnostisch-analytische Gespräch, notfalls unter Zuhilfenahme des Assoziationstestes von JUNG, des katathymen Bilderlebens oder anderer moderner analytischer Verfahren, als ausreichend erachtet. Wegen seiner Bedeutung muß auf die Technik und Methodik der Gesprächsführung, auf den Dialog mit der Patientin kurz eingegangen werden.

Das diagnostisch-analytische Gespräch beginnt mit dem *Prolog,* bei dem der Arzt der Patientin etwa die folgende Eröffnung macht: »Frau X, Sie sind in unserer Klinik gründlich untersucht worden. Das war zwar etwas anstrengend für Sie, aber Sie sind ja selbst am meisten daran interessiert, daß Ihr seit geraumer Zeit bestehendes Leiden endgültig geklärt wird. Als Ergebnis der umfassenden Untersuchungen steht nunmehr fest, daß im Bereich Ihres Unterleibes keine organische Erkrankung vorliegt. Damit will ich sagen, daß kein Organ krankhaft verändert ist. Es besteht also keine Entzündung, Entartung, Geschwulstbildung, Krebs, Tuberkulose oder sonstige Erkrankung der Scheide, der Gebärmutter, der Eileiter oder Eierstöcke. Das soll nun wieder nicht heißen, daß Sie nicht krank sind, daß Sie sich Ihre Beschwerden nur einbilden. Ihre Beschwerden bestehen! Sie sind nachgewiesen! Nur besitzen diese Beschwerden einen besonderen

Charakter und sind auf eine besondere Weise entstanden. Aus bestimmter Ursache, die wir noch ergründen müssen, ist Ihr Gemüt zu einem bestimmten Zeitpunkt in der Vergangenheit in einen starken Erregungszustand versetzt worden. Da Sie damals die Sie erregende Situation seelisch nicht bewältigt haben, sind krankmachende Impulse vom Gehirn auf den Organismus übergetreten und haben Funktionsstörungen im Unterleib herbeigeführt. Auf diesem Wege ist Ihre Potenzstörung, deretwegen Sie mich aufgesucht haben, zustande gekommen, haben Sie Ihre normalen Empfindungen beim Geschlechtsverkehr verloren und sind statt dessen krankhafte Empfindungen und Erscheinungen wie Schmerz, Blutung, Scheidenkrampf usw. entstanden.

Die Art der Entstehung Ihrer Sexualstörung ist für Sie als Nichtärztin im ersten Augenblick schwer zu begreifen. Damit Sie meine bisherigen Ausführungen verstehen, bringe ich Ihnen ein einfaches Beispiel. Wenn ein Mensch etwas Unrechtes ißt, z. B. verdorbenes Fleisch, erkranken sein Magen und sein Darm. Es stellen sich Leibschmerzen, Erbrechen und Durchfall ein. Der Arzt spricht von einem Magen-Darm-Katarrh. Die gleichen Krankheitserscheinungen können aber auch auf ganz andere Weise zustande kommen. Steht ein Mensch vor einer Prüfung und hat er vor dieser Prüfung große Angst, so kann die Angst sein Gehirn so mächtig erregen, daß die Erregung auf die Eingeweidenerven übergreift und Erbrechen und Durchfall auslöst. Eine solche Erkrankung ist Ihnen bestimmt nicht unbekannt. Sie haben sicher schon mal gehört, daß ein Mensch vor einer Prüfung Durchfall bekommen hat und erkrankt ist. Vielleicht ist Ihnen das gleiche Mißgeschick auch mal selbst vor einem Examen passiert. Wir wollen also festhalten, daß eine Magen-Darm-Erkrankung einmal durch die Aufnahme verdorbener Nahrung verursacht und ein anderes Mal durch nervöse Impulse vom Gehirn ausgelöst werden kann. Der Volksmund spricht im letzten Fall nicht zu Unrecht von einem nervösen Magenleiden, einem nervösen Blasenleiden, einem nervösen Darmleiden usw.

Nach diesem Beispiel werden Sie nun besser verstehen, was eine funktionelle vom Gehirn ausgehende Organstörung darstellt. Damit kehren wir zu Ihrem Unterleib zurück. Sie wissen nunmehr, daß Ihre Geschlechtsorgane nicht organisch krank sind, sondern eine Funktionsstörung erfahren haben. Diese macht sich bemerkbar durch den fortschreitenden Verlust der normalen Empfindungen. Zusätzlich treten noch krankhafte Erscheinungen auf, die Sie vorher nicht gekannt haben, Schmerzen beim Koitus, Scheidenkrampf und Blutungsstörungen.

Ihre Potenzstörung ist behandlungsbedürftig. Sie sehen selbst, in welchen Zustand seelischen Aufruhrs und körperlichen Unbefriedigtseins Sie geraten sind. Dieser Zustand muß beendet werden. Sie müssen Wollust und Orgasmus zurückerhalten. Wenn die körperliche Vereinigung mit Ihrem Mann wieder so ist wie früher, wird dies zur Harmonisierung Ihrer Ehe entscheidend beitragen, und den Kindern wird das warme elterliche Nest erhalten bleiben.

Um eventuelle Bedenken an einer Heilungsfähigkeit Ihres Leidens von vornherein zu zerstreuen, sei Ihnen gesagt, daß Sie geheilt werden können.

Zum Schluß richte ich die Bitte an Sie, sich mit der neuen Situation vertraut zu machen, daß es sich bei Ihnen um eine Funktionsstörung der Geschlechtsorgane handelt, deren tiefere Ursache im Seelischen zu suchen ist. In der Folge wird es unsere gemeinsame Aufgabe sein, zu ergründen, welches Erlebnis, Ereignis, welcher Konflikt mit Ihrem Mann, den Sie nicht bewältigt, sondern fehlverarbeitet haben, daran schuld ist, daß Sie krank geworden sind.«

Der Prolog enthält, um es noch einmal in Stichworten zu wiederholen, die folgenden Punkte:

a) Patientin ist eingehend untersucht worden

b) es liegt keine organische Erkrankung vor, sondern eine funktionelle Organstörung.

c) allgemeine Belehrung über die Entstehung einer psychosomatischen Erkrankung, ihre Ursachen und ihre Auswirkungen

d) die Potenzstörung ist behandlungsbedürftig und behandlungsfähig.

e) Bitte an die Patientin, sich auf die neue Situation einzustellen und dem Arzt zu helfen, die tiefere Ursache des Leidens zu ergründen.

Unmittelbar nach dieser Eröffnung gehen wir »in medias res«. *Unsere ersten Fragen zielen dahin, den Beginn der Erkrankung zu ermitteln.* Wir fragen also: »Seit wann leiden Sie an den von Ihnen angegebenen Unterleibsbeschwerden? Erinnern Sie sich bitte genau, wann Sie das erste Mal aufgetreten sind!« Sind die Fragen hinreichend beantwortet, bitten wir die Patientin, ihre Beschwerden noch einmal eingehend zu schildern, um sie ihr und uns zu vergegenwärtigen.

Der zweite Fragenkomplex steht unter dem Leitgedanken, nach seelischen Belastungen zum Zeitpunkt der Erkrankung zu fahnden. Wir denken dabei an Belastungs- und Entlastungssituationen, Versuchungs- und Versagungssituationen und Konfliktsituationen jeglicher Art. Unsere Fragen: »Wir haben soeben festgestellt, daß Ihre Beschwerden das erste Mal im August vorigen Jahres (Zeitpunkt der Ersterkrankung) aufgetreten sind. Haben Sie damals unter irgendwelchen seelischen Belastungen gestanden? Hat es ein Zerwürfnis mit Ihrem Mann, Ärger wegen der Kinder oder Streitigkeiten mit den Schwiegereltern gegeben? Sind irgendwelche bösen Geschichten am Arbeitsplatz passiert? Denken Sie in Ruhe darüber nach! Lassen Sie die damaligen Ereignisse noch einmal in sich aufleben und erzählen Sie ohne Scheu, wie Ihnen die Dinge in den Sinn kommen!« Können von der Patientin keine Angaben in dieser Richtung gemacht werden oder werden nur Banalitäten vorgebracht, die wir nicht für würdig erachten, eine neurotische Entgleisung ausgelöst zu haben, fragen wir nach Affektstößen und Affektspannungen, die bereits kürzere oder auch längere Zeit vorher bestanden haben.

Wenn es uns gelungen ist, Material zu sammeln, beginnt *die dritte Phase des Analysierens.* Zu diesem Zweck halten wir uns die pathologische Symptomatik im Organischen und die von der Patientin angegebenen seelischen Belastungen zum Zeitpunkt der Ersterkrankung vor Augen und stellen Überlegungen an, *ob kausale Zusammenhänge bestehen.* Wenn ein Arzt die Neurosenlehre beherrscht und zusätzlich all das aufgenommen hat, was wir bisher in diesem Buch über Potenzstörungen gesagt haben, wird es ihm nicht schwerfallen, zu einer Entscheidung zu kommen.

Sind kausale Zusammenhänge zu bejahen, darf damit die Psychogenese als geklärt erachtet werden. *Die nächste (vierte) Aufgabe* des Analytikers besteht darin, *die Vorgänge im Körperlichen, wie auch die Vorgänge im Seelischen zeitlich weiter zu verfolgen bis zum gegenwärtigen Zeitpunkt.* Auf diesem Wege wird die Leidensgeschichte der Patientin ermittelt. Besonders zu achten ist darauf, wann und wodurch Verschlechterungen bzw. Besserungen eingetreten sind. Gelingt es dabei festzustellen, daß z. B. ein Nachlassen der Unterleibsbeschwerden zeitlich gleichgelaufen ist mit einem Nachlassen der seelischen Belastung während eines Urlaubs oder einer vorübergehenden Aussöhnung mit dem Ehemann, ist dies ein zusätzlicher Beweis für die Richtigkeit der von uns ermittelten Psychogenese.

Zum Schluß (fünfte Phase) gilt es, den Status praesens zu klären und zu beurteilen. Die gegenwärtige Situation (die bestehende Konfliktsituation, das Verhältnis der Patientin zu ihrem Partner, die Einstellung zur Vita sexualis, der Blick in die Zukunft) muß für den Arzt und die Patientin völlig offen zutage liegen. Nur so kann der Arzt entscheiden, welchen therapeutischen Weg er einschlagen muß, und nur so wird die Patientin mit Hilfe ihrer Vernunft begreifen, gewillt und befähigt sein, bei der Befreiung von ihrem Leiden aktiv mitzuhelfen.

Damit ist das diagnostisch-analytische Gespräch abgeschlossen. Es findet in fließendem Übergang seine Fortsetzung in der *Hinführung der Patientin zum Evidenzerlebnis und der Therapie im engeren Sinne.* Über diese zweite und dritte Phase der analytischen Psychotherapie wird in den folgenden Kapiteln eingehend zu sprechen sein.

Neben der Erarbeitung der Psychogenese und der Aufhellung des Leidensweges der Patientin läuft still nebenher das Bemühen des Arztes, *die Persönlichkeit der Patientin soweit wie möglich zu entschleiern.* Wir sind am Eingang der Diagnostik bereits darauf zu sprechen gekommen und wollen die Dinge dem Lernenden hier nur noch einmal in Erinnerung bringen. So ist es uns zunächst einmal ein Anliegen, das Intelligenzniveau der Patientin zu ermitteln, denn dieses und die Ansprechbarkeit im Psychischen bestimmen den Stil der Gesprächsführung. Nicht weniger wichtig erscheint uns, das seelische Aktionsvermögen der Patientin, ihr psychisches Potential zu erkunden. Wir meinen damit ihre Kraft im Seelischen, ihre Befähigung, an der Heilung von ihrem Leiden selbst aktiv mitzuwirken. Diese Urteilsfindung darf als etwas Neues in der Heilkunde angesehen werden. Bei einer organischen Erkrankung veranlassen eine Reihe von Faktoren den Arzt unterschiedlich zu dosieren, in der Regel kann aber das gleiche Heilmittel beibehalten werden. Bei einer psychischen Erkrankung hingegen fordern die unterschiedlichen psychischen Qualitäten der Patienten unterschiedliche Heilweisen. Es gibt nun mal zwei große Gruppen von Patienten. Die einen sind Leidende in des Wortes wörtlicher Bedeutung und müssen Behandlung empfangen. Die anderen sind zu Eigeninitiative befähigt und können aktiv zu ihrer Gesundung beitragen.

Ein weiteres Bemühen beim analytischen Gespräch geht dahin, soweit wie möglich zu klären, *ob die Patientin bis zum Datum ihrer Erkrankung psychisch gesund oder bereits vorher latent neurotisch gewesen ist.* Um hier voranzukommen, richten wir im Anschluß an die oben beschriebenen Fragenkomplexe einige zusätzliche Fragen an die Patientin, welche ihre frühe Kindheit und ihre Entwicklungsjahre durchleuchten und uns Hinweise auf eine mögliche psychische Fehlentwicklung geben. Außerdem studieren wir während des analytischen Gesprächs aufmerksam das Gehabe der Patientin, ob es auf das Bestehen einer klassischen Strukturneurose hinweist. Gehemmtheit, Reserviertheit und Selbstunsicherheit lassen auf Kontaktschwäche schließen. Ängstlichkeit, Gleichgültigkeit, Reizbarkeit und Schauspielerei deuten entsprechende Neurosenstrukturen an. Auch wenn wir nicht die Absicht haben, die Umstrukturierung einer neurotischen Persönlichkeit in Angriff zu nehmen, erscheint uns dennoch im Hinblick auf eine klare Diagnostik und bewußte Begrenzung des Therapieplans ein tieferes Eindringen in die Persönlichkeit angezeigt.

Am Ende unserer Ausführungen wollen wir folgendes festhalten: *Das analytische Gespräch stellt ein elegantes Verfahren dar, wobei der Arzt in einer analytischen Kurzexploration versucht, auf direktem und kürzestem Weg die Ätiologie eines psychogenen Leidens zu klären. Es ist dort zureichend, wo es sich um Aktualneurosen handelt. Damit avanciert es zur diagnostisch-analytischen Standardmethode des Gynäkologen wie auch anderer Kliniker.*

Der Lernende wird nach dem Lesen dieses Kapitels den Gedanken aufwerfen, daß das Theoretisieren über das analytische Gespräch wohl leicht sei, *die praktische Durchführung eines analytischen Gespräches* aber erheblich schwieriger sein dürfte. Darauf kann der Erfahrene nur erwidern, daß dem nicht so ist. Wenn der in die Psychotherapie einsteigende Arzt erst einige Erfahrungen gesammelt hat, wird er selbst zu der Einsicht kommen, daß das Analysieren keine hohe Kunst, sondern lediglich ein diagnostisches Verfahren besonderer Art darstellt und für jeden Arzt erlernbar ist. Der Arzt fragt nach dem ersten Auftreten der Beschwerden, er läßt sich die Beschwerden nochmals schildern und sucht dann nach seelischen Belastungen in diesem Zeitraum, nach Affektstößen und Affektspannungen im weitesten Sinn des Wortes. Es ist auch durchaus nicht so, daß der Arzt der Patientin jedes Wort gleich Würmern aus der Nase ziehen muß. Die unbewältigten Konfliktsituationen, die brennenden Probleme belasten die Seele einer Frau oft so stark, daß sie nur allzu bereit ist, dem Arzt ihr Herz auszuschütten, wenn er es versteht, sie an dieses Problem heranzuführen. Selbst der berufserfahrene Frauenarzt ist immer wieder erstaunt, wie schonungslos und hemmungslos offen Frauen sprechen können. Allein diese Beobachtungen lassen darauf schließen, mit welcher Kraft kortikale Impulse auf den Organismus einzuströmen und ihn zu irritieren vermögen.

Wenn der Arzt sich mit seinen analysierenden Fragen *einem kritischen Gebiet nähert,* wird er dies bei aufmerksamer Beobachtung der Patientin an verschiedenen Zeichen und Verhaltensweisen wahrnehmen. Lebhafte Mimik, Erröten, Zittern, Weinen, Verlegenheitspausen, Räuspern und Protestreaktionen sind derartige Signale.

Alle Psychoanalytiker gehen darin einig, daß es kein Reglement, keine Schablone gibt, nach der ein analytisches Gespräch zu führen ist. Begabung, Einfühlungsvermögen und Erfahrung sind für den Analytiker wichtigste Voraussetzungen. Zusätzliche Kenntnisse und Methodik sind unerläßlich. *Die freie und individuelle Gesprächsführung* muß dem Arzt zugestanden werden. Ihm dies zu verwehren, hieße nach den treffenden Worten von KLEINSORGE »Jemandem die Arme amputieren und dafür Prothesen bieten«.

Wichtiger als alle Betrachtungen erscheinen uns *praktische Hinweise* für den Lernenden. So wollen wir zunächst einmal die wichtigste Feststellung treffen, daß das Analysieren des Arztes nicht zu vergleichen ist mit dem Suchen eines Blinden nach einem bestimmten Gegenstand. Es verhält sich vielmehr so, daß in den meisten Fällen der Arzt bereits vor Beginn des Gesprächs die ungefähren ursächlichen Faktoren kennt und er durch das Gespräch nur noch die definitive Klärung anstrebt. Wie ist dies möglich? Nun, im Falle einer sekundären Potenzstörung hat es der Arzt besonders leicht. Organische Ursachen und eine eventuelle endokrine Störung sind durch die vorangegangenen Untersuchungen ausgeschlossen worden. Die verschiedenen psychogenetischen Faktoren gibt das vorangegangene Kapitel »Psychogenese« eingehend wieder. Auch die Patientin selbst ist mit der klaren Aussage zu ihm gekommen: »Herr Doktor, ich leide an einer Anorgasmie!« Es ist also praktisch nur eine der von uns aufgezeigten ursächlichen Möglichkeiten herauszufinden und zu erhärten. Und das dürfte für einen psychologisch erfahrenen Arzt, der ja auch noch außerberuflich zusätzliche Lebenserfahrungen gesammelt hat, im gemeinsamen Bemühen mit der Patientin keine allzu schwere Aufgabe sein.

Den vierten und stärksten Beitrag in der gleichen Richtung liefert uns die Neurose selbst durch *ihre pathologische Symptomatik*. Die von ihr produzierten Symptome im Organischen wie auch im Psychischen besitzen nach ADLER Symbolcharakter. Damit kommt ihrem Aussagewert diagnostische Bedeutung zu. Wenn auch in den meisten Fällen die Dinge nicht so einfach liegen, daß von einem Symptom mit Hilfe seiner Aussage blitzartig und eindeutig auf die Vorgänge im Psychischen geschlossen werden kann, so trägt doch die Symbolsprache der Organe wesentlich dazu bei, die Psychogenese einzuengen und aufzuhellen. Erscheinen im Bereich der Sexualorgane der Frau pathologische Symptome, so sagt uns die Logik, daß die Vita sexualis aus irgendwelcher Ursache in irgendeiner Form eine Störung erfahren hat. Nach den Thesen der Neurophysiologen bildet bei einer Sexualneurose die Hauptzielrichtung der kortikalen irritierenden Impulse das weiblichste Organ der Frau, das Genitale.

Erweist sich das im diagnostisch-analytischen Gespräch gewonnene Material, das zumindest ein zum überwiegenden Teil geordnetes und gesiebtes Gedankengut darstellt, als nicht ausreichend zur definitiven Klärung der Psychogenese, sind *moderne analytische Verfahren helfend einzuschalten*. Auf der Suche nach geeigneten Möglichkeiten kann daran gedacht werden, der Patientin in *Hypnose* den Auftrag zu erteilen, alle Fragen des Arztes ohne Hemmungen und Vorbehalte völlig offen und wahrheitsgetreu zu beantworten. Sicherlich vermag auch die *Narcoanalyse* nach FRIEDLÄNDER den Arzt diagnostisch voranzubringen. Diese fremdsuggestiven Verfahren mögen bei anderen Erkrankungen gerechtfertig sein und sogar das Mittel der Wahl darstellen, hier widerstreben sie dem Verfasser. Dann ist eher schon der *Assoziationstest* von JUNG vertretbar, oder man begibt sich noch besser auf den uralten Weg der *Auswertung der Träume*.

Der Verfasser hält aus der eigenen Erfahrung heraus für die Ermittlung der Psychogenese bei einer sekundären Potenzstörung *den experimentell erzeugten gezielten Traum* für besonders geeignet. Bei diesem Verfahren wird die Patientin – auf einem

Sofa liegend – als erstes dazu angehalten, zu ruhen und zu dösen. Anschließend erhält sie den Auftrag, in einem Zustand kontemplativer Innenschau das Bild ihres Mannes im Geist vor sich erstehen zu lassen und zu verlebendigen. Ist auch dies gelungen, ergeht an sie die entscheidende Frage: »Was gefällt Ihnen nicht an Ihrem Mann?« Jeder Psychoanalytiker kennt dieses Verfahren von LEUNER. Wenn es dem Arzt gelingt, die Patientin, nötigenfalls unter Vorschaltung von Hilfsmaßnahmen, zu einem guten *katathymen Bilderleben* zu bringen, wird er erstaunlich gute Ergebnisse erzielen.

Therapie

Therapiebedürftigkeit, -fähigkeit, -plan

Therapiebedürftigkeit: Die in der Überschrift enthaltene Frage muß mit einem klaren »Ja« beantwortet werden. Die potenzgestörte Frau befindet sich in einem Zustand seelischen Aufruhrs, körperlichen Unbefriedigtseins und körperlicher Mißempfindungen. Dieser Zustand macht sie zu einer Leidenden. Nicht genug damit. Die Umgebung der Patientin wird bei einer Progredienz des Leidens in Mitleidenschaft gezogen. Der Ehemann und die Kinder leiden unter der Verhaltensweise der aus dem seelischen Gleichgewicht geratenen Frau. Es heißt also hier, die Patientin psychisch und organisch wieder gesunden zu lassen, darüber hinaus die Ehe zu harmonisieren und den Kindern das warme Nest für ihr Wachstum zu erhalten. Damit bildet die Behandlung einer Sexualstörung der Frau eine notwendige und verantwortungsschwere Aufgabe.

Therapiefähigkeit: Auch diese Frage kann mit einem klaren »Ja« beantwortet werden. Wie wir aus der Neurosenlehre wissen, bildet die tiefste Wurzel einer Persönlichkeitsneurose eine psychische Fehlentwicklung in der frühen Kindheit. Durch die langen Jahre ihres Bestehens erhält sie konstitutionelle Bedingtheit, d. h. sie ist sehr schwer auszurotten. Nur in einem langzeitigen Reifungsprozeß können die psychische Umstrukturierung und der Neuaufbau der Persönlichkeit vollzogen werden. Daher sind die ernsten Überlegungen des Arztes, ehe er die Behandlung einer primären Impotenz in Angriff nimmt, durchaus berechtigt. Ganz anders liegen die Dinge beim Aufkommen einer Potenzstörung im Erwachsenenalter der Frau. Hier handelt es sich um die neurotische Entgleisung einer bis zum Zeitpunkt psychisch gesund gewesenen Frau. Die Ursache bildet eine Situation (im weitesten Sinn des Wortes), mit der die Patientin konfrontiert worden ist, die sie nicht bewältigt hat und die somit heute noch als ursächlicher und die Neurose unterhaltender Faktor besteht.

Hier eine Entscheidung auf Übernahme der Behandlung zu treffen, fällt dem Arzt nicht schwer, wenn er psychologisch erfahren und psychotherapeutisch ausgebildet worden ist. Die Psychogenese zu erarbeiten, bereitet in der Regel keine Schwierigkeiten. Um die Wurzel des Leidens aufzuspüren, muß nicht in die klassische Analyse nach FREUD eingegangen werden, sondern es ist nach allgemeiner Ansicht das diagnostisch-analytische Gespräch, nötigenfalls unter Einschaltung anderer moderner analytischer Verfahren, ausreichend.

Die Heilerfolge sind, wenn bestimmte Voraussetzungen von der Patientin und ihren Angehörigen erfüllt werden, durchweg gute. Das kann jeder psychotherapeutisch tätige Gynäkologe bestätigen, und das wird auch der Verfasser beim Aufzeigen seiner Kasuistik unter Beweis stellen. Unter den soeben angedeuteten *Voraussetzungen* haben wir zu verstehen:

a) ein Mindestmaß an Intelligenz bei der Patientin, um uns überhaupt mit ihr unterhalten zu können und von ihr begriffen zu werden,

b) ihre psychische Bereitschaft, bei der Befreiung von ihrer Impotenz aktiv mitzuwirken, und

c) den Vollzug notwendiger Maßnahmen, damit eine bestehende Konfliktsituation definitiv aus der Welt geschafft werden kann.

Therapieplan: Die drei Standardmethoden der seelischen Heilbehandlung sind dem Lernenden bereits im ersten Teil des Buches unterbreitet worden. Für den Einzelfall gilt das vom Verfasser über *den individuellen Therapieplan und die individuelle Ganzheitsbehandlung* Gesagte. Nur den einen Hinweis möchten wir uns gestatten, daß bei der Behandlung der sekundären Potenzstörungen pragmatische Verfahren und herkömmliche Heilweisen meist stärker herangezogen werden müssen, als es bei der primären Impotenz vonnöten ist, weil bei einer sekundären Störung die pathologischen Symptome im Psychischen und Somatischen, d. h. bestimmte Störungen und Beschwerden für die Patientin, drängend und zwingend im Vordergrund stehen.

Therapie der endokrinogenen und organogenen Potenzstörungen

Bei Abhandlung der Diagnostik ist zum Ausdruck gebracht worden, daß zu bestimmten Zeitpunkten und aus bestimmter Ursache *der Hormonhaushalt der Frau eine Störung erfahren kann.* Es handelt sich dabei entweder um Fehlsteuerungen der Ovarien von der Hypophyse her oder um Insuffizienzerscheinungen nach Resektion oder Ektomie der Ovarien. Hier bedeutet die wohldosierte und zeitgerechte Zuführung von Hormonen kausale Therapie. Nehmen wir als Beispiel die endokrinogene postpartale Fettsucht. Dieses Krankheitsbild ist jedem Gynäkologen genügend bekannt. Der Verfasser vermag durch einen kasuistischen Beitrag die These zu erhärten, daß bei solch einem Fall allein durch Hormontherapie nicht nur das Übergewicht abgebaut werden kann, sondern daß zugleich die meist begleitende Oligo-Hypomenorrhoe beseitigt und dadurch der Menstruationszyklus regularisiert wird. Gewissermaßen nebenher, für unsere Betrachtungen aber von Wichtigkeit, berichten die erfolgreich Behandelten, daß ihre Anorgasmie verschwunden und in der Ehe wieder alles in Ordnung sei.

Von weiteren Ausführungen über Hormontherapie können wir Abstand nehmen, weil dieses Gebiet fester geistiger Besitz jedes Frauenarztes ist. Wir möchten unsererseits lediglich auf das ausgezeichnete Lehrbuch von UFER »Die Hormontherapie in der Frauenheilkunde« aufmerksam machen. Zusätzlich geben die Schering-Werke in einem jedes Jahr neu erscheinenden Büchlein exakte Behandlungspläne für die verschiedenen endokrinogenen Erkrankungen heraus.

Die Zuführung von Hormonen bei psychogener Impotenz muß als Via falsa bezeichnet werden. Solche Maßnahmen, wenn der Menstruationszyklus nachgewiesen in Ordnung ist, beschwören eine glandulär-zystische Hyperplasie herauf, die dann oft eine Abrasion erforderlich macht. Bei solch einer fehlbehandelten Patientin dürfen wir uns nicht wundern, wenn sie uns enttäuscht den Rücken kehrt und auch nicht mehr den Mut findet, wegen ihrer Impotenz noch einmal bei einem Arzt vorstellig zu werden. Im übrigen weiß man nicht erst aus der Literatur, sondern jeder praktizierende Gynäkologe kann es aus seiner eigenen Erfahrung heraus bestätigen, daß Hormontherapie dort, wo sine dubio eine psychogene Anorgasmie vorliegt, völlig wertlos ist.

Wenn schon ein Gynäkologe eine psychische Heilbehandlung, gleichgültig aus welchen Gründen, nicht durchführt, tut er in jedem Fall besser, ein Aphrodisiakum oder Plazebo zu verordnen. Dabei kann er keinen Schaden anrichten, und durch Suggestivwirkung ist durchaus zumindest eine vorübergehende Besserung möglich.

Die organischen Erkrankungen des weiblichen Genitales, ihre konservative und operative Behandlung, sind jedem Gynäkologen vertraut. Es erübrigt sich somit jedes weitere Wort zu diesem Thema. Nur im Hinblick auf das Thema unseres Buches muß einiges gesagt werden. Es besteht kein Zweifel darüber, daß durch die Gesundung der Geschlechtsorgane und durch die Wiederherstellung physiologischer topographischer Verhältnisse eine organogene Impotenz behoben werden kann. Auch hierfür wird der Verfasser einen kasuistischen Beitrag liefern.

Therapie der psychogenen Potenzstörungen

Hier rangiert im Therapieplan *die psychische Heilbehandlung* an erster Stelle. Sie vollzieht sich in den therapeutischen Gesprächen.

Zur Gewinnung einer klaren Übersicht wollen wir zunächst noch einmal zusammenfassen. Vorangegangen sind *diagnostisch-analytische Gespräche.* In ihnen ist die Ätiologie der Impotenz ermittelt worden. Und aus dem bisherigen Studium des Buches weiß der Lernende, daß im Falle einer psychogenen Sexualstörung die Wurzel des Leidens eine nicht bewältigte, fehlverarbeitete und heute noch bestehende Konfliktsituation bildet.

Der Ermittlung folgt als *zweite Phase der Heilbehandlung die Hinführung zum Evidenzerlebnis.* Hier muß die Patientin klar erkennen, daß bestimmte stattgefundene Affektstöße oder bestimmte bestehende Affektspannungen ihre neurotische Erkrankung verursacht haben und sie auch heute noch unterhalten. Nur wenn sie die kausalen Zusammenhänge geistig erfaßt, Ursache und Wirkung, Neurose und neurotische Symptomatik ursächlich und zeitlich richtig einstuft und nur wenn sie sich darüber im klaren ist, daß keine Befreiung von ihrem Leiden zu erwarten ist, solange eine bestimmte Konfliktsituation besteht, wird sie sich bereit finden, gegen eben diese Konfliktsituation den Kampf aufzunehmen.

Aus dem eben Gesagten geht deutlich hervor, daß die zweite Phase der Heilbehandlung ebenfalls analytischen Charakter trägt. Natürlich muß der Arzt der Patientin einige notwendige Erklärungen über die wichtigsten Neurosenmechanismen geben, z. B. über die Aktivität des Komplexes vom Unbewußten her. Weit wichtiger aber ist, daß die Patientin ihren speziellen Krankheitsfall richtig erfaßt. Und der lernende Arzt muß darauf hingewiesen werden, daß die beiden ersten Phasen nicht nur der Diagnostik dienen, sondern bereits Therapie darstellen. Nach Schultz-Hencke bedeutet das Freilegen der Wurzel der Neurose im Ansatz bereits Therapie. Wir selbst haben weiter oben darauf hingewiesen, daß das Erkennen der Ursachen und Zusammenhänge von der Patientin selbst unbedingte Voraussetzung ist, damit sie den Kampf gegen eine bestimmte Konfliktsituation aufnimmt und tatkräftig die Sanierung ihres Milieus betreibt.

Die dritte Phase enthält die Therapie im engeren Sinn. Hier handelt es sich um einen Selbstreifungsprozeß, d. h. um einen Heilungsvorgang, der Zeit braucht. Dabei kann nichts durch den Arzt oder eine sonstige Person befohlen werden, sondern die Patientin muß selbst heranreifen, muß lernen, physiologisch zu empfinden, zu denken und zu handeln. Nach Schultz-Hencke muß sie zunächst lernen, ihre krankhaften Empfindungen und Verhaltensweisen während des Geschehens zu bemerken. Gelingt ihr dies, führt diese Fähigkeit allmählich zu dem Verlangen und Bemühen, die Abläufe zu bremsen, zu korrigieren und schließlich überhaupt nicht mehr aufkommen zu lassen. Als Krönung ihres Bemühens gewinnt die Patientin in der Endphase ihrer Behandlung eine neue Einstellung zu den Dingen, eine neue psychische Konzeption, die sie von ihren Komplexen befreit. Roemer spricht in seiner Abhandlung davon, daß die Patientin lernen muß, ihre pathologisch verarbeiteten Erlebnisse aus der Distanz, objektiv und kritisch zu betrachten, sie damit von Affekten zu befreien und im Hinblick auf sich selbst Kritik am eigenen Verhalten zu üben, von ihrer egozentrischen Betrachtensweise abzukommen und sich auf diesem Wege allmählich von ihren Komplexen zu befreien, sie zu assimilieren und auszulöschen. Und SCHAETZING schließlich sagt mit spezieller Blickrichtung auf die impotent gewordene Frau, daß es gilt, *die verklemmte Liebesfähigkeit der Frau zu lösen.* Alle diese Äußerungen aus berufenem Munde, die wir teilweise bereits bei Abhandlung der primären Frigidität gebracht haben, lassen im wesentlichen die allgemeine Richtung und das spezielle Ziel erkennen. Wir selbst möchten uns mit einigen notwendigen Hinweisen begnügen. Es ist zunächst einmal ein Unterschied, ob die Ursache einer neurotischen Entgleisung eine stattgehabte Vergewaltigung, die Untreue des Ehemanns oder die eigenen Liebhaber bilden. Schon dieser Hinweis zeigt, daß es keine allgemeine Schablone gibt, nach der der therapeutische Dialog mit der Patientin abgewickelt werden kann. Die geistigen und seelischen Qualitäten der Patientin bilden, wie bereits an früherer Stelle gesagt, weitere wichtige Faktoren, welche die Gesprächsführung bestimmen. Und schließlich müssen wir auch an die Persönlichkeit des Arztes denken. Er soll sine ira et studio vorgehen. Die freie Gesprächsführung – um noch einmal den weltbekannten Satz von KLEINSORGE zu zitieren – muß ihm zugestanden werden.

In technischer Hinsicht gibt es die unterschiedlichsten Gesprächsformen. Terminologisch werden sie als belehrende, erklärende, erziehende, konfrontierende, sinngebende Gespräche usw. gekennzeichnet. Die hinter diesen Begriffsbildungen stehenden Inhalte vermag der Lernende selbst den Worten zu entnehmen. Bei aller Liebe zur Didaktik erscheint es uns wichtiger, das richtige Wort am richtigen Ort zu finden, als es richtig zu terminieren. Um den Lernenden nicht durch eine lange wissenschaftliche Abhandlung und eine Fülle von Begriffen zu verwirren, umreißen wir für ihn das therapeutische Gespräch durch zwei lapidare Sätze: Der Inhalt des therapeutischen Gesprächs wird bestimmt durch den Inhalt der Neurose, und der Stil des therapeutischen Gesprächs wird bestimmt durch das geistige Niveau der Patientin.

Der Zeitaufwand für die psychische Heilbehandlung einer potenzgestörten Frau ist recht unterschiedlich. Die Patientin die seelischen Hintergründe ihrer Anorgasmie erkennen zu lassen, ist oft bereits in der ersten Sitzung möglich. Hier zeigen ROEMER und SCHAETZING in ihren Publikationen, daß sie wahre Meister ihres Faches sind. Wir möchten jedem interessierten Kollegen empfehlen, sich in die im Anhang angegebene Literatur zu vertiefen. Die dritte Phase der Heilbehandlung, die Befreiung von der Neurose und das Wiedereintreten der Orgasmie dauern üblicherweise Wochen bis Monate. Der notwendige seelische Wandel in der Patientin benötigt Zeit. Zum zweiten ist die Behebung der Konfliktsituationen oft nur langsam und unter Schwierigkeiten zu bewerkstelligen. Damit kommen wir *zum zweiten wichtigen Faktor in der Heilbehandlung.*

Die bestehende Konfliktsituation ist nicht nur für die neurotische Entgleisung der Patientin verantwortlich zu machen, sie ist es auch, die die Neurose unterhält. Damit stellt *ihre Beseitigung die conditio sine qua non* dar. Die an das Evidenzerlebnis sich anschließenden therapeutischen Gespräche beginnen damit, Möglichkeiten aufzuspüren, wie der das Leiden bedingende und unterhaltende Konfliktstoff ausgeräumt werden könnte. Hierbei soll die Initiative nicht allzusehr vom Arzt ausgehen. *Der Arzt soll nicht Ratender, sondern Beratender* sein. In allen Lehrbüchern hören wir die gleichlautende Weisung, daß es nicht die Aufgabe des Arztes ist, Ehen zu scheiden, Geschlechtsverkehr anzuraten oder sogar die Zukunft zu rezeptieren, während die Patientin sich vor einer eigenen Verantwortung drückt. Es kann nur Aufgabe des Arztes sein, die Patientin an die Entscheidung heranzuführen, ihr alle möglichen Wege vor Augen zu führen. Die Entscheidung muß sie selbst in eigener Verantwortung fällen. In der Praxis empfiehlt FRANKL so vorzugehen, daß der Arzt die Patientin auffordert, alle Möglichkeiten selbst aufzuzeigen, um eine bestehende Konfliktsituation zu beseitigen. Sie soll zunächst einmal alle Möglichkeiten aufzählen, ohne an die praktische Durchführung zu denken. Eine Auswertung der Vorschläge hinsichtlich ihrer Realisierbarkeit erfolgt später. Auf diese Weise wird erreicht, daß sich die Patientin aktiv mit ihrer Neurose geistig auseinandersetzt und damit die Scheu vor ihrer Neurose verliert.

Wenn wir soeben sagten, daß bei diesen wichtigen therapeutischen Gesprächen der Arzt nicht verordnet, sondern berät, so gibt es auch hier Ausnahmen. Der Psychotherapeut darf getrost *auch einmal einen Rat erteilen,* wenn er nach sachlicher und leidenschaftsloser Prüfung annehmen darf, daß dieser Rat ein guter ist, mit Sicherheit der Patientin nicht zum Schaden gereicht, und der Arzt auch rechtlich nicht von anderer Seite belangt werden kann. Wenn wir heute Neurosen nicht mehr mit Medikamenten behandeln, müssen wir andererseits den Mut zu einem Rat aufbringen.

Ersatzlösungen

Oft wird die ideale Lösung, die Beseitigung des Konfliktstoffes nicht möglich sein. Sie scheitert dann meist an der mangelnden Einsicht des Ehemannes, der Angehörigen oder sonstiger Personen. Die praktische Undurchführbarkeit kann aber auch bedingt sein durch das Fehlen der erforderlichen finanziellen Mittel oder das Nichterhalten notwendiger (behördlicher) Genehmigungen. Trotz allem ist die oft zu hörende Angabe von der Unveränderbarkeit der Gegebenheiten mit Skepsis zu begegnen. Wo ein Wille ist, ist auch ein Weg.

Wenn die totale Ausräumung einer Konfliktsituation, aus welchen Gründen es auch immer sei, sich nicht bewerkstelligen läßt, muß nach *Ersatzlösungen gesucht werden.* Auf sie kommen wir sogleich zu sprechen.

Nach dem oben Gesagten möge der Lernende nun nicht denken, daß allen Neurosen schwerste und ausweglose Konfliktsituationen zugrunde liegen. Das wäre weit gefehlt. Vielmals ist der bestehende Konfliktstoff so geringfügig, daß seine Ausräumung nicht, zumindest nicht unbedingt vonnöten ist. Wenn der Arzt die Überzeugung gewinnt, daß eine bestimmte Situation von einer psychisch Gesunden bewältigt werden kann, muß er das gleichfalls seiner Patientin zumuten. Es ist dann seine Aufgabe, die Patientin durch analytische Gespräche dahin zu führen, daß sie eine neue Einstellung zur Konfliktsituation gewinnt. *Sie muß lernen, mit der Konfliktsituation ohne neurotische Entgleisung fertig zu werden.* Auch dies ist erfahrungsgemäß ein durchaus beschreitbarer Weg zur Heilung von einer Neurose.

In anderen Fällen, wo die notwendige Beseitigung des Konfliktstoffes nicht möglich ist, *muß die Patientin zur Leidensfähigkeit erzogen werden.* Sie muß in dem Leiden einen Sinn sehen und so zu einem sublimen Verhalten gelangen. Frankl nennt diese ärztliche Tätigkeit Logotherapie, ärztliche Seelsorge.

Im Falle einer Abkehr von der Vita sexualis, der auch von ärztlicher Seite zugestimmt werden kann, geht das gemeinsame Bemühen dahin, *dem Leben der Patientin einen neuen Inhalt zu geben.* Dabei soll die Patientin nicht zu etwas kommandiert werden. Sie soll selbst in dem Wissen um ihre Anlagen und Fähigkeiten über Möglichkeiten nachdenken, die ihrem in eine Sackgasse geratenen Dasein, ihrem verpfuschten oder verunglückten Leben, einen neuen Sinn geben könnten. Wie hier so auch bei allen anderen Formen des therapeutischen Gesprächs wird vom Arzt nicht verordnet oder gar kommandiert, sondern es wird an die Einsicht, den Intellekt, die Vernunft der Patientin appelliert. In diesem Sinne besteht der Terminus *rationale Psychotherapie* zurecht.

Erweist sich das analytisch-therapeutische Gespräch als allein nicht ausreichend, *müssen durch zusätzliche pragmatische Verfahren stärkere Impulse gesetzt werden.* Dies kann geschehen durch *Suggestionen in psychagogischer Form,* durch *therapeutische Suggestionen in Hypnose* und durch *Autosuggestionen im Zustand der Versenkung.* Wir kommen auf diese Verfahren zu gegebener Zeit noch zu sprechen.

Wie mit der Beseitigung von Konfliktsituationen verhält es sich in ähnlicher Weise mit der *Sanierung des Milieus.* Das krankmachende Milieu muß saniert werden. Ein Milieuwechsel bildet in vielen Fällen die ideale Lösung, und er ist auch meistens durchführbar. Wir denken dabei an Aufgabe der beruflichen Tätigkeit, Wechsel des Arbeitsplatzes, Verziehen in eine andere Wohngegend oder sogar in eine andere Landschaft. Wie sehr solch ein Milieuwechsel einem Menschen zum Segen gereichen kann, bedarf keiner näheren Erläuterung. Ist ein Milieuwechsel nicht möglich oder nicht erforderlich, muß die Sanierung des krankmachenden Milieus angestrebt werden. In Erwägung zu ziehen ist eine Erleichterung und Reduzierung der beruflichen und hausfraulichen Pflichten bei Überforderung. Im entgegengesetzten Fall kann die Hinführung zu neuen sinnvollen Aufgaben die Heilung bringen. Auch an Umgestaltung des Arbeitsplatzes und an Ausschaltung von Lärm sollte gedacht werden.

Stehen mitmenschliche Schwierigkeiten im Vordergrund, muß die Bereinigung dieser Schwierigkeiten in klärenden Gesprächen mit dem Chef, dem Ehemann, den Schwiegereltern, dem Hauswirt usw. angestrebt werden. Auch hier sind Fremdsuggestionen in Hypnose und Autosuggestionen beim autogenen Training als zusätzliche therapeutische Verfahren am Platz, damit die Patientin den Unbillen und Schwierigkeiten des Lebens besser gewachsen sein wird.

Nach diesen mehr oder weniger allgemeinen Hinweisen soll unser Blick wieder direkt in die lebende Praxis gerichtet sein. Gesagt wurde bereits, daß *die Abschaffung einer bestehenden Konfliktsituation,* die Beseitigung krankmachender Faktoren, eine Conditio sine qua non darstellt. Dies kann nicht stark genug betont werden, da hier die Ursache für die hohe Rückfallquote bei psychischen Erkrankungen liegt. Eine Besserung der Beschwerden wird so gut wie stets durch die psychische Heilbehandlung erzielt, besonders wenn sie stationär erfolgt. Wenn die Patientin aber vom Arzt in die eigene Verantwortlichkeit entlassen wird, sie dann in das unveränderte Milieu zurückkehrt und mit den unveränderten Konfliktsituationen wieder konfrontiert wird, kommt es prompt erneut zur neurotischen Entgleisung. Diese Erfahrung macht jeder Arzt, der da glaubt, allein mit psychischer Heilbehandlung das therapeutische Ziel bleibend erreichen zu können. Somit bildet die Beseitigung von Konfliktsituationen, die Erlösung der Patientin von sie belastenden Affektspannungen, neben dem therapeutischen Gespräch eine dringliche Aufgabe. Es sei offen zugegeben, daß hier für den Arzt oftmals die eigentlichen Schwierigkeiten beginnen, er zeitweise auf unüberwindliche Hindernisse stößt. Aber das ist durchaus nicht immer so. Manchmal wird das Anpacken bestimmter Gegebenheiten sogar von den Ehepartnern begrüßt, wenn der Arzt den ersten Anstoß dazu gibt. Mit diesen Faktoren wollen wir beginnen und uns allmählich zu den schwierigeren Situationen vorarbeiten.

Bei Abhandlung der Psychogenese ist erläutert worden, *daß abstoßende Faktoren auf seiten des Mannes* die Ehefrau beim Congressus so stark beeindrucken können, daß ihr die körperliche Vereinigung mit ihrem Mann verleidet wird, ja, daß sie sogar Brechreiz befällt, wenn sie nur daran denkt. Gedacht ist dabei an üblen Mundgeruch, starken Schweißgeruch, stinkende Kleidung etc. Wenn eine Patientin Klagen in dieser Richtung äußert, bitten wir den Ehemann zu uns. Wir sprechen dann in aller Offenheit mit ihm, aber selbstverständlich mit dem nötigen Taktgefühl, um ihn seelisch nicht zu verletzen. Ein Mann, der seine Frau liebt und dem durch den Arzt erläutert wird, aus welchen Gründen seine Frau sich körperlich nicht mehr mit ihm versteht, wird gern bereit sein, das Nötige zu tun. Er wird uns sogar dankbar für den Hinweis sein. Wenn umgekehrt bei Befragen des Ehemannes dieser uns darauf hinweist, daß die

Hygiene seiner Frau, die Sauberkeit ihrer Unterwäsche usw. so stark zu wünschen übrigläßt, daß er sich vor ihr ekelt, ist sinngemäß bei der Patientin der Hebel anzusetzen.

Mit dieser Betrachtung sprechen wir unseres Erachtens einen der wichtigsten Faktoren überhaupt aus, der für das körperliche Sich-nicht-mehr-Verstehen, für das körperliche Auseinanderweichen zweier Partner verantwortlich zu machen ist. Es ist nun mal eine Tatsache, daß vor der Ehe der junge Mann und das Mädchen alles tun, um angenehm aufzufallen und begehrenswert zu erscheinen. In der Ehe aber glaubt so mancher, es nicht mehr nötig zu haben. Der Mann präsentiert sich vor seiner Frau ungewaschen, unrasiert und in schmutziger Unterwäsche und äußert in diesem abschreckenden Aufzug womöglich noch sexuelle Wünsche. Aus dem so reizenden Mädchen wird leider zu oft in der Ehe eine Schlampe und das in jeder Hinsicht. Die Frau, die Kinder, der Haushalt, alles bietet das gleiche schmutzige Bild. Wenn ein Ehemann zu uns klagt, »Herr Doktor, ich kann beim besten Willen an meiner Frau nichts Begehrenswertes mehr finden«, wissen wir, was ihn zu dieser Aussage treibt. Es ist dann unsere therapeutische Aufgabe, in getrennten und gemeinsamen Aussprachen die Ehepartner so weit zu bringen, daß sie sich voreinander wieder so geben, wie sie es vor der Ehe und in den Flitterwochen getan haben. Wenn uns dies gelingt und wenn wir außerdem die Eheleute geistig dahin führen, in der Ehe nicht nur eine körperliche sondern darüber hinaus eine seelische Gemeinschaft zu sehen, wird unser Bemühen stets zu einem vollen Erfolg führen. Wie schön wäre es, wenn uns bei diesen Bemühungen die Publikationsorgane, wie die Illustrierten und das Fernsehen, unterstützen würden! Aber leider marschieren die Massenmedien seit 25 Jahren genau in der entgegengesetzten Richtung, und die Verantwortlichen ahnen in ihrer Engstirnigkeit nicht, wie sehr sie die sittliche Verwahrlosung in unserem Volk fördern. Sie tragen unseres Erachtens sogar die Hauptschuld, daß heute ein Großteil der jungen Generation in der körperlichen Befriedigung den einzigen Sinn der Ehe sieht.

Im Hinblick auf unser Thema glauben wir rückblickend sagen zu dürfen, daß die Abstellung köperlich abstoßender Faktoren bei beiden Ehepartnern meist nie auf Schwierigkeiten stößt, daß im Gegenteil die Inangriffnahme dieser Dinge sogar begrüßt wird. *Schwieriger wird die Situation, wenn es darum geht, eine notwendige Sanierung des häuslichen Milieus oder des Arbeits-*

platzes durchzusetzen. Manchmal bildet die räumliche Trennung und Loslösung von den Schwiegereltern die notwendige Vorbedingung, damit eine ungestörte Zweisamkeit der Eheleute aufkommen kann. Ein anderes Mal muß der Mann seine berufliche Tätigkeit unbedingt reduzieren, um sich mehr seiner vernachlässigten Frau widmen zu können. Wir Ärzte sind nicht weltfremd, und wir wissen, wie schwer der Wunsch in die Tat umzusetzen ist. Trotzdem müssen die als notwendig erachteten Maßnahmen realisiert werden. Wir müssen den Patienten begreiflich machen, daß nur auf diesem Wege die Harmonisierung der Ehe erreicht werden kann. Unsere Aufgabe ist es, die Eheleute zur Entscheidung zu führen. Wie sie sich entscheiden, ist ihre Angelegenheit. Wenn ehrlicher Wunsch vorhanden ist und nicht nur Heuchelei, werden die Ehepartner Mittel und Wege finden, um die von uns aufgedeckten Übelstände abzustellen. *Ganz schwierig ist die Situation, oft sogar unüberbrückbar, wenn ein oder beide Ehepartner intime Beziehungen zu anderen Personen unterhalten.* Gewöhnlich liegen die Dinge so, daß die Patientin bei ihrem Geliebten vollorgastisch ist, der Congressus aber mit ihrem Mann sie anekelt und selbstverständlich anorgastisch verläuft. Alle diese Frauen in der gleichen Situation verlangen von uns eine Wundertablette, erwarten von uns eine Patentlösung. Sie wünschen die Misere mit ihrem Mann gebessert. Sie wollen durchaus, daß die Ehe aus den verschiedensten Gründen erhalten bleibt. Sie sind aber nicht gewillt, den geringsten Beitrag zu leisten. Von ihnen kann man sagen: »Sie wünschen das eine, sie möchten das andere aber nicht missen.« Hier heißt es für den Seelenarzt, unerbittlich hart zu sein. Er muß dem schuldigen Ehepartner klarmachen, daß nur dann eine Harmonisierung der Ehe und ein physiologischer Ablauf des Congressus so wie früher möglich ist, wenn sofort und radikal die intimen Beziehungen zu jeder anderen Person abgebrochen werden. Wenn hier nicht entsprechend den Empfehlungen des Arztes von seiten der Patienten die notwendigen Vollzüge getan werden, bricht der Verfasser automatisch jede Weiterbehandlung ab, da nach seiner Erfahrung ein Heilerfolg nicht zu erwarten ist. Damit wird keineswegs die Tür definitiv zugeschlagen. Beide Ehepartner erhalten Zeit, sich die Dinge reiflich zu überlegen und im Falle einer Entschlußfassung im Sinne des Arztes wieder bei ihm zu erscheinen.

Zum Schluß sollen *auch die ausweglosen Situationen scho-*

nungslos aufgedeckt werden. Der Leser erinnere sich daran, daß nach unseren Darlegungen in der vierten Phase einer Potenzstörung die Situation zu einer Entscheidung drängt und es in der Tat auch zu unterschiedlichen Ausgängen kommt. Die impotent gewordene Frau treibt entweder in gefährlichem Wasser stromabwärts oder droht angstbesessen im Schlamm zu versinken. Unsere ärztliche Aufgabe ist es, *die Patientin wieder auf sicheren Boden zu stellen und sie dabei entweder an das alte Ufer zurückzubringen oder zu einem neuen Ufer hinzuführen.*

Die Rückführung auf das alte Ufer bedeutet, die Patientin wieder physiologisch empfinden, denken und handeln zu lehren, die Ehe zu harmonisieren und das Milieu zu sanieren. Darüber ist in diesem Kapitel hinreichend gesprochen worden.

Leider sind *in der vierten Phase der Impotenz sehr oft Fakten gegeben, die eine Rückführung an das alte Ufer nicht mehr möglich machen.* Wir denken dabei an die Fälle, wo ein oder beide Partner bereits feste Beziehungen zu anderen Partnern eingegangen sind, vielleicht sogar schon Kinder aus diesen neuen Verbindungen haben. Hier erleben wir – was dem Laien paradox erscheinen mag –, daß trotz der definitiven Vollzüge noch unbewußt seelische Bindungen zu den alten Partnern bestehen.

Wir Ärzte sind weder Priester noch Richter, sondern eben Ärzte, deren berufliche Aufgabe es ist, kranke Menschen körperlich und seelisch gesunden zu lassen. Wenn wir also sehen, daß bestimmte Fakten unwiderruflich vollzogen sind, besteht unsere Tätigkeit darin – natürlich nur unter der Voraussetzung, daß wir nach unseren ärztlichen Überlegungen den bereits eingeschlagenen Weg der Patientin gutheißen –, *sie zu bestärken, den bereits begonnenen Weg fortzusetzen, um das neue Ufer zu erreichen.* Ein Teil unserer analytisch-therapeutischen Gespräche hat zum Inhalt, im Unbewußten noch bestehende seelische Bindungen aufzulösen und eventuelle Schuldgefühle zu löschen, damit die Patientin sich völlig frei ihrem neuen Partner zuwenden und hingeben kann.

Gar nicht selten erleben wir, *daß eine Frau in ihrer Enttäuschung über die Ehe sich nicht nur von ihrem Partner abwendet, sondern von der Vita sexualis überhaupt.* Bei bestimmten Voraussetzungen, wenn zum Beispiel die Kinder erwachsen und verheiratet sind und die Patientin selbst die Mitte des Lebens überschritten hat, kann diesem Bestreben der Patientin auch von ärztlicher Seite beigepflichtet werden. Nach der vollzogenen

Distanzierung vom Geschlechtsleben erscheint es uns wichtig, damit in der Patientin keine innere Leere ersteht, ihr eine Ersatzbefriedigung zu verschaffen, sie zu einem sublimeren Verhalten hinzuführen, ihr einen neuen Lebensinhalt zu geben. Darüber ist an früherer Stelle bereits gesprochen worden.

Bei der Abhandlung der vierten Phase ist die Aussage getan worden, daß die potenzgestörte Frau *ihre Zuflucht zu pathologischen Ersatzbefriedigungen* nehmen kann. Wir denken dabei an den Rückfall in den Ipsismus und die lesbische Liebe. Aus den Befragungen unserer Patienten glauben wir schließen zu dürfen, daß das sogar recht häufig der Fall ist. Diese Frauen erfahren durch ihren Ehemann keine körperliche Befriedigung. Sich scheiden zu lassen oder einen Geliebten anzuschaffen, lehnen sie aus moralischen oder religiösen Gründen ab. Und so flüchten sie gewissermaßen in die Regression. In dieser unglücklichen Situation dürfen wir eine Frau nicht belassen, sondern müssen mit ihr gemeinsam nach rettenden Auswegen suchen. Auch hier heißt der Leitsatz: »Vor oder zurück, aber nicht in der Misere verharren!«

Nach dem Aufzeigen der beiden Hauptstraßen der Therapie wird der Lernende möglicherweise geneigt sein zu sagen, *daß die psychische Heilbehandlung und die Bewältigung einer bestehenden Konfliktsituation doch wohl dasselbe seien.* Dem ist nicht so. Die analytische Psychotherapie mit ihren drei Phasen Ergründen, Selbst-Erkennen und Sich-Freimachen stellt einen Vollzug im Psychischen dar. Die Ausschaltung aegrotifizierender Faktoren, die Milieusanierung im weitesten Sinn des Wortes, beinhaltet reale Maßnahmen wie die Sanierung eines Gebisses, die Aufnahme der Körperhygiene, die räumliche Trennung der jungen Eheleute von den Schwiegereltern, die Aufgabe einer intimen Beziehung zu einem anderen Partner usw. Wenn es sich ausschließlich um die seelische Bewältigung einer bestehenden Konfliktsituation handelt, sind in der Tat beide therapeutischen Anliegen eng verschmolzen. Trotzdem müssen auch hier reale Vollzüge getätigt werden.

Mit der soeben beantworteten Frage ist eine zweite Frage eng verknüpft. *Inwieweit erübrigt die Milieusanierung (wiederum im weitesten Sinn des Wortes) die psychische Heilbehandlung?* Hier muß wiederholt werden, was bereits weiter oben ausgesagt worden ist. Die psychische Heilbehandlung bildet stets das Hauptgleis, während die Realisierung bestimmter Maßnahmen oftmals die Conditio sine qua non darstellt, damit nicht nur vorübergehende Beschwerdefreiheit, sondern definitive Heilung erzielt werden kann. Noch aufschlußreicher ist der Blick aus der anderen Richtung. Sicher ist, daß zum Beispiel durch den Tod des die Frau neurotisierenden Partners eine bestehende Konfliktsituation sich damit erledigt. Auf diese Weise ist manche Spontanheilung zu erklären. Andererseits lehrt die Erfahrung, daß zum Beispiel ein Mädchen, das 1945 von einem Angehörigen der Besatzungsmacht vergewaltigt worden war, noch 20 Jahre später bei der sexuellen Annäherung eines geliebten Mannes mit Vaginismus reagierte. Auch eine neurotische Persönlichkeit, die durch die Schuld der Eltern eine psychisch abwegige Entwicklung genommen hat, verliert nicht nach dem Tod ihrer Eltern spontan ihre Fehlanschauungen und -verhaltensweisen, sondern ihre Komplexe bleiben weiterhin vom Unbewußten her mit unverminderter Heftigkeit aktiv. Hier stoßen wir auf die fundamentalen Thesen der Neurosenlehre, die jeder von uns kennt. Zur Besänftigung sei gesagt, daß bei den Aktualneurosen, wo eine Konfliktsituation real nicht mehr gegeben ist, sich die psychische Heilbehandlung schneller und leichter vollzieht, als es bei einer bestehenden Affektspannung der Fall sein würde. Hier handelt es sich nach ROEMER um das Löschen von Restsymptomen.

Ehe wir zur Behandlung der neurotischen Symptomatik übergehen, muß noch eine wichtige Aussage über *die bewußte Begrenzung der therapeutischen Zielsetzung bei sekundären Potenzstörungen getan werden.* Bei Abhandlung der Psychogenese der Sexualstörungen ist darauf aufmerksam gemacht worden, daß wir beim Eingehen in die Tiefe oftmals auf eine Persönlichkeitsneurose oder eine strukturbedingte Sonderlingshaltung stoßen. Hier nun in allen Fällen das Übel bei der tiefsten Wurzel fassen zu wollen, ist für den psychotherapeutisch tätigen Arzt aus vielen Gründen ein Ding der Unmöglichkeit. Seine wichtigsten Überlegungen gehen dahin: »Was muß ich unbedingt in Angriff nehmen, und wovon kann ich Abstand nehmen und dabei trotzdem einen ausreichenden Heilerfolg erzielen? Wie kann ich auf kürzestem Wege die Behebung der Sexualstörung erreichen, derentwegen die Patientin zu mir gekommen ist?«

In Weiterverfolgung der Therapie der sekundären Sexualstörungen wenden wir nun unsere Aufmerksamkeit *der neu-*

rotischen Symptomatik im Körperlichen und Seelischen zu. Im Ablauf der Diagnostik ist die Aussage getan worden, daß im Gegensatz zur primären Impotenz bei den sekundären Potenzstörungen *die funktionellen Störungen und Beschwerden zwingend und drängend im Vordergrund stehen.* Sie sind es, die die Patientin überhaupt zum Arzt geführt haben. *So erwartet die Leidende in ihrem herkömmlichen Denken, daß etwas im organischen Bereich getan wird.* Wenn wir nur über ihre Anorgasmie und ihre Beschwerden reden, ist sie mit Sicherheit enttäuscht. Bei Frauen mit niederem Geistesniveau müssen wir sogar – ob das uns Ärzten genehm ist oder nicht – die herkömmliche Behandlung des Unterleibes augenfällig in den Vordergund stellen und die psychische Behandlung nebenher zum Zuge kommen lassen. Wir müssen gewissermaßen, um psychotherapeutisch arbeiten zu können, die psychischen Heilweisen mit einem herkömmlichen Gewand umkleiden (MÜLLER-HEGEMANN).

Noch aus einem weiteren Grund ist dieses Vorgehen empfehlenswert. Wie jeder Erfahrene weiß, setzt mit dem Beginn einer psychischen Behandlung nicht schlagartig Beschwerdefreiheit ein, sondern es erfolgt eine allmähliche Besserung der funktionellen Organstörungen und dementsprechend ebenso langsam ein Nachlassen der aus den Funktionsstörungen resultierenden Beschwerden. Der Arzt muß demnach immer damit rechnen, daß im Beginn der Behandlung, also in der diagnostisch-analytischen Phase noch Symptome verschiedenster Art und Stärke auftreten. Diese Symptome muß er beherrschen und aufhalten, wenn das Vertrauen der Patientin zum Arzt und seiner Behandlungsmethode erhalten bleiben soll. So ist der Arzt praktisch gezwungen, im Beginn der Behandlung die von der Patientin geklagten Beschwerden (Schmerzen, Juckreiz, Ausfluß, Blutung, Kolik, Durchfall, Blasentenesmen) mit herkömmlichen Mitteln anzugehen. *Erst wenn die psychische Heilbehandlung, insbesondere die pragmatischen Verfahren wirksam werden, können die herkömmlichen Mittel langsam abgesetzt werden.*

Weiterhin lehrt die Statistik, daß durch die Kombination von herkömmlichen und psychischen Heilweisen eine weit größere Patientenzahl erfolgreich behandelt wird, als es bei alleiniger Psychotherapie der Fall ist. Diese Tatsache sollte allen Ärzten zu denken geben, die nahezu fanatisch für reine analytische Psychotherapie plädieren.

Behandlung der organischen Symptome

Beginnen wir mit der *Behandlung der Symptome im Organischen,* weil sie auch für die Patientin im Vordergrund stehen. Unsere Leitgedanken sind: Zuerst Ruhigstellung des Unterleibes, anschließend funktionelle Ertüchtigung der Geschlechtsorgane. Nebenher allgemeine körperliche Kräftigung und Hinführung zu einer gesunden Lebensweise.

Die Ruhigstellung des Unterleibes wird bewerkstelligt durch die körperliche Distanzierung vom Geschlechtspartner. Ein diesbezügliches Gespräch des Arztes mit dem Ehemann der Patientin ist im ersten Teil des Buches bereits beschrieben worden. Die ideale Lösung für eine vorübergehende körperliche Trennung der Eheleute bildet zweifelsohne die Einweisung der Patientin in die Klinik. Daher sollte in schweren Fällen, insbesondere wenn eine starke psychische Alteration der Patientin besteht, der Arzt diesen Gedanken stets in Erwägung ziehen. In der Klinik kann in aller Ruhe die Diagnostik über die Bühne gehen und auch bereits die Therapie in Angriff genommen werden.

Eine funktionelle Ertüchtigung der Unterleibsorgane läßt sich erwirken durch hyperämisierende Maßnahmen. Deshalb müssen hier noch einmal die pragmatischen Verfahren zur Sprache kommen. Von KRETSCHMER stammen die richtungweisenden Worte, daß die psychische Heilbehandlung das Hauptgleis zu bilden hat und die Behandlung der pathologischen Symptomatik mittels pragmatischer Verfahren sich gewissermaßen auf dem Nebengleis bewegt. Sowohl durch Hypnotherapie als auch durch autogenes Training können drei Zielsetzungen erreicht werden:

a) Ruhigstellung von Psyche und Soma
b) Funktionelle Ertüchtigung von Organen und Organsystemen durch gezieltes Organtraining. (Hierbei ist auf organnahe Gestaltung zu achten. Bei gynäkologischen Fällen empfiehlt es sich, der Patientin ihre beiden Hände flach auf den Unterleib legen zu lassen.)
c) Hinwendung zu physiologischem Denken, Handeln und Empfinden durch formelhafte Vorsätze. (Bei unseren potenzgestörten Frauen haben die Leitsätze die Hinwendung zum Ehemann oder zur Vita sexualis zum Inhalt. Die Patientin sagt zum Beispiel: »Ich will meinen Mann wieder lieben.«)

Wann dem autogenen Training und wann der Hypnotherapie

der Vorzug zu geben ist, darüber ist jahrelang diskutiert worden und besteht heute ein reichhaltiges Schrifttum. Die einen sind Leidende in des Wortes wörtlicher Bedeutung, sind energiearm und müssen Behandlung erfahren. Andere sind zufolge ihrer geistigen und psychischen Qualitäten zur Eigeninitiative begabt und befähigt. Für die Wahl des Verfahrens ist nicht zuletzt auch von Bedeutung, daß das autogene Training erst erlernt werden muß, während die Hypnose sofort zur Verfügung steht. Der erfahrene Psychoanalytiker gibt mit Recht dem A. T. den Vorzug.

Auf die Nützlichkeit *herkömmlicher Heilweise* bei psychosomatischen Erkrankungen des Unterleibes hat bereits ROEMER vor rund 20 Jahren hingewiesen. Empfohlen werden können Moorpackungen auf den Unterleib, Herbathermbäder nach Kneipp und KW-Bestrahlungen. Naturgemäße Heilweisen sind für die Patientin stets eindrucksvoll. Aber es wird ohne Zweifel auch ein therapeutischer Effekt erzielt, da hyperämisierende Maßnahmen zu einer funktionellen Ertüchtigung der Organe führen.

Zeitweise wird auch eine *örtliche Behandlung* vonnöten sein. So können beim Pruritus vulvae kühlende und juckreizstillende Salben aufgetragen werden. Bei Mißempfindungen in der Scheide ist an Scheidenspülungen, Scheidenduschen und das Einlegen von kühlenden Salbentampons zu denken. Ist die Scheide mit pathologischen Keimen besiedelt, wird die übliche Zweiphasenbehandlung eingeleitet. Zuerst erfolgt die Vernichtung der pathologischen Scheidenflora durch zielgerichtete Remedien wie Sulfonamid-Spuman-Styli, Aureomycin-Vaginalsuppositorien oder Clont-Vaginaltabletten, im Anschluß daran die Wiederherstellung der physiologischen Scheidenflora durch Spuman-c-Acid.-lact.-Styli. Bei Schmerzempfindungen, wie sie in der zweiten und dritten Phase der Potenzstörung auftreten, sind schmerzstillende und krampflösende Mittel rektal oder vaginal zu applizieren, was für die Patientin besonders eindrucksvoll ist. Eine Leitungsanästhesie dürfte nur selten indiziert sein.

Natürlich muß der Blick des Gynäkologen vordringlich auf den Unterleib mit seiner alarmierenden Symptomatik gerichtet sein. Daneben darf aber nicht der ganze Mensch vergessen werden. Eine allgemeine Kräftigung, *eine allgemeine körperliche Ertüchtigung* der Patientin ist oft vonnöten. Viele Frauen führen eine ungesunde Lebensweise. Die einen stehen den ganzen Tag im Geschäft, andere sitzen verkrümmt über der Schreibmaschine.

Aber auch Frauen, die das ganze Jahr hindurch allein einen großen Haushalt führen, sind in der Regel überfordert. Wenn umgekehrt eine Frau den ganzen Tag in süßem Nichtstun verbringt, ist das dem Körper ebenfalls nicht bekömmlich. In all diesen Fällen gilt es, die Frauen in gemeinsamer Beratung zu einer gesunden Lebensweise hinzuführen. Darüber ist im ersten Teil des Buches bereits gesprochen worden.

Wir wollen hier keine Reklame für Sanatorien machen. Es steht aber außer Zweifel, daß die Vorbedingungen für eine Gesundung von Körper und Geist in einem Sanatorium in idealer Weise gegeben sind. Nur wenn eine Frau sich eine Zeitlang von Ehemann und Beruf löst, kann sie Ferien vom Ich machen, werden Körper und Geist neue Kraft schöpfen.

Bei unseren Ausführungen über die pathologische Symptomatik wird dem Lernenden klargeworden sein, daß wohl für die Patientin ihre Anorgasmie und ihre Schmerzsensationen im Vordergrund stehen und sie zum Arzt treiben, daß aber daneben *die pathologischen Symptome im Psychischen*, die oft sogar erhebliche Alteration der Psyche, ebenso bedeutungsvoll sind. Aus diesem Grunde muß der Arzt der pathologischen Symptomatik im Psychischen ebenfalls seine Aufmerksamkeit schenken.

Der Leser erinnere sich an unsere Ausführungen über die verkrampfte Frau, wie sie beim Arzt erscheint und sich gibt. Da liegt es auf der Hand, daß vor Beginn der Behandlung neben der körperlichen Ruhigstellung *zusätzlich eine psychische Beruhigung* erfolgen muß. Sie wird durch das von uns bereits erwähnte Gespräch mit dem Ehemann in die Wege geleitet. Wir sagen ihm nicht nur, daß er während der Zeit der ärztlichen Behandlung seine Frau nicht geschlechtlich bedrängen soll, sondern wir erläutern ihm, daß ebenso Ruhe und Frieden – gewissermaßen ein Waffenstillstand eintreten muß, wenn die ärztliche Behandlung Erfolg haben soll.

Im Hinblick auf die Patientin selbst wird es in den meisten Fällen genügen, *wenn der Arzt beruhigend auf sie einwirkt*, wie er es seit eh und je getan hat. In schweren Fällen empfiehlt es sich, die Patientin auf die Couch zu legen und *Suggestionen auf körperliche und geistige Entspannung* zu geben. Keineswegs beim ersten Mal, aber zu Beginn der zweiten Sitzung, wenn die Patientin den Arzt bereits kennt und die erste Scheu überwunden hat, kann sie durchaus in eine *kurze Hypnose* versetzt und können ihr einige Suggestionen auf Ruhe und Entspannung gegeben werden. Nur in sehr schweren Fällen und auch nur dann, wenn die Patientin stationär aufgenommen wird, sollte *ein Heilschlaf* über acht bis vierzehn Tage an den Beginn der Behandlung gestellt werden. Diese Methode wird im Bundesgebiet wenig praktiziert. Man vergesse aber nicht, daß in der DDR so gut wie jedes Kreiskrankenhaus eine Schlafstation besitzt. Die Technizismen zur Erzielung eines Dauerschlafes sind in vielen Lehrbüchern zu finden (KLEINSORGE), so daß wir uns hier nicht damit zu befassen brauchen. Kein noch so engagierter Arzt wird behaupten, daß durch Heilschlaf allein ein körperliches oder seelisches Leiden geheilt werden kann. Wenn aber wie in unseren Fällen ein permanenter Erregungszustand oder Angstzustand besteht oder schmerzhafte Dauerzustände im Bereich des Unterleibes, ist die Patientin nicht zugänglich für eine psychische Behandlung. Hier bringt der Heilschlaf zunächst einmal Ruhe im Somatischen und Psychischen. Auf dieser Basis kann dann fruchtbar aufgebaut werden. Daß die Herausnahme der Patientin aus ihrem krankmachenden Milieu und ihre Einweisung in *ein genügend entfernt liegendes Sanatorium* ebenfalls eine seelische Entspannung bringt, darüber ist bereits gesprochen worden.

Psychopharmaka und Medikotherapie

In diesem Zusammenhang muß noch ein Wort über *die Psychopharmaka* gesagt werden. Auf der einen Seite wird viel über sie geschimpft, auf der anderen Seite aber werden sie gerade von Psychotherapeuten in steigendem Maße angewandt. Kein Arzt wird behaupten, daß man mit Präparaten mit psychotroper Wirkung eine Neurose, Psychopathie oder Psychose erfolgreich bekämpfen kann. In der Tat aber vermögen diese Remedien die Psyche aufzuhellen (Laroxyl), auszugleichen (Librium) und zu sedieren (Atosil). Damit handelt es sich auch hier um eine symptomatische Vorbehandlung, um mit der eigentlichen Heilbehandlung besser zum Zuge kommen zu können.

Im Anschluß an die Psychopharmaka sei uns noch ein Wort über *die Medikotheraphie bei Potenzstörungen* gestattet. Daß Hormontherapie bei endokrinogener Impotenz, aber auch nur in diesen Fällen, zu vollen Heilerfolgen führt, darüber haben wir bereits berichtet. Wann nun sind homöopatische Mittel (Remedien mit pharmakologisch unsicherer Wirkung), Aphrodisiaka (Anreizmittel) und Plazebos (Scheinmedikamente) angezeigt? Aus umfangreichen Arbeiten (HEUBNER) geht hervor, daß nicht nur mit Präparaten pharmakologisch sicherer Wirkung, sondern ebenso mit homöopatischen Mitteln und Plazebos erstaunliche Resultate erzielt werden können. Daraus wieder läßt sich der Schluß ziehen, daß sowohl die wirksame Substanz als auch der Glaube des Patienten an die Wirkkraft der Medizin eine wichtige Rolle spielen.

Die Wirkung der Scheinmedikamente beruht zumindest zum Teil auf Fremdsuggestion. Der Patient vertraut auf den Arzt und das ärztliche Können. Wenn er daher bei einer bestimmten Erkrankung eine bestimmte Arznei rezeptiert erhält und dazu die Weisung, täglich davon eine bestimmte Anzahl von Tropfen in bestimmten Zeitabständen einzunehmen, dann ist er von der Heilkraft des Medikaments überzeugt. Wie das Vertrauen in eine Behandlungsmethode, so bildet der Glaube an die Wirksamkeit eines Medikamentes die wichtigste Voraussetzung für den Behandlungserfolg. Dies mag als Erklärung dafür dienen, daß durch Plazebos verschiedenartigste Beschwerden und sonstige Krankheitssymptome ausgelöscht werden können.

Für unsere therapeutischen Erwägungen sind das Bildungsniveau und die psychischen Qualitäten der Patientin bestimmend. Bei der einen genügen Belehrung und psychische Beruhigung, bei einer anderen sind symptomatische Maßnahmen und Aphrodisiaka vonnöten. Daß allein durch das Medikament eine psychogene Anorgasmie behoben werden kann, ist noch von keiner Seite behauptet worden.

Häufigkeit und Heilungsfähigkeit der Potenzstörungen

Im ersten Teil des Buches ist von uns die Aussage getan worden, daß in der Praxis des Frauenarztes im Jahr nur wenige, aber immerhin doch einige primär impotente Frauen erscheinen. Ganz anders verhält es sich mit den sekundären Potenzstörungen. *Sie gehören zum täglichen Arbeitspensum jedes Gynäkologen,* wie die grippalen Infekte beim Praktiker. *Wo liegt die Ursache für die augenfällige Zunahme?* Nun, da braucht man nur die Skandalzeitungen aufzuschlagen, die Illustrierten durchzublättern und die gegenwärtigen Filme und täglichen Darbietungen im Fernsehen zu betrachten, um in etwa die Lösung zu haben. Seit dem zweiten Weltkrieg, vielleicht sogar als Folge des langen und die ganze Welt umfassenden Krieges, wird die körperliche Liebe, die Triebbefriedigung, in den Mittelpunkt des Lebens gerückt. Das körperliche Erleben, die pausenlose geschlechtliche Sättigung in höchster Vollendung werden als das Ideal in der Ehe hingestellt. Daß der Schöpfer mit dem Zeugungsakt große Aufgaben und Pflichten verbunden hat, daß die Ehe über die körperliche Gemeinschaft hinaus vor allem eine seelische Gegemeinschaft werden muß, die stark genug ist, um in guten und schlechten Zeiten unverbrüchlich zu halten, darüber hören, lesen und sehen wir nichts.

Es ist durchaus richtig, daß nicht das ganze Volk diesem Zeitgeist verfällt. Jeder einzelne formt sein Leben nach seiner eigenen freien Entscheidung. Wenn aber beispielsweise in den Lichtspieltheatern öffentlich Lehrfilme wie »Die Technik der körperlichen Liebe« gezeigt werden, in denen der Besucher in 21 Stellungen des Geschlechtsverkehrs unterwiesen wird, braucht man sich nicht zu wundern, wenn ein großer Teil der heutigen Jugend in der Gemeinschaft von Mann und Frau allein die Erfüllung seiner sexuellen Wünsche sieht.

Aber noch eine weitere Gefahr entsteht aus dieser Fehlanschauung. Jede pausenlose Sättigung führt zwangsläufig zur *Übersättigung.* Man mag ein noch so teures und wohlschmeckendes Essen zu sich nehmen, wenn man es täglich vorgesetzt bekommt, wird es einem schließlich über, und der Magen wehrt sich vor weiterer Aufnahme. Genauso verhält es sich mit der Übersättigung im Geschlechtsleben. Das anfangs große körperliche Erleben sinkt immer weiter herab bis zu einer kurzen körperlichen Erregung, und die darauf folgende Enttäuschung wird immer größer und nachhaltiger. Was nimmt es uns da noch wunder, wenn – laut Zeitungsmeldung – ein junger Mann von 20 Jahren behauptet, er hätte bereits 50 Frauen besessen, ihm könne das Leben nichts mehr bieten, und er sich das Leben nimmt?

Auf seiten der Frau resultiert aus der pausenlosen körperlichen Sättigung und vor allem aus dem ständigen Partnerwechsel *die Unfähigkeit, bei einem Partner zu verharren,* sich mit einem zu begnügen und seelisch an ihn zu binden. Hier liegt die Wurzel, daß heute so viele Ehen in die Brüche gehen, daß Frauen sich von einer Ehe in die andere stürzen.

Aus wissenschaftlicher Sicht muß daran erinnert werden, daß

es sich bei diesen Frauen um eine primäre Impotenz handelt, und zwar um die Sonderform der psychischen Frigidität (DEUTSCH), die vorwiegend aus der psychischen Fehlerziehung durch den Zeitgeist hervorgeht. Es ist aber auch der Fall möglich, daß eine Frau physiologisch empfindet und denkend in die Ehe geht und erst durch die Einstellung und Haltung ihres Mannes Schaden nimmt. Dann handelt es sich didaktisch um eine sekundäre Störung. Dieser psychogenetische Unterschied ist wichtig im Hinblick auf die Therapie.

Die Therapiebedürftigkeit und Heilungsfähigkeit der primären Impotenz ist im ersten Teil des Buches abgehandelt worden. Im Hinblick auf die sekundären Potenzstörungen darf die globale Aussage getan werden, *daß sie grundsätzlich alle heilungsfähig sind,* wenn die Patientinnen über ausreichende geistige und seelische Qualitäten verfügen und von ihren Ehemännern die jeweils nötige Mithilfe geleistet wird. Über diese Dinge ist zur Genüge und unmißverständlich gesprochen worden.

Am Ende dieses letzten Kapitels, in dem Häufigkeit und Heilungsfähigkeit der Sexualstörungen zur Erörterung standen, muß, um kein einseitiges und damit falsches Bild zu entwerfen, noch einmal über *die Frauen gesprochen werden, die nicht beim Arzt erscheinen.* Aus den von uns mehrfach zitierten Statistiken geht hervor, daß etwa ein Drittel aller Frauen im Ablauf der Ehe so stark hyporgastisch wird, daß aus ärztlicher Sicht von einer erworbenen Potenzstörung gesprochen werden muß. Das Gros dieser Frauen hadert deswegen nicht mit seinem Schicksal und klagt. Diese Frauen stellen die seelische Gemeinschaft, die Kinder, das Heim, die eigene Geborgenheit und nicht zuletzt auch das Glück des Mannes höher als die eigene restlose Sättigung des Geschlechtstriebes. Sie gelangen damit aus eigener Kraft zu einer höheren Anschauung und Verhaltensweise.

Von den Frauen, die den Zustand des körperlichen Unbefriedigtseins nicht zu überwinden vermögen oder nicht wollen, ringen sich ebenfalls wieder die meisten aus eigener Kraft zu einer Entscheidung durch. Sie lösen das Problem entweder dadurch, daß sie *sich von ihrem Partner trennen,* oder *sie entwickeln sich zum sogenannten Gelegenheitstyp.* Jeder Mensch ist frei in seinen Entscheidungen, und solange er dabei nicht gegen das Gesetz verstößt, haben wir seine Entscheidungen zu respektieren, auch wenn wir sie nicht gutheißen.

Übrig bleiben schließlich nur *die Frauen, die nicht aus eigener*

Kraft aus der Misere herausfinden. Ursächlich liegt ihrem Unvermögen meist eine Hemmung oder Ambivalenz zugrunde. Diese Eigenschaften mögen aus religiösen oder moralischen Bindungen resultieren, erworben oder angeboren sein. Da die Frauen nicht allein mit ihren Problemen fertig werden, sondern durch die sie bedrängenden Konfliktsituationen neurotisch entgleisen, erscheinen sie beim Arzt. Sie bedürfen der Hilfe des Seelenarztes, damit sie entweder an das alte Ufer zurückgebracht oder zu einem neuen Ufer hingeführt werden.

Ehe- und Sexualberatung

Am Ende unserer Ausführungen über die Therapie der Sexualstörungen muß notwendigerweise noch ein Wort zur Ehe- und Sexualberatung gesagt werden. Über ihre Bedeutung, die Notwendigkeit solcher Sprechstunden gerade in der heutigen Zeit bedarf es unter uns Ärzten keiner Diskussion. Unsere weit wichtigere Aufgabe ist, die Bevölkerung durch die Massenmedien über Ziel und Zweck dieser Einrichtung zu unterrichten. Die seelisch und körperlich in Not geratenen Frauen müssen wissen, daß Ärzte für sie da sind, die sie zu beraten und ihnen zu helfen vermögen.

Kommen wir zur Praxis! Im Ablauf dieses Buches ist über Diagnostik und Therapie, Symptomatik und Psychogenese der verschiedenen Sexualstörungen gesprochen worden, so daß wir uns hier telegrammstilartig kurzfassen können. Als erstes müssen wir die Patientin anhören. Sie soll uns in aller Ruhe ihre Sorgen, Nöte, Störungen und Beschwerden erzählen. Was sie an Wissensnotwendigem nicht sagt, vielleicht absichtlich verschweigt, wird anschließend erfragt. In Erfahrung gebracht werden muß:

a) der objektive Ablauf eines Koitus,
b) die subjektiven Empfindungen der Patientin beim Koitus,
c) der Zeitpunkt des Einsetzens und die Zeitdauer des Bestehens der Sexualstörung,
d) die Sexualanamnese.

Es wird bewußt auf die Erstellung der zeitraubenden biographischen Anamnese verzichtet. Der Arzt bescheidet sich damit, das bisherige Geschlechtsleben der Patientin zu durchleuchten, so den Zeitpunkt der Hinwendung, Zu- und Abwendungen und psychische Traumatisierungen in Erfahrung zu bringen. Die Daten der Menarche, Cobitarche, Verlobung, Hochzeit und Kindsgeburten setzen markante Punkte. Ziel der ärztlichen Bemühungen ist, sowohl die Sexualanamnese als auch die Einstellung der Patientin zur Vita sexualis aufzuhellen.

Die Untersuchung der Patientin und alle erforderlichen Zusatzuntersuchungen sind in Teil I des Buches ausreichend abgehandelt worden.

Im Mittelpunkt der Therapie stehen analytische Gespräche mit beiden Ehepartnern, zuerst getrennt, später gemeinsam. Hinsichtlich der Methodik möchten wir hier noch einmal auf *die rationale Therapie* im Sinne von BRAUN hinweisen. *Diesem Verfahren dürfte gerade in der Ehe- und Sexualberatung die Zukunft gehören.* Wir wollen es kurz umreißen. In der Vergangenheit wird nur ganz kurz verweilt, um, wie bereits erwähnt, die Sexualanamnese zu ermitteln. Dann steht sogleich das Gegenwärtige im Brennpunkt. Es werden die von der Patientin und ihrem Ehemann vorgetragenen Sorgen, Nöte, Probleme, Störungen und Beschwerden diskutiert und analysiert. Anschließend beginnt die Synthese, der Neuaufbau, die Gestaltung der Zukunft. Wichtigster Helfer ist dem Arzt wie der Patientin die Ratio, die Vernunft und Einsicht des erwachsenen Menschen. Sie befähigt, eine Situation nüchtern, ruhig und sachlich zu betrachten, zu analysieren und nach der Urteilsfindung sich von ihr zu distanzieren oder sie zu korrigieren.

Neben der psychischen Heilbehandlung halten wir eine Belehrung der Eheleute über den Koitus, das »preliminary and petting sexplay« und spezifische Sexualpraktiken für angezeigt, wenn hierüber unzureichendes Wissen besteht.

Damit sind wir am Ende unserer Ausführungen über die Behandlung der potenzgestörten Frau. Das Hauptgleis bildet – um noch einmal kurz zu rekapitulieren – *die psychische Heilbehandlung,* welche in analytisch-therapeutischen Gesprächen die Beseitigung der Neurose und speziell die Lösung der verklemmten Liebesfähigkeit der Frau zum Inhalt hat. Als ebenso wichtig ist *die Beseitigung der bestehenden Konfliktsituation,* die Milieusanierung, die Ausschaltung aller krankmachenden Faktoren im weitesten Sinn des Wortes, anzusehen. Weiter haben wir dem Lernenden durch unsere Ausführungen klarzumachen versucht, daß im Falle einer sekundären Potenzstörung für die Patientin *die pathologische Symptomatik* drängend und zwingend im Vordergrund steht, so daß diese aus psychologischen Gründen, aber auch aus medizinischen Erwägungen einer *symptomatischen Behandlung* bedarf. Ruhigstellung des Unterleibes und *funktionelle Ertüchtigung der Geschlechtsorgane* werden erreicht durch pragmatische Verfahren und herkömmliche Heilweisen. Daneben sollte, wo es vonnöten erscheint, eine *allgemein körperliche Kräftigung* der Patientin angestrebt werden. *Die stets gestörte Psyche muß oft zunächst einmal ruhiggestellt werden*, ehe mit analytischer Psychodiagnostik und -therapie fruchtbar begonnen werden kann. Unsere Ausführungen lassen im ganzen erkennen, daß für jeden Fall ein *individueller Therapieplan* erarbeitet werden muß, der, um noch einmal den inhaltsschweren Satz des Verfassers zu zitieren, auf der einen Seite bestimmt wird durch den Charakter der Neurose, die Stärke der in Erscheinung tretenden Symptomatik und die therapeutische Zielsetzung und auf der anderen Seite durch die seelischen, geistigen und körperlichen Qualitäten des Krankheitsträgers.

III. Teil
Kasuistik

Im Ablauf des Buches ist dem Lernenden und dem interessierten Leser vor Augen geführt worden, was unter einer Sexualstörung zu verstehen ist, wie sie erkannt und behandelt wird. Darüber hinaus sind wir bemüht gewesen aufzuzeigen, welche Bedeutung der Heilbehandlung zukommt. Es geht zunächst einmal darum, eine körperlich und seelisch leidende Frau wieder gesunden zu lassen. Sind wir darin erfolgreich, stellen wir gleichzeitig die Harmonie in der Ehe wieder her. Die Ehe bleibt erhalten und damit das warme Nest für die Kinder. Auf diese Weise leisten wir einen gesellschaftspolitischen Beitrag, denn die Familie ist ein wesentlicher Bestandteil der Gesellschaft.

Wie häufig heute Sexualstörungen sind, weiß jeder Arzt, der sich mit der Behandlung potenzgestörter Frauen befaßt. Zusätzlich entwerfen die von uns herangezogenen sechs Statistiken ein eindrucksvolles Bild. Bekannt ist ferner, daß Sexualstörungen in der Großstadt stärker verbreitet sind als in ländlichen Gegenden. Es ist nun mal so, daß die Menschen in Ballungszentren stürmischer von jedem Zeitgeist, jeder Strömung, jeder Mode erfaßt werden als auf dem dünner besiedelten Lande. Die peinigende Hitze auf dem Asphalt wird zum warmen Wind auf der natürlichen Erde.

Nach Einblick in die Klinik und Statistik lassen wir nun den Verfasser in seinem Archiv blättern. Wir wollen mit ihm gemeinsam erleben, wie Sexualstörungen erkannt und in der Praxis abgehandelt werden.

Fall 1: Ein Zustand seelischer Not

Frau Dr. Renate M., Archiv Landeskrankenhaus Neustrelitz 1953.

Anamnese: Als Frau Dr. M. in meine Behandlung trat, war sie 36 Jahre alt und besaß sechs lebende Kinder. Die Kinder waren alle gesund, das jüngste ein Jahr alt. Die Kindesmutter litt an einem leichten Herzmuskelschaden, der klinisch und elektrokardiographisch nachgewiesen war. Während der letzten Schwangerschaft war es ihr herzmäßig nicht gutgegangen. Kardiale Ödeme und Atemnot zwangen sie mehrmals zu längerer Bettruhe, währenddessen die Kinder und der Haushalt Not litten. Nachdem die Entbindung glücklich vorüber war, trachtete die Ehefrau verständlicherweise danach, eine erneute Schwangerschaft nicht wieder aufkommen zu lassen.

Der Ehemann war 38 Jahre alt, Akademiker, im Beruf ein bekannter und angesehener Mann, körperlich gesund, streng religiös, seit seiner Jugend in einem konfessionellen Verband aktiv tätig.

Beide Eheleute gingen darin einig, daß sechs Kinder in der Ehe genug seien. Die Frau fürchtete zusätzlich, wegen ihres Herzmuskelschadens bei einer erneuten Schwangerschaft ernsten Schaden zu nehmen. Wie einer Konzeption entgegenzuwirken sei, darüber konnten die Gatten zu keiner Entscheidung kommen. Der Ehemann konnte sich nicht zum Coitus interruptus oder Coitus condomatus durchringen. Im bisherigen Ablauf der Ehe hatte er es sich zur Gepflogenheit gemacht, mit seiner Frau nur dann G.V. auszuüben, wenn sie nicht schwanger war. Während der ganzen Zeit der Schwangerschaft tastete er sie nicht an, was mich bewog, zur Klärung seines Verhaltens einen Theologen zu konsultieren. Die Ehefrau ihrerseits schaute zu ihrem Mann auf, war ihm völlig hörig und konnte sich nicht aus eigener Entschlußkraft dazu durchringen, ohne Wissen und Einverständnis ihres Mannes etwas zu unternehmen, damit sie nicht mehr befruchtet wurde. Beide Eheleute waren ja streng religiös eingestellt. Die christliche Kirche gestattet bekanntlich nur die Beachtung der KNAUSschen Regel und der Basaltemperaturkurve. Daß damit kein Zeitraum der Unempfänglichkeit ermittelt werden kann, war den Eheleuten bereits beim letzten Kind klargeworden.

Beide Eheleute befanden sich also in der Mitte des Lebens, waren körperlich gesund, liebten sich und hatten das natürliche Verlangen, G.V. auszuüben. Auf der einen Seite wollten sie kein Kind mehr, auf der anderen durften sie keine Präventivmittel zur Anwendung bringen, um nicht gegen die Gesetze der Kirche zu verstoßen.

Jetzige Beschwerden: Als Frau Dr. M. spürte, daß sie erneut schwanger ging, packte sie die Verzweiflung und stürmte zum

Arzt. Wie sie mein Sprechzimmer betrat, ihre Mimik und Gestik, ihr ganzes Gehabe, ließen sofort erkennen, daß sie sich in einem Zustand seelischer Erregung befand, seelisch aus dem Gleichgewicht geworfen war. Nach einigen Ruhesuggestionen von meiner Seite erzählte sie mir dann in schonungsloser Offenheit ihre ganze Leidensgeschichte, wie ich sie oben skizziert habe.

Der gynäkologische Befund war eindeutig. Die weiteren Untersuchungsergebnisse, bis auf die Symptome einer tatsächlich bestehenden Herzleistungsschwäche, sind für die folgenden Betrachtungen uninteressant.

Epikritische Betrachtung: Der erfahrene Psychoanalytiker wird nach dem Lesen dieser Zeilen sich sogleich Gedanken machen, wo und wie bei beiden Ehepartnern der Hebel am besten anzusetzen ist, um sie seelisch zu führen und aus der Misere herauszubringen. Davon soll hier nicht die Rede sein. Es soll auch nicht die Persönlichkeit des Ehemannes näher beleuchtet werden, obwohl ich mich gerade in dieser Richtung sehr bemüht habe, um ihn richtig anpacken zu können. Ich bringe diesen Fall allein aus dem Grunde, um dem Lernenden vor Augen zu führen, was wir unter einem *Zustand seelischer Not* zu verstehen haben (SCHAETZING). Hier befindet sich eine Patientin in einer hochgradigen Affektspannung, die zur Entladung drängt. Eine neurotische Entgleisung steht unmittelbar bevor. Den Zustand der seelischen und körperlichen Not noch näher zu schildern, erübrigt sich unter Ärzten.

Gleichzeitig zeigt dieser Fall noch ein Zweites. Er weist darauf hin, *welche Kategorie Frauen zu uns kommen.* Ein willensstarker Mann würde sich selbst zu der Entscheidung durchringen, daß sechs Kinder in der Ehe genug sind, daß den Kindern nicht gedient ist, wenn die Mutter bei der siebten Schwangerschaft stirbt und die Kinder dann ohne die mütterliche Führung aufwachsen müssen. Und er würde aus dieser Erkenntnis – wenn weder der Staat noch die Kirche ihm verbindliche Richtlinien zu geben vermögen –, selbst eine Maßnahme ergreifen, durch welche die Ankunft eines weiteren Kindes ausgeschlossen wird. Ebenso würde eine Ehefrau mit sthenischer Psyche auch ihrerseits eine Entscheidung aus eigener Kraft herbeiführen, ob diese dem unentschlossenen Ehemann genehm ist oder nicht. So aber finden beide Ehepartner zufolge ihrer mangelhaften seelischen und geistigen Qualitäten nicht durch sich selbst aus ihrer Notlage heraus. Aufgrund religiöser Bindung läuft die Frau zunächst zum

Priester, und erst als dieser sie zum Arzt weist, findet sie den Weg zu uns. *Mit diesen psychasthenischen Frauen haben wir Ärzte es also in der Regel zu tun.* Das ist wichtig zu wissen.

Fall 2: Die Symptomtrias der Abwehr

Frau Dora B., Archiv des Verfassers 1966.

Diesen Fall möchte ich nicht in strenger didaktischer Aufgliederung bringen, sondern so, wie ich ihn selbst erlebt habe.

Als Frau B. im September 1964 in meiner Sprechstunde erschien, klagte sie darüber, daß ihre Menstruationen seit drei Monaten stark verlängert seien und außerdem noch Zwischenblutungen aufträten. Von einer Potenzstörung fiel kein Wort.

Beim Erfragen der Vorgeschichte traten die folgenden Fakten zu Tage. Die Patientin war 29 Jahre alt und hatte in dichter Folge vier Kinder (alles Mädchen) geboren. Nach der letzten Entbindung begann sie zu kränkeln. Als ihr Zustand sich nicht besserte und Hilfskräfte für den Haushalt nicht mehr zu bekommen waren, erfolgte durch den Hausarzt Einweisung in stationäre Behandlung. In der Klinik wurde vom Internisten eine Colitis mucosa et haemorrhagica eruiert und durch Sulfonamide erfolgreich angegangen. Obwohl beschwerdefrei aus dem Krankenhaus entlassen, setzten bereits nach 2 Wochen bei der Patientin erneut schleimige und zum Teil blutige Stühle ein. Ihr Hausarzt verordnete daraufhin auf fachärztliche Weisung das schwedische Sulfonamid Azulfidine. Als zusätzlich die eingangs erwähnten Blutungsstörungen eintraten und über drei Monate anhielten, fand die Patientin den Weg zum Frauenarzt.

Beim Hören des Terminus »Colitis mucosa« leuchtete sozusagen bei mir eine Signallampe auf und ließ mich sofort die Möglichkeit einer psychosomatischen Erkrankung ins Auge fassen. Meine folgenden Fragen bewegten sich in dieser Richtung. So wurde evident, daß die Patientin zusätzlich noch seit mehreren Monaten an Blasenbeschwerden litt, die nach ihren Darstellungen terminologisch als Pollakisurie zu kennzeichnen waren. Da hatte ich nun *die Trias* beisammen: *Colitis mucosa, Polymenorrhoe und Pollakisurie.* Alle drei Symptome machen in der

Symbolsprache des Leibes die gleiche Aussage. Sie bringen symbolisch die Abwehr des sexuell begehrenden Mannes zum Ausdruck. In der gesamten psychoanalytischen Literatur ist dies lehrsatzmäßig verankert.

Da die Symptomatik in die Sexualsphäre wies, forschte ich anschließend in dieser Richtung weiter. Dabei trat zutage, daß die Patientin an einer *Anorgasmie* litt. Aber »litt« ist schon zuviel gesagt. Die Patientin erklärte mir ganz offen, daß sie sich beim G.V. zurückhalte, absichtlich zurückhalte, um nicht »fertig zu werden«. Sie war wie so viele Frauen der irrigen Ansicht, daß sie nicht konzipiert, wenn sie es nicht zum Orgasmus kommen läßt. Nach kurzer Zeit verlief auch ohne ihre willentliche Bremsung der Congressus orgasmisch frustran. Die Patientin begründete ihre Verhaltensweise damit, daß sie bereits vier Kinder besitze. Ihr Mann sei nur einfacher Arbeiter, und das Geld müßte sehr genau eingeteilt werden.

Damit war die Psychogenese in groben Zügen ermittelt. Bei den folgenden Untersuchungen konnte ich am Genitale keinen pathologischen Befund eruieren. Die Herztätigkeit war permanent deutlich beschleunigt, bei allen Kontrollen über 100 Schläge pro Minute, Herztöne rein, Blutdruckwerte mit RR 130/90 im Mittel praktisch normal. Bei Einsichtnahme in den Entlassungsbericht aus dem Krankenhaus stellte ich fest, daß auch dem Internisten die Tachykardie aufgefallen war, er sich aber nicht weiter darum gekümmert hatte. Meines Erachtens war diese Störung ebenfalls als ein psychosomatisches Geschehen aufzufassen und brachte symbolisch die Herzensangst der Patientin zum Ausdruck. Und es war für mich beruhigend zu wissen, daß zufolge den Untersuchungen von REINDELL und vielen anderen es mit einer tachykardialen Kontinua jahrelang gutgeht, d. h. sie den Charakter einer funktionellen Störung bewahrt und es zu keiner organischen Schädigung des Herzmuskels kommt. Die Laborwerte wiesen auf eine deutliche Anämie hin. Nun, das war zufolge der Verdauungsstörung und der Menorrhagien nicht anders zu erwarten.

Am Ende der kurzen mehrdimensionalen Diagnostik bestand Klarheit darüber, daß es sich um eine psychosomatische Erkrankung handelte und die Ursache der neurotischen Entgleisung *die Angst vor einem weiteren Kind* bildete.

Wie war dieser Frau zu helfen? Damit der Leser meine nächsten Schritte versteht, muß ich zunächst einiges über die Persönlichkeit der Patientin nachtragen. Ich hatte es hier mit einer in jeder Hinsicht einfachen Arbeiterfrau zu tun. Sie agierte geradlinig, offen und unkompliziert. Sie reagierte aber feinnervig, d. h. es war bei ihr eine ererbte Psychasthenie gegeben. Ihr Mann – ich sagte bereits, daß er ungelernter Arbeiter war – zeigte sich genauso geradlinig, aber nicht redefreudig, eher stumpf. Eines war klar. Hier eine dreiphasige psychische Heilbehandlung Lege artis durchzuführen, war ein Ding der Unmöglichkeit, ein untauglicher Versuch am untauglichen Objekt. Die durch ihre Kinder, den Ehemann und den Haushalt vielbeschäftigte Frau hätte nicht die Zeit und nicht den Willen zu einer analytischen Heilbehandlung aufgebracht. Sie hätte sicher meine Ausführungen auch gar nicht geistig erfaßt. Hier mußte anders vorgegangen werden. So habe ich der Patientin inhaltlich den folgenden Kurzvortrag gehalten: »Frau B., nachdem ich Sie gründlich untersucht habe, will ich Sie kurz über Ihre Krankheit belehren und Ihnen darlegen, was zu Ihrer Heilung getan werden muß. Sie haben hintereinander vier Kinder geboren. Als Folge bestehen eine Erkrankung des Darmes, verlängerte Monatsblutungen und Blasenbeschwerden. Durch die ständigen Blutungen sind Sie außerdem blutarm geworden. Daher Ihr blasses Aussehen.

Damit sich Ihre Geschlechtsorgane und die Organe Ihres Leibes erholen können, muß jetzt zunächst einmal Schluß mit dem Kinderkriegen sein. Ich verordne Ihnen daher ein Medikament, das man im Volksmund die Antibabypille nennt. Es ist absolut sicher und absolut unschädlich. Ich erkläre Ihnen jetzt ganz genau, wie Sie die Tabletten einzunehmen haben.

Durch das Medikament erreichen wir, daß Sie wieder ganz gesund werden, Ihren Haushalt allein machen und Ihre Kinder selbst versorgen können. Aber noch ein Zweites erreichen wir nebenher, worüber ich Sie ebenso offen belehren will. Bisher haben Sie und Ihr Mann sich bei jedem G.V. ängstlich vorsehen müssen, daß es zu keinem fünften Kind kommt. Dadurch ist Ihnen der ganze G.V. verleidet worden. Jetzt brauchen Sie sich nicht mehr vorzusehen, denn unter der Voraussetzung, daß Sie die Tabletten genau nach Vorschrift einnehmen, werden Sie mit Sicherheit nicht mehr schwanger. Sie können sich also jetzt Ihrem Mann wieder ganz hingeben, ohne irgendwelche Sorgen haben zu müssen. Das wird viel dazu beitragen, daß Ihre Ehe wieder jung und ganz glücklich wird. Holen Sie sich jeden Monat pünktlich bei mir das Rezept für die Pille ab. Bei dieser Gelegenheit werde ich mich erkundigen, was Ihre Gesundheit macht und wie es um Ihre Ehe steht.«

Der erfahrene Arzt hat unschwer mitbekommen, wie bei dieser Belehrung jeder wichtige Punkt kurz abgehandelt worden ist. Hier hieß es für mich, klar und kurz in der Sprache des Volkes zu reden. Ein langes Gespräch in gewählten Worten hätte die Patientin nur irritiert.

Die Therapie bestand bei diesem Kasus, um noch einmal zusammenzufassen, in einem therapeutischen Gespräch, der Darreichung blutstillender Tropfen und der Verordnung eines Ovulationshemmers.

Bei den Kontrolluntersuchungen in der Folgezeit konnte ich beobachten, was ich im Stillen erhofft hatte. Die Stühle normalisierten sich, der Menstruationszyklus regelte sich normal, und die Blasenbeschwerden verschwanden ohne alles Zutun. Das Blutbild besserte sich langsam auch ohne Vitamin- und Eisenpräparate. Erstaunlich langsam sank der Puls auf normale Werte, meines Erachtens deshalb, weil die analytisch-psychische Heilbehandlung fehlte und infolgedessen die Spontanheilung im Psychischen sich nur langsam vollzog.

Epikritische Betrachtung: Dieser Fall ist in mehrfacher Hinsicht interessant. Zunächst einmal verliert die Patientin kein Wort über ihre Potenzstörung. Sie ist im Gegenteil froh über ihre Anorgasmie, weil sie glaubt, auf diese Weise kein Kind zu bekommen. Für sie rangiert an erster Stelle die lästige Dauerblutung, die sie schwächt und ihre Arbeitsfähigkeit mindert.

Dem herkömmlichen Denken der einfachen Frau muß von ärztlicher Seite Rechnung getragen werden. Sie erhält bis zum Sistieren der Menorrhagien ein blutstillendes Mittel. Wegen der Dauerblutung ist sie zu mir gekommen, ergo muß sie in dieser Richtung eine Behandlung erfahren.

Die Ursache für die neurotische Entgleisung ist ohne Zweifel in der Angst vor einem weiteren Kind gegeben. Von einer psychischen Heilbehandlung kann keine Rede sein, da die geistigen Voraussetzungen auf seiten der Patientin nicht gegeben sind. So begnüge ich mich notgedrungen damit, den krankmachenden Faktor, die Angst vor einem weiteren Kind, durch Verordnung eines Ovulationshemmers auszuschalten. Alles andere muß ich der Spontanheilung überlassen. Wenn man überhaupt von einer psychischen Behandlung sprechen darf, so besteht sie in meinem

Hinweis an die Patientin, daß sich durch das Einnehmen der Pille der G.V. ohne Angst und so natürlich wie früher vollziehen und sich damit auch ein gutes Einvernehmen mit dem Ehemann wieder einstellen werde.

Ein Nachtrag in fast eigener Sache sei mir gestattet. Eines Abends sitze ich in meinem Stammlokal, als der Ehemann der Patientin – ich konnte mich kaum noch an ihn erinnern – an meinen Tisch tritt, ein Viertele auserlesenen Spätburgunder vor mich hinstellt und ungelenk sagt: »Ihr Wohl, Herr Doktor.« Auch der einfache Mann weiß zu danken! Und ich wußte, daß dort die Ehe wieder in Ordnung war.

Fall 3: Nicht sekundäre Potenzstörung, sondern primäre Impotenz

Frau Gertrud S., Archiv des Verfassers, Oberachern 1969.

Als Frau S. zu mir kam, brachte sie vor, daß sie anorgastisch sei. Sie sagte wörtlich »anorgastisch«. Ich hatte nicht den Eindruck, daß sie sich darüber beklagte oder sogar erregt war, wie es in diesem Buch bei Abhandlung des verkrampften Typs beschrieben worden ist. Ich möchte meinen, daß sie unglücklich darüber war. Entsprechend der verschiedenen Temperamente der Menschen äußert sich nun mal die Anorgasmie unterschiedlich.

Die grobe Diagnose stand also von vornherein fest. Es hieß nun für mich, in mehrdimensionaler Diagnostik weiter vorzudringen. Der gynäkologische Untersuchungsbefund war uninteressant. Die Aufhellung kam plötzlich beim Erarbeiten der Anamnese. Wenige Stichworte genügen für den Leser. Die Patientin war 29 Jahre alt und fünf Jahre kinderlos verheiratet. Ein Kind konnte sie sich angeblich nicht leisten, weil die Wohnung zu klein war. Der Ehemann war 32 Jahre alt, Meister in einem großen Elektrowerk und wünschte sich ein Kind. Während ihrer Angaben vergoß Frau S. ein paar Tränchen.

Epikritische Betrachtung: Dieser Fall zeigt deutlich, wie falsch wir liegen, wenn wir beim Hören von einer Potenzstörung eo ipso eine Aktualneurose annehmen. Wir dürfen nicht nur das vordergründige Geschehen ins Auge fassen, sondern müssen uns stets bemühen, auch hinter die Kulissen zu sehen. Das kann nicht oft genug gesagt und nicht stark genug unterstrichen werden.

In unserem Fall genügen bereits die wenigen von der Patientin gemachten Angaben und ihre Haltung, um im Hintergrund die primäre Impotenz zu erahnen. Diese Frau hat ganz offenbar Angst vor Schwangerschaft und Mutterschaft. Ihre Angabe, daß die Wohnung zu klein sei, um zusätzlich ein Kind zu beherbergen, ist eine reine Schutzbehauptung. Wäre die Wohnung groß genug, so verdient bestimmt der Mann zu wenig, und wenn auch das nicht glaubwürdig erscheint, wird irgendeine andere Ausrede gefunden.

Die liebende und physiologisch empfindende Frau sehnt sich nach einem Kind. Wenn dann noch der geliebte Mann sie bittet, ihm ein Kind zu schenken, nimmt sie gern jeden Mangel, jede Not und Unzulänglichkeit in Kauf und sieht froh ihrer Mutterschaft entgegen.

Fall 4: Menstrualkolik als Zeichen der Abwehr der weiblichen Rolle

Fräulein Gisela K., Archiv Frauenklinik Staßfurt 1955.

Eines Tages wurde ich zu der obigen, mir bis dahin unbekannten Patientin gerufen. Am Telefon hatte man mir gesagt, daß es sich um einen dringlichen Besuch handle. Die Patientin habe Krämpfe im Unterleib. Auf dem Hinweg dachte ich so bei mir: »Das wird sich sicher um eine Gastroenteritis handeln. Da bin ich fehl am Platz. Aber da die Patientin ausdrücklich nach einem Frauenarzt verlangt, muß ich halt mal hinschauen.«

Als ich das Krankenzimmer betrat, erblickte ich in einem zerwühlten Bett eine blondhaarige, blasse, jugendliche Frau. Die Beine hatte sie angezogen, die Hände flach auf den Leib gepreßt. Sie stöhnte und schrie im Wechsel. Plötzlich sprang sie auf, eilte zur Toilette und erbrach sich. Danach kam sie von selbst ins Zimmer zurück, legte sich wieder hin und fühlte sich augenscheinlich besser, möglicherweise sogar beschwerdefrei. Nach einigen Minuten setzte jedoch die soeben geschilderte

Symptomatik von neuem und mit unverminderter Heftigkeit ein.

Es gehört zu meinem Stil, mich nicht sogleich auf die körperliche Untersuchung zu stürzen, sondern die Kranken erst einige Zeit zu beobachten und mir dabei anzuhören, was sie und ihre Angehörigen mir zu sagen haben. In diesem Falle dachte ich beim ersten Hinschauen zufolge der eindrucksvollen Symptomatik an die Möglichkeit eines Ileus. Einige an die Mutter der Patientin gerichtete Fragen führten jedoch sofort in eine ganz andere Richtung. Die Mutter berichtete mir, die Tochter hätte jeden Monat beim Eintreten der Menses starke Krämpfe im Leib. Jedes Mal müßte der Hausarzt gerufen werden, und dieser gäbe dann stets eine Spritze. Auf einer Ampulle hätte das Wort Dolantin gestanden.

Die Schilderung veranlaßte mich, an eine *psychogene Menstruationskolik* zu denken. Durch die anschließend vorgenommene Untersuchung wurde dieser Verdacht erhärtet. Die Bauchdecken im unteren Bereich des Abdomens waren wohl etwas gespannt, es bestanden aber keine Anzeichen für ein sogenanntes akutes Abdomen zufolge Darmverschlingung, stielgedrehter Ovarialzyste, Harnleiterstein etc.

Was war zu tun? Im Augenblick war ich gezwungen, genauso zu verfahren wie der Hausarzt vor mir. Würde ich ein schwaches Analgetikum oder sogar nur Placebo injizieren und die Patientin dadurch nicht schmerzfrei werden, wäre sie von mir enttäuscht, und eine Weiterbehandlung durch mich käme für sie nicht mehr in Frage. Damit würde sie ihre Odyssee im Sinne von Clauser weitergehen.

Fräulein K. erhielt also ihr Dolantin und war zufriedengestellt. Beim Verlassen des Zimmers forderte ich die Patientin auf, nach dem Sistieren der Menses in meiner Sprechstunde zu erscheinen. So wie bisher könne es im Hinblick auf ihre Gesundheit schließlich nicht ewig weitergehen.

Und in der Tat, eine Woche später erschien Fräulein K. bei mir. Es wurde nun die mehrdimensionale Diagnostik genauso abgerollt, wie es im Eingang dieses Buches geschildert worden ist. Dabei kristallisierte sich eine primäre Frigidität heraus, was von Anfang an zu erwarten gewesen war.

Nach unseren Darlegungen im ersten Teil des Buches ist bei der primären Impotenz die Symptomatik bedeutungslos, solange der Unterleib nicht angetastet wird. Wegen des allmonatlich eintretenden imposanten Bildes der Menstruationskolik nahm ich daher an, daß dafür ein Anlaß sein mußte. Dieser war tatsächlich auch gegeben durch einen Verehrer, der die Patientin seit einem Jahr mit sexuellen Wünschen bedrängte. Es wird den Leser vielleicht noch interessieren, ihn andererseits aber nicht erstaunen, daß bei der ersten gynäkologischen Untersuchung sich deutlich Symptome von Vaginismus zeigten. Wenn eine junge Frau sich so klar von der Annahme der Mutterrolle distanziert, wie sie es durch die imposante Menstrualkolik zum Ausdruck bringt, dann wird sie sich ebenso eindrucksvoll zur Wehr setzen, wenn ein Mann sie sexuell bedrängt.

Epikritische Betrachtung: Ich habe in 30jähriger Tätigkeit ganze zwei Fälle von *Menstrualkolik* erlebt. Es handelt sich also um ein recht seltenes Krankheitsbild. Seine symbolische Aussage ist eindeutig, *die Ablehnung der Rolle der Frau.*

Wenn man genau hinschaut, wird man neben der Dysmenorrhoe zusätzlich noch auf Obstipation und Harnverhaltung stoßen. Tiefenanalytisch sind alle drei Symptome als Zeichen des Nichthergebenkönnens, des Sichnichthingebenkönnens und des krampfhaften Zurückhaltenwollens zu deuten. Ich möchte sogar sagen, daß die drei Symptome Dysmenorrhoe, Obstipation, Harnverhaltung *die drei klassischen Zeichen im Somatischen bei primärer Impotenz bilden.*

In diesem Zusammenhang möchte ich dem Leser ins Gedächtnis zurückrufen, daß ich die drei konträren funktionellen Störungen Diarrhoe (Colitis mucosa), Hypermenorrhoe (Polymenorrhoe, prolongierte Menses), Pollakisurie (Polyurie) bei Abhandlung eines vorangegangenen Falles als *die drei klassischen Symptome bei sekundären Potenzstörungen hingestellt habe.* Hier handelt es sich um die heftige Abwehr eines Partners aus bestimmten Gründen, während die Symptomtrias bei primärer Impotenz richtiger als ein Sichverschließen zu deuten ist. Die soeben gemachten Aussagen sollte sich der Lernende einprägen!

Natürlich verhält es sich nicht so, daß bei jedem Fall die eine oder andere Symptomtrias in ausgeprägter Form in Erscheinung tritt. Meistens wird die kortigene Irritation des Menstruationszyklus im Vordergrund stehen, und die anderen Zeichen werden nur angedeutet sein. Es können auch ein oder zwei Zeichen fehlen oder von der Patientin unbeachtet bleiben. Wichtig allein ist, daß der psychoanalytisch tätige Arzt diese Symptome mit ihrer symbolischen Aussage kennt und in praxi auf sie achtet.

Bei der epikritischen Betrachtung dieses Falles muß noch ein Wort zu meinem therapeutischen Vorgehen gesagt werden, da ihm auch allgemeine Bedeutung zukommt. Als ich mit der Patientin Kontakt aufnahm, war ich gezwungen, zunächst einmal so zu verfahren wie der Hausarzt vor mir. Später, beim Abhandeln der mehrdimensionalen Diagnostik ging mein Bemühen dahin, die Patientin allmählich fest in den Griff zu bekommen. Erst nach Erstellung der definitiven Diagnose und Erkundung der geistigen und seelischen Qualitäten der Kranken konnten der individuelle Heilplan entworfen und psychische Heilweisen eingesetzt werden.

Die Ausschaltung eines Symptomes mit herkömmlichen Mitteln wird immer dann erforderlich sein, wenn die Beschwerden und Störungen die Patientin stark belästigen und damit zwingend im Vordergrund stehen. Man vergesse nicht, daß die psychische Heilbehandlung, von hypnotischen Befehlen abgesehen, nie sofort Erfolg zeigt, daß eine Neurose nicht von einem Tag auf den anderen ausgemerzt werden kann, daß es sich vielmehr um einen Reifungsprozeß handelt, der auch im Falle einer Aktualneurose Zeit benötigt. Der Arzt ist also gezwungen, im Beginn der Heilbehandlung starke funktionelle Störungen und Beschwerden solange mit herkömmlichen Mitteln auszuschalten, bis von der Psyche her die funktionelle Irritation unterbleibt.

Fall 5: Pelipathie und Anorgasmie

Frau Hildegard P., Archiv Frauenklinik Staßfurt 1956.

Frau P. erschien in meiner Sprechstunde und klagte über mannigfache Beschwerden im Unterleib, die nach ihren Angaben so erheblich waren, daß sie ihren Pflichten als Gattin und Hausfrau nicht mehr gerecht werden konnte. Sie hatte vor mir bereits mehrere Ärzte konsultiert und war wegen des gleichen Leidens auch schon stationär behandelt worden.

Auf Grund der Vorgeschichte und des Befundes nahm ich eine chronische Adnexitis adhaesiva an. Es erfolgte zunächst ambulante symptomatische Behandlung. Da die Beschwerden unverändert fortbestanden, nahm ich die Patientin zu einer stationären Adnexitiskur auf. Nach lehrplanmäßig durchgeführter stationärer Behandlung fühlte sie sich beschwerdefrei. Einen Monat später erfolgte Verschickung nach Bad Elster zu einer zusätzlichen Moorbadekur. Von da ab verlor ich die Patientin aus den Augen, bis sie vor kurzem wieder in meiner Sprechstunde erschien. Sie gab an, in der Zwischenzeit in der Universitätsfrauenklinik XY operiert worden zu sein. Aus dem angeforderten Operationsbericht konnte man getrost entnehmen, daß die dortigen Kollegen aufgrund der Vorgeschichte einen massiven pathologischen Organbefund erwartet, bei der Laparotomie aber so gut wie nichts vorgefunden hatten. Bei mir erschien die Patientin erneut, weil sie immer noch an Unterleibsbeschwerden litt. In letzter Zeit war Ausfluß hinzugekommen.

Nach allem, was vorausgegangen war, mußte ich nunmehr das Vorliegen einer *Pelipathia vegetativa* annehmen. Die gynäkologische Untersuchung ließ alle klassischen Symptome erkennen. Die Erforschung der Psychogenese sicherte die Diagnose. Die Patientin war Mutter von drei Kindern und fürchtete sich vor einem vierten Kind. Der Ehemann seinerseits unternahm nichts, um eine erneute Schwangerschaft seiner Frau zu verhüten. Hinzu kam, daß zumindest nach Ansicht der Patientin die Ehe nicht ganz glücklich war. Der Ehemann bekleidete eine verantwortungsvolle Stellung im Staatsapparat, die ihn stark in Anspruch nahm, so daß er sich seiner Familie nicht in dem Maße widmen konnte, wie es sein Gattin gern gesehen hätte. Darüber hinaus hegte die Patientin im Stillen den Verdacht, daß ihr Mann ihr auf den Dienstreisen untreu wäre.

Dieser Situation war die Patientin auf die Dauer nicht gewachsen. Mehrere heftige Auseinandersetzungen mit ihrem Mann konnten diesen nicht bewegen, seine Lebensweise zu ändern. Allmählich fing die Patientin an zu kränkeln. Am meisten wurde sie durch die zunehmenden Beschwerden im Unterleib beeindruckt. Der stets ohne »preliminary and petting sexplay« vollzogene Koitus begann *immer stärker anorgastisch und schließlich sogar schmerzhaft* zu werden. Zufolge dieser Beobachtungen glaubte die Patientin ernsthaft an eine Erkrankung ihres Unterleibes und begab sich in ärztliche Behandlung. Von diesem Zeitpunkt an begann ihre Odyssee, ihr Leidensweg von Arzt zu Arzt.

Während der Erarbeitung der Psychogenese bemühte ich mich, die Persönlichkeit der Patientin zu durchleuchten. Im Körperlichen bestand eine Dysplasie leichteren Grades. Nachdem ich die Patientin in analytischen Sitzungen kennengelernt hatte, mußte ich eine Asthenie im Psychischen ebenfalls bejahen. Dagegen ergaben die biographische Anamnese und die Tiefenanalyse keinen sicheren Hinweis für eine psychische Fehlentwicklung und das Vorliegen einer Strukturneurose. Einige suspekte Bemerkungen und Verhaltensweisen waren für mich nicht schwerwiegend genug, um daraus auf ein strukturneurotisches Gehabe schließen zu dürfen.

Aus biographischer Anamnese und Tiefenanalyse ergab sich das folgende Gesamtbild. Es bestanden anlagemäßig eine Asthenie im Somatischen und Psychischen, also Faktoren, die das Zustandekommen einer neurotischen Erkrankung begünstigen. Ausgelöst wurde die neurotische Entgleisung durch mehrere schwerwiegende Konfliktstoffe in der Ehe, die für die Patientin eine auf die Dauer unerträgliche Affektspannung bildeten. Es lag demnach eine Situationsneurose vor, bei der neben der Konfliktsituation konstitutionelle Faktoren in starkem Maße mitbedingend wirkten.

Die Behandlung erfolgte durch stationäre Kur über vier Wochen. Dabei wurden die Beschwerden im Unterleib durch medikamentöse und physikalische Maßnahmen intensiv angegangen. Über die Durchführung einer stationären Kur bei chronischer Adnexitis adhaesiva findet sich eine Publikation von mir im Zbl. Gynäk. 1957/S. 564, wo sich der interessierte Leser eingehend orientieren kann, so daß sich hier ein Eingehen ins Detail erübrigt.

Den Kern der Therapie bildete die analytische Behandlung der Neurose. An die Klärung der Psychogenese folgte in fließendem Übergang die Hinführung zum Evidenzerlebnis und daran das Sich-Freimachen der Patientin von ihren pathologischen Anschauungen und Verhaltensweisen.

Als unumgängliche Voraussetzung für eine bleibende seelische Gesundung der Patientin sah ich die Harmonisierung der Ehe an. Um dieses Ziel zu erreichen, führte ich mehrfach getrennte und gemeinsame Aussprachen mit den Eheleuten. Dem Ehemann legte ich nahe, sich auf seine Familie zu besinnen und sich seiner Frau und seinen Kindern wieder zuzuwenden. Hinsichtlich seiner beruflichen Tätigkeit schlug ich ihm vor, sie auf ein gesundes Maß zu reduzieren. Da die Ehefrau mir gegenüber offen die Angst vor einem weiteren Kind zum Ausdruck brachte, wurde sie über konzeptionsverhütende Maßnahmen und Mittel belehrt. Darüber hinaus hielt ich sie an, auch ihrerseits einen Beitrag zur Wiederaufrichtung der Ehe zu leisten. Sie sollte in Zukunft in erhöhtem Maße auf Kleidung, Kosmetik und Körperpflege achten, um ihrem Mann wieder so begehrenswert wie früher zu erscheinen. Im ganzen gesehen bereitete die Beseitigung der Konfliktstoffe keine sonderlichen Schwierigkeiten, da beide Ehepartner an der Wiederaufrichtung der Ehe interessiert waren.

Da beide Ehepartner weiter beisammen bleiben wollten, ihre Ehe eben nur in eine Sackgasse geraten war, erhoffte ich mir durch meine mehrgleisige Intensivbehandlung einen vollen Heilerfolg. Dieser wurde mir auch bestätigt, als sich die Patientin nach gemeinsam mit ihrem Mann verbrachtem Urlaub bei mir vorstellte, um sich zu bedanken.

Epikritische Betrachtung: Der kritische Leser wird aus meinen Schilderungen gespürt haben, daß ich damals selbst noch ein Lernender war. Im anderen Falle hätte ich das schwere psychosomatische Geschehen sofort richtig erfaßt. Aber so ist es nun mal in der Vergangenheit gewesen. Zuerst suchte die Patientin wegen ihrer Beschwerden üblicherweise ihren Hausarzt auf. Anschließend wurde sie von Facharzt zu Facharzt weitergereicht, bis sie zuletzt in der Universität landete. Aber selbst dort ist die Krankheit oftmals wegen der organischen Einstellung der Kollegen nicht erkannt worden, denn *erst seit wenigen Jahren ergreift die psychosomatische Gynäkologie in den Frauenkliniken Raum.* Man vergesse nicht, daß wir älteren Ärzte, die wir heute kurz vor dem Ausgang unserer beruflichen Tätigkeit stehen, in unserer Jugend noch nichts von Neurosen und kortigenen Irritationen der Organe gehört haben, es sei denn, wir schauten durch Zufall oder aus Neigung tiefer in die Psychiatrischen Kliniken hinein. Heute, dreißig Jahre später, liegen die Dinge ganz anders. In jedem Klinikum befindet sich ein Haus für Psychotherapie, und die psychosomatischen Erkrankungen nehmen einen festen Platz im Lehrplan ein.

Der Fall der Hildegard P. beweist aufs neue, wie wichtig es im Hinblick auf einen bleibenden Heilerfolg ist, *alle aegrotifizierenden Faktoren aus der Welt zu schaffen.* So wie hier müssen meist beide Ehepartner ihren Teil dazu beitragen, daß sie wieder Liebende werden können.

Gleichzeitig zeigt dieser Fall, daß *in der Regel die Ehe durchaus noch nicht abbruchreif ist.* Gemeinsam glücklich verbrachte

Jahre, die Kinder und das Heim schaffen seelische Bindungen, die die Menschen in sich spüren, wenn sie es auch nicht auszudrücken vermögen, vielleicht nicht einmal wahrhaben wollen. Wenn man an sie die Alternativfrage stellt, erklären sie sich nicht gewillt, sich scheiden zu lassen. Das ermutigt uns Ärzte dann in unserem Bemühen, *die Ehe wieder zu harmonisieren*.

Die starken, kontinuierlichen und zeitweise den ganzen Beckenraum erfassenden Beschwerden, weswegen man nicht zu Unrecht von einer *vegetativen Dystonie des Beckens* spricht, machen verständlich, daß hier mit herkömmlichen Mitteln und pragmatischen Verfahren intensiv angegangen werden muß, um die Patientin von ihren Beschwerden zu erlösen. Für uns vollzieht sich diese Behandlung nebenher, gewissermaßen auf dem Nebengleis. Für die Patientin aber steht dieser Teil der Behandlung an erster Stelle. Man überdenke, daß die Patientin sogar die Einwilligung zu einer Unterleibsoperation gegeben hat. Da muß sie schon erheblich unter ihren Beschwerden leiden, wenn sie nicht gerade eine operationswütige Psychopathin ist.

Auf der anderen Seite liefert die erste unzureichende Behandlung der Patientin in meiner Klinik (ausschließlich Adnexitiskur) den Beweis, daß die herkömmliche Heilbehandlung allein eine Via falsa darstellt, da sie zu keinem bleibenden Heilerfolg führt. Ohne jeden Zweifel wird durch die vielfältigen und zum Teil recht intensiven Maßnahmen für eine kurze Zeit Beschwerdefreiheit erzielt. Auch wollen wir nicht übersehen, daß die Trennung vom Ehemann, die Änderung des Milieus und die körperliche und vor allem seelische Erholung in der Klinik viel zur Gesundung beitragen. Trotzdem muß die oben genannte kausale Therapie gefordert werden.

Fall 6: Vagina sicca und Anorgasmie

Frau Anna R., Archiv des Verfassers 1966.

Der obige Fall liegt nur wenige Jahre zurück, so daß ich mich heute noch lebhaft an ihn erinnere. Frau R. klagte darüber, daß der G.V. sich bei ihr sehr schmerzhaft vollziehe. Sie glaubte von sich aus, daß die Trockenheit ihrer Vagina daran schuld sei.

Auch ihrem Mann wäre die trockene Beschaffenheit der Scheide beim Eindringen bereits aufgefallen.

Als ich die Vagina inspizierte, zeigte sie sich in der Tat so trocken, daß man ohne Übertreibung sagen konnte, sie sei knochentrocken. Sekundäre entzündliche Veränderungen konnte ich nicht eruieren. Ich bin jedoch überzeugt, daß ich sie nach längerer Feuchtigkeitsverarmung der Schleimhäute angetroffen hätte. Diagnostisch war noch interessant, daß es sich um keine Allgemeinerkrankung der Schleimhäute handelte, denn die Mucosa der Mundhöhle, des Rachens und der Nase schimmerte feucht, wovon ich mich in Anschluß an die gynäkologische Untersuchung sogleich überzeugte.

Beim Erfragen der Vorgeschichte wies mich die Patientin unbewußt in die richtige Richtung. Sie war 39 Jahre alt. Ihre beiden Kinder Carla, neun Jahre, und Georg, dreizehn Jahre, stammten aus erster Ehe. Ihr erster Mann war tödlich verunglückt. Zwei Jahre später hatte sie ihren jetzigen Mann Günter R. kennengelernt und geheiratet. Im Wissen um die ärztliche Schweigepflicht und von mir zum Sich-Offenbaren aufgefordert, schüttete sie mir in aller Offenheit ihr Herz aus, schonungslos gegen sich selbst und schonungslos gegen ihren Mann. Ihre entscheidenden Worte waren ungefähr folgende:

»Herr Doktor, ich habe ein schweres Schicksal zu tragen. Mein erster Mann ist verunglückt, als meine beiden Kinder noch in den Windeln lagen. Zwei Jahre später habe ich dann meinen jetzigen Mann geheiratet. Gewiß, es war nicht die große Liebe. Aber ich wollte, daß meine Kinder wieder einen Vater haben. Und ich selbst war noch eine junge Frau und wollte nicht den ganzen Rest meines Lebens Witwe spielen. Mit meinem Gerhard bin ich bestimmt gut gefahren. Er ist bei der Firma N. angestellt, sorgt treu für uns alle und ist vor allem so lieb zu den Kindern, daß die beiden fest glauben, er ist ihr richtiger Vater. Ich bin deshalb meinem Mann so dankbar, ich habe ihn auch lieb, aber so richtig wie meinen ersten Mann eben nicht. Das geht wohl jeder Frau in meiner Lage so, daß sie ihren ersten Mann nie so richtig vergißt. Ich bin ganz ehrlich, ich selbst könnte ohne jeden G.V. auskommen. Aber ich habe einen jungen Mann, er ist sogar zwei Jahre jünger als ich, und er verlangt danach. Ich will mich ihm auch nicht versagen, denn ich bin ihm zu Dank verpflichtet. Wenn mein Mann bei mir schläft, habe ich bestimmt nichts davon. Aber er soll sein Vergnügen haben. Ich aber möchte wenigstens, daß ich keine Schmerzen empfinde. Und deshalb bin ich zu Ihnen gekommen.«

Bereits zu dem Zeitpunkt, als die Patientin die ersten drei Sätze gesprochen hatte, hätte ich am liebsten beide Hände abwehrend hochgehoben und den Redefluß mit den Worten unterbrochen: »Frau R., das genügt mir! Alles weitere können Sie sich schenken! Das habe ich schon tausendmal gehört!« Aber natürlich darf so etwas ein psychologisch geschulter Arzt nie tun. Er muß die Patientin ohne Unterbrechung ihre Lebensgeschichte erzählen lassen. Sich alles einmal von der Seele reden bedeutet für die Frauen Psychokatharsis.

Die Diagnose war klar. Es lag eine sekundäre Impotenz vor. *Die nicht vollzogene psychische Lösung von ihrem ersten Mann* hatte zur neurotischen Entgleisung der Patientin geführt.

Die Therapie wurde in Kurzform so abgehandelt, wie sie im zweiten Teil des Buches mehrfach aufgezeigt worden ist. Acht Sitzungen in vier Wochen reichten, um die verklemmte Liebesfähigkeit der Frau zu lösen, insbesondere die endgültige seelische Lösung von ihrem ersten Mann nachzuvollziehen. Die dankbare Patientin steht noch heute in meiner psychischen Betreuung.

Die symptomatische Behandlung der Dyspareunie bestand im Anfang darin, daß die Patientin auf meine Weisung hin vor dem Koitus ihre äußere Scham einfettete. Außerdem erhielt sie über drei Monate wöchentlich zwei Moorpackungen auf den Unterleib im Fangohaus in Baden-Baden, und am Sonntag fuhr ihr Mann sie regelmäßig in das Thermalbad Bellingen.

Rückblickend glaube ich sagen zu dürfen, daß der Heilerfolg zumindest zufriedenstellend gewesen ist, wenn nicht mehr. Die heute 42jährige Patientin lebt augenfällig in harmonischer Ehe mit ihrem Mann. Über Koitusbeschwerden hat sie nie wieder geklagt. Ich bin nicht so vermessen zu behaupten, daß meine psychische Kurzbehandlung ausgereicht hat, dieses Ziel zu erreichen. Ich glaube vielmehr, daß die Patientin, nachdem ich sie zum Evidenzerlebnis hingeführt hatte, aus eigener Kraft einen psychischen Reifungsprozeß im Ablauf der folgenden Monate durchgemacht und sich selbst zu einem sublimeren Verhalten durchgerungen hat.

Epikritische Betrachtung: Der Leser wird geneigt sein, nach der Lektüre dieses Falles zu sagen, daß die Vagina sicca keine Potenzstörung darstellt. Die erste Phase des Leidens ist gekennzeichnet durch die fortschreitende Empfindungsverarmung beim

Congressus, an deren Ende die Anorgasmie steht. An die Stelle der physiologischen Empfindungen treten dann pathologische Sensationen, wobei das markanteste Symptom der Schmerz (Dyspareunie) bildet. In der zeitlich dritten Phase bricht sich die Abwehr des sexuell begehrenden Partners Bahn. Dieser Zustand im Körperlichen zieht zwangsläufig eine vierte Phase (Endphase) nach sich. Über diese vier Phasen und ihre jeweilige charakteristische Symptomatik ist im zweiten Teil des Buches eingehend gesprochen worden.

Selbstverständlich bildet bei jeder Form von Impotenz und zeitlich *in jeder Phase das kardinale Symptom die Anorgasmie. Trotzdem dürfen wir dieses Symptom nicht allein für sich sehen, sondern müssen die zeitlichen Abläufe und kausalen Zusammenhänge uns vor Augen führen. Dann wird es uns zwanglos gelingen, alle Symptome, auch die Vagina sicca, einzuordnen und ihre symbolische Aussage zu erfassen.*

Im Hinblick auf das Symptom der Vagina sicca sind die Publikationen von MASTERS und JOHNSON interessant. Diese Forscher haben bei ihren experimentellen Untersuchungen im Labor als erste beobachtet, daß es am Beginn des genitalen Reaktionszyklus, also in der Erregungsphase, zur Absonderung eines schleimigen Sekrets aus der Vaginalwand kommt (vaginale Lubrikation), wodurch das Vaginalrohr mit einem schlüpfrigen Film belegt wird, der die Immissio penis und Kopulation möglich macht. Demzufolge wird die Vagina sicca – von einer Vaginitis sicca kann man erst bei sekundär entzündlichen Erscheinungen sprechen – immer dann zu beobachten sein, wenn die Frau nicht vor dem Koitus in einen sexuellen Erregungszustand versetzt wird oder die sexuelle Erregung vom Cortex her blokkiert wird, so daß es nicht zu der oben beschriebenen Anfeuchtung der Scheide kommt.

Noch ein zweites wichtiges Thema ist bei der Abhandlung dieses Falles angeschnitten worden. Wie bringen wir die ihren Partner abwehrende Frau dazu, bis zum Wirksamwerden der psychischen Heilbehandlung den Koitus des Mannes körperlich und seelisch zu ertragen? Eine einfachste Maßnahme stellt das Einfetten der Labien unmittelbar vor dem Koitus dar. Hierzu rate ich in der Regel allen Frauen, wenn der Mann sich nicht vorübergehend mit einer platonischen Liebe zu seiner Frau bescheiden kann und er auch nicht zu einer Sexualberatung bei mir erscheint.

An zweiter Stelle sind zu nennen balneologische Maßnahmen wie Herbathermbäder nach Kneipp und Moorpackungen auf den Unterleib. Auch die Kurzwelle sei in diesem Zusammenhang genannt. Alle diese Heilanwendungen sind für die Patientin eindrucksvoll. Es wird etwas für ihren Unterleib getan und nicht nur über ihn geredet. Objektiv steht aber auch ein therapeutischer Effekt außer Zweifel. Wärme erzeugt Hyperämie, und diese bewirkt eine funktionelle Ertüchtigung der Unterleibsorgane.

Bei Schmerzsensationen sind Analgetika, aber wiederum nur im Beginn der Behandlung, nicht von der Hand zu weisen. Und wenn diese ins Rektum oder in die Scheide eingebracht werden, wird damit wiederum neben der objektiven auch eine subjektive Wirkung erzielt.

Besonders empfehlen möchte ich das gezielte Organtraining. Es stellt, wie der Leser weiß, die zweite Zielsetzung beim A. T. dar und kann ebenso durch Fremdsuggestionen in Hypnose vollzogen werden. Der Arzt muß nach dem Studium der Persönlichkeit der Patientin entscheiden, welchem der beiden pragmatischen Verfahren er den Vorzug gibt. Die Heilerfolge sind, wie mir immer wieder die Patienten berichten, erstaunlich.

Fall 7: Posttraumatischer Vaginismus

Fräulein Ursula Sch., Archiv Landeskrankenhaus Neustrelitz 1958.

Eines Tages suchte eine jugendliche Patientin mich gemeinsam mit ihrer Mutter in der Sprechstunde auf. Sie war blond, blaß, gertenschlank, 20 Jahre jung und gab sich schüchtern bis ängstlich. Nach ihren Beschwerden befragt, klagte sie darüber, daß sie Ausfluß und Schmerzen am Scheideneingang habe und ein Verkehr mit ihrem Verlobten nicht möglich sei.

Die anschließende gynäkologische Untersuchung brachte sofort die Klärung. Beim Berühren der Vulva zuckte das Mädchen zurück und bei dem Versuch, auch nur mit einem Finger in die Vagina einzudringen, wurde der typische Reflexvorgang des Vaginismus ausgelöst. Ich ließ daher von jedem weiteren

Versuch ab. Die Inspektion des Introitus vaginae zeigte einen einzigen verheilten Riß im Hymen, die dahinterbefindliche Vagina war noch eng wie bei einer Virgo.

Die Diagnose war klar. Hier handelte es sich um einen Fall von *traumatischem Vaginismus*. Bei der Cobitarche mußte irgend etwas Furchtbares passiert sein, was die Jugendliche zur strikten Abwehr jedes weiteren Mannes bewegte.

Das nachfolgende diagnostisch-analytische Gespräch mit der Patientin und ihrer Mutter hellte sogleich die Situation auf. Die Jugendliche war vor 10 Monaten einem rücksichtslosen Frauenverführer in die Hände gefallen. Er hatte sie in dem Garten hinter einem der beiden Gasthäuser der Gemeinde verführt. »Vergewaltigt« kann man nicht sagen, denn dann hätte sie laut um Hilfe gerufen. Sie war aber ihrer Neugier und Unwissenheit zum Opfer gefallen. Anschließend hatte sich der Mann nicht mehr um das Mädchen gekümmert, sondern war unmittelbar nach dem Koitus in das Gasthaus zurückgegangen und hatte an der Theke in schamloser Offenheit den umstehenden Freunden das soeben Vorgefallene erzählt. (Der Leser glaube nicht, daß ich das erdichtet habe, daß es so etwas in Wirklichkeit nicht gibt! Dem ist leider nicht so. Es gibt gewissenlose Triebmenschen, denen es nur um die Befriedigung ihres Geschlechtstriebes geht. Und jedesmal, wenn sie ein Mädchen »fertiggemacht« haben – um in ihrer eigenen Sprache zu reden –, behalten sie das nicht für sich, sondern prahlen vor anderen damit.)

Natürlich blieb die Verführung des Mädchens nicht geheim, sondern wurde eifrig in der Gemeinde von Mund zu Mund weitergetragen. Als der Klatsch der jungen Patientin durch ihre Mutter in harter Aussprache zur Kenntnis gebracht wurde, versetzte ihr dies einen schweren seelischen Schock.

Etwa sieben Monate später näherte sich dem Mädchen ein anständiger Mann aus dem Nachbardorf. Sein Liebeswerben wurde positiv beantwortet. Als er aber nach acht Wochen Bekanntschaft mit seiner Freundin G. V. ausüben wollte, war ein Einführen des Penis nicht möglich, obwohl sie sich ihm liebend gewähren wollte. Auch zwei spätere Versuche verliefen vergeblich. Um nicht ihren Geliebten zu verlieren, faßte die Patientin den Mut, einen Frauenarzt aufzusuchen, und erschien so mit ihrer Mutter bei mir.

Zur Behandlung nahm ich die Patientin für acht Tage stationär auf, schon um sie aus dem Einflußbereich ihrer Mutter und ihres Verlobten zu bringen. Die Therapie selbst gestaltete sich denkbar einfach.

Die psychische Behandlung begann ich damit, daß ich die Patientin das traumatisierende Ereignis noch mehrmals erzählen ließ und dabei auf der Wiedergabe selbst unwichtiger Einzelheiten bestand. Die psychisch Erkrankte mußte als erstes die Scheu vor ihrer Neurose verlieren. Darüber hinaus wurde durch dieses Vorgehen bereits ein therapeutischer Effekt erzielt. Nacherzählen bedeutete Nacherleben und im Ansatz Heilung durch Psychokatharsis.

Bei der Hinführung zum Evidenzerlebnis ging es darum, die Patientin erkennen zu lassen, daß ihre damalige Vergewaltigung zu einer Erkrankung im Seelischen geführt hatte. In den Monaten nach dem Trauma war wohl das Ereignis allmählich aus ihrem Bewußtsein entschwunden, wie alles Geschehen mit der Zeit verblaßt, im Unbewußten aber war es erhalten geblieben und beeinflußte ihr Geschlechtsleben. Daher rührte ihre für sie unerklärliche Verhaltensweise bei der Annäherung ihres Verlobten.

Ziel der Therapie im engeren Sinne war, die Patientin dahin zu führen, daß sie das traumatisierende Ereignis ruhig und sachlich aus der Distanz betrachtete, es der Kritik ihrer Vernunft unterzog, auf diesem Wege von Affekten befreite und damit assimilierte. Das einmalige Ereignis nicht zu verallgemeinern war ein weiterer wichtiger Punkt im therapeutischen Dialog.

Gleichlaufend mit der analytischen Behandlung der Neurose wurde aktiv mit herkömmlichen Mitteln und pragmatischen Verfahren die Befreiung von der neurotischen Symptomatik betrieben. Als erstes dehnte ich den Scheideneingang in Narkose und legte einen Salbentampon in die Scheide ein. Der Tampon hatte die Länge und Stärke eines erigierten Penis, war völlig mit Salbe bestrichen und ragte ein Stück aus der Vagina heraus. Er wurde über 24 Stunden in der Scheide belassen und am nächsten Tag vor den Augen der Patientin entfernt. In einer begleitenden methodischen Aussprache belehrte ich die Patientin, daß die Scheide von mir gedehnt worden war und dieser große Tampon über 24 Stunden in der Scheide geruht hatte. Sinn der Behandlung und Belehrung war, die Patientin die Überzeugung gewinnen zu lassen, daß ein Fremdkörper in ihrer Vagina lagern konnte, ohne daß irgendwelche Schmerzsensationen wahrgenommen wurden. Am folgenden Tag nahm ich ein kleinstes

Spekulum und legte im Wachzustand der Patientin einen dünnen Salbenstreifen in die Scheide ein. Hierbei wurde die Scheide nur minimal geöffnet, und die Patientin erlebte zum erstenmal ohne Schmerzempfindung das Einführen eines Tampons. An den folgenden Tagen wurden die Salbenstreifen immer mehr verstärkt, bis sie schließlich die Größe eines Penis besaßen.

Neben diesen herkömmlichen Maßnahmen sind zusätzlich pragmatische Verfahren nur selten vonnöten. Die Erfahrung zeigt aber, daß manchmal trotz Evidenzerlebnis, trotz Einsicht in die Zusammenhänge von Neurose und neurotischer Symptomatik und trotz behutsamsten Vorgehens an der Vagina der Reflexvorgang immer noch einmal, wenn auch in abgeschwächter Form, zum Durchbruch kommen kann oder zu langsam verschwindet. So verhielt es sich auch bei unserer Patientin. Aus diesem Grunde griff ich zusätzlich zur Hypnotherapie. Eine einmalige Sitzung genügte. Das technische Vorgehen war denkbar einfach. Die Patientin wurde gynäkologisch gelagert und nach der Fixationsmethode in Hypnose versetzt. Während mein Oberarzt den Tampon in die Vagina einführte, gab ich die therapeutischen Suggestionen, welche zum Inhalt hatten die Schmerzfreiheit beim Einführen des Tampons, die Befreiung von der Angst vor dem Eindringen und die freudige Erwartung des sexuell begehrenden Verlobten.

Nach achttägiger stationärer Behandlung wurde die Patientin entlassen. Bei der Verabschiedung gab sie sich frei und ungezwungen. Und sie nahm die Überzeugung mit, daß der nächste Koitus ohne Schmerzempfindung vor sich gehen werde. – Nach vier Wochen erschien die Patientin termingemäß zur Nachuntersuchung. Bei der gynäkologischen Untersuchung waren keine Symptome der Abwehr mehr zu eruieren, und in ihren Äußerungen ließ die Patientin erkennen, daß sie ihren Bräutigam sehr liebte und alles in Ordnung war.

Epikritische Betrachtung: Meines Erachtens handelt es sich beim traumatischen Vaginismus um eine Sonderform von Potenzstörung. Hier kommt es nicht durch eine bestehende Konfliktsituation allmählich zu einer neurotischen Entgleisung, sondern *ein einmaliger Affektstoß* bildet die Ursache. Vielleicht spricht man richtiger von einer Primitivreaktion, denn nach uraltem Gesetz fordert ein Angriff, besonders wenn es ein verbrecherischer ist, Abwehr heraus.

Die neurotische Entgleisung einer Jugendlichen nach einem

schockierenden Erleben der Cobitarche bildet durchaus keine Seltenheit, erstaunlicherweise auch nicht in der jüngsten Zeit trotz frühzeitiger Aufklärung. Das wird mir jeder praktizierende Gynäkologe bestätigen können. Wissenswert ist ferner, daß die mächtige Symptomatik nur langsam verblaßt, sich über viele Jahre zu halten vermag. Diese erstaunliche Erfahrung habe ich bei einer Patientin gemacht, die 1945 von einem Angehörigen der Besatzungsmacht vergewaltigt worden war und 19 Jahre später bei der sexuellen Annäherung eines geliebten Mannes mit Vaginismus reagierte.

Die psychische Heilbehandlung und das Löschen der mächtigen Symptomatik mit herkömmlichen Mitteln und pragmatischen Verfahren stößt nie auf Schwierigkeiten und ist dabei gerade für den in die Psychotherapie einsteigenden Gynäkologen so eindrucksvoll und lehrreich. Ich wünsche keinem Mädchen eine so häßliche Cobitarche, wie ich sie hier geschildert habe. Ich wünsche aber jedem jungen Fachkollegen einen leicht zu bewältigenden Fall – dabei denke ich u. a. an die Hyperemesis gravidarum –, damit er danach Mut faßt, auch schwierigere Fälle anzupacken.

Fall 8: Allergische Dermatitis und Hyporgasmie

Frau Elisabeth R., Archiv des Verfassers 1963.

Am 26. März 1963 erschien Frau R. erstmals in meiner Sprechstunde. Sie machte weder einen gehemmten noch einen ängstlichen Eindruck, sondern trat resolut auf und bat mich darum, sie zu untersuchen, ob sie geschlechtskrank sei. Als ich sie meinerseits ersuchte, mir doch zu erklären, weshalb sie auf diesen Verdacht komme, sprach sie sich in schonungsloser Offenheit aus.

Sie war 39 Jahre alt, verheiratet und hatte zwei Söhne im Alter von 14 und 17 Jahren. Ihre Ehe war in den ersten Jahren glücklich und bis vor zwei Jahren zumindest in Ordnung gewesen. Ihr Mann war Ingenieur bei einer großen Baufirma in Baden, verdiente gut und leitete seit zwei Jahren weit entfernte

Baustellen auf der Autobahn, weshalb er nur noch samstags und sonntags nach Hause kam.

Seit dieser Zeit beunruhigte die Patientin das Verhalten ihres Mannes. Kam er am Freitagabend spät nach Hause, roch er meist nach Alkohol, begrüßte sie nur kurz und legte sich dann zu Bett. Wenn er am Samstag oder Sonntag zu ihr kam, zeigte er nicht mehr die leidenschaftliche Zuneigung wie früher, sondern schien mehr einer Pflichtübung nachzugehen. Aus diesem Verhalten ihres Mannes schloß die Patientin, daß ihr Mann sich anderwärts geschlechtlich betätigte, was ihr gerüchteweise auch bereits von anderer Seite zugetragen worden war. Obwohl die Patientin *der Verdacht auf Untreue des Mannes quälte*, liebte sie ihn noch immer und versuchte, die Ehe aufrechtzuerhalten.

Vor acht Wochen war erstmals *ein roter Ausschlag auf ihrem ganzen Körper* erschienen. Der Hausarzt hatte an eine Nesselsucht gedacht und ihr entsprechende Medikamente verordnet. Das Exanthem verblaßte, kam aber immer wieder, so daß sich die Patientin ernste Sorgen machte. Als intelligenter Frau war es ihr aufgefallen, daß der Hautausschlag immer am Wochenende in Erscheinung trat und zu Beginn der nächsten Woche wieder abflaute. So kam sie auf die Idee, daß ihr Mann geschlechtskrank sei und sie angesteckt habe.

Nach dieser Schilderung hatte ich sofort die Vermutung, daß hier eine neurotische Entgleisung und *ein psychogenes Exanthem* vorlag. Trotzdem mußte selbstverständlich erst die ganze Diagnostik abgerollt werden. Erst als ich der Patientin die negativen Ergebnisse der mikroskopischen, bakteriologischen und hämatologischen Untersuchungen vor Augen halten konnte, hatte ich sie so weit, um mit ihr über ihre Erkrankung im Psychischen, die Herkunft des Exanthems und seine symbolische Aussage sprechen zu können. (Die Patientin konnte in der Tat ein grobfleckiges, masernähnliches Exanthem vorweisen.)

Bei einer Sexualneurose ist nicht zu erwarten, daß als einziges pathologisches Symptom im Somatischen eine allergische Dermatitis erscheint. So habe ich zielstrebig nach funktionellen Störungen im Bereich des Genitales gefahndet. Und es nahm mich nicht wunder, daß die Patientin an einer *ausgeprägten Hyporgasmie* litt. Interessant war für mich nur, wie die Patientin die Dinge schilderte. Sie liebte ihren Mann noch, wie ich von einer früheren Aussage her wußte, sie sehnte sich auch nach der körperlichen Vereinigung mit ihm, sie gab sich die größte Mühe, zum Orgasmus zu kommen, aber meist verlief der Koitus orgasmisch frustran.

Die psychische Heilbehandlung liegt für den Leser nach dem Studium dieses Buches klar, so daß sie hier übergangen werden kann. Von einer symptomatischen Behandlung des Exanthems nahm ich bewußt Abstand. Sie wäre sowieso Unfug gewesen. In diesem Falle ließ ich im Gegenteil sogar das Symptom bewußt bestehen, um an seinem spontanen Verlöschen erkennen zu können, ob und wann ich mit meiner psychischen Behandlung zu einem Heilerfolg kam.

Eingehen möchte ich bei diesem Kasus allein auf *die Harmonisierung der Ehe*. Zuerst war es für mich wichtig, den Ehemann kennenzulernen, seine Persönlichkeit zu studieren und zu hören, was er mir zu sagen hatte. So bestellte ich ihn also zu mir, belehrte ihn über die körperliche und seelische Not seiner Gattin und bat ihn, sich seinerseits zu äußern. Nun, ich muß nachträglich sagen, daß er in jeder Hinsicht einen guten Eindruck auf mich machte und sich zu einer offenen Aussprache über seine Ehe bereit fand. Er erklärte gleichlautend wie seine Frau, daß die Ehe in den ersten Jahren glücklich gewesen war. Die allmählich zunehmende körperliche und seelische Entfremdung buchte er allein auf das Schuldkonto seiner Frau. Sie hatte sich nach der Geburt der Kinder in steigendem Maße körperlich vernachlässigt, ließ es an der notwendigsten Körperpflege, Hygiene und Kosmetik fehlen, war schließlich zu einer Schlampe geworden. Wenn sie nachts neben ihm im Bett lag, verbreitete sie einen so durchdringenden Körpergeruch, daß ihm richtig übel wurde und er kaum noch zu atmen wagte. Um dieser allnächtlichen körperlichen Pein zu entgehen, erbot er sich bei seiner Firma freiwillig, die Leitung der entfernt liegenden Baustellen zu übernehmen. Gravierend für seine körperliche Distanzierung kam noch hinzu, daß seine Frau den Beischlaf direkt forderte. Der Ehemann gab zu, daß er in erhöhtem Maß dem Alkohol zusprach und sich auch mit anderen Frauen eingelassen hatte. Am Freitag ging er meist leicht alkoholisiert nach Hause, weil er dadurch leichter die beiden folgenden Tage hinter sich brachte.

Mein therapeutisches Bemühen ging dahin, zuerst in getrennten Sitzungen den Ehepartnern einzeln offen, aber selbstverständlich mit dem nötigen Takt, die Gründe für ihre körperliche und seelische Entfremdung darzulegen. Sie mußten dahin gebracht werden, daß sie sich beide bemühten, ihrem Partner gegenüber wieder genauso begehrenswert zu erscheinen wie vor der Ehe. Anschließend hielt ich beiden Eheleuten zugleich einen Vortrag über die Ehe als körperliche und seelische Gemeinschaft. Über dieses wichtigste Thema wurde dann eingehend diskutiert. Meine Idee ging dahin, eine Harmonie dadurch zu erreichen, daß beide Eheleute ihre Anschauungen darlegten und sie unter meiner geistigen Führung aufeinander abstimmten.

Eine wichtige Vorbedingung für das Wiederzueinanderfinden der Eheleute war, daß der Ehemann seine berufliche Tätigkeit korrigierte und jeden Abend nach Hause kam. Das machte er auch.

Bei all meinen therapeutischen Gesprächen hatte ich den Eindruck, es mit vernünftigen Leuten zu tun zu haben. Sie hatten beide nicht die Absicht, sich endgültig zu trennen, hatten sich aber im Ablauf der Jahre so weit voneinander entfernt, daß sie aus eigener Kraft nicht mehr zusammenfanden. Nachdem ich die Richtungspfeiler gesetzt hatte, zog ich mich zurück, ließ aber natürlich die Ehefrau alle vier Wochen mir Bericht erstatten, wie sich der Fortgang der Harmonisierung vollzog. Die Eheleute konnten verständlicherweise ihre Gefühle, ihre geistige und körperliche Haltung nicht von heute auf morgen um 180 Grad wenden. Sie zeigten sich aber beide guten Willens, wieder zueinander zu finden. Jeder Reifungsvorgang braucht Zeit. Wer wüßte das nicht besser als wir Analytiker. Nach einem Jahr glaubte ich mich von der Patientin endgültig verabschieden zu können.

Epikritische Betrachtung: Diesen Kasus möchte ich als den Alltagsfall unserer Zeit kennzeichnen. Zuerst die große Liebe, dann allmählicher Abfall zur Gleichgültigkeit und schließlich Entfremdung, und zwar sowohl im Körperlichen als auch im Seelischen. *Wie kommt es zu diesem allmählichen Verfall der Ehe, und wie kann ihm entgegengewirkt werden?*

Einen großen Teil Schuld trägt die Frau selbst. Wir Männer sehen es täglich vor Augen. Vor der Ehe tun die jungen Mädchen alles, um die Männerwelt auf sich aufmerksam zu machen, um attraktiv zu erscheinen und sexuell erregend (sexy) zu wirken. Ihr ganzes Sinnen und Trachten, ihre ganze Gedankenwelt dreht sich darum. Sobald sie verlobt sind, wollen sie nur noch dem einen Auserwählten gefallen, und wenn sie einige Zeit verheiratet sind, verlischt auch dieses Bemühen bei vielen von ihnen. Bei diesem Gedanken fällt mir ein nettes Jugenderlebnis ein. Als Student ging ich mit meinem Freund Horst jeden Montag in eine Wäscherei, um dort die schmutzige Wäsche abzugeben und die gereinigte abzuholen. In dem Geschäft bediente uns die ganze Zeit ein hübsches junges Mädchen, das stets ein auffallend freundliches Wesen zur Schau trug. Eines Montags gab sie sich so kurz angebunden und nahezu unhöflich, daß es mir sofort auffiel. Nach dem Verlassen des Geschäfts machte ich meinen Freund auf diesen auffälligen Verhaltenswandel des Mädchens aufmerksam. Darauf mein Freund Horst: »Du Dussel, hast Du nicht gesehen, daß sie einen Verlobungsring trägt? Die hat's doch nicht mehr nötig!« Die kleine Episode war für mich so lehrreich, daß ich sie bis heute nicht vergessen habe.

Wir Ärzte hören immer wieder von den Ehemännern, daß ihre Frauen im Ablauf der Ehejahre sich gehenlassen, zur »Schlampe« werden. Was ein Mann unter diesem Terminus versteht, braucht nicht näher erläutert zu werden. Bei dieser Kategorie Frauen müssen unsere therapeutischen Gespräche den folgenden Inhalt haben. Der Mann weiß es durchaus zu schätzen, wenn seine Frau den Kindern eine gute Mutter ist, wenn sie gut kochen kann, wenn sie eine tote Wohnung zu einem trauten Heim macht. Trotz allem will der Mann in seiner Frau an erster Stelle immer die Geliebte sehen. Ergo muß die Frau diesem Wunsch des Mannes, dieser seiner unausgesprochenen Bitte Rechnung tragen, muß sich immer wieder bemühen, ihrem Mann zu gefallen, ihn auf sich aufmerksam zu machen, ihn sexuell zu erregen. Im anderen Falle werden sich die körperlichen Bande lockern.

Von gleicher, ja von noch größerer Bedeutung ist die seelische Entfremdung. In der Ehe muß es die Aufgabe beider Ehepartner sein, eine seelische Gemeinschaft zu schaffen, die stärker ist als alle Gesetze und Gebote. Dazu gehört auf beiden Seiten ein ausreichendes Maß an sittlicher Reife. Wenn ein oder beide Partner nur in der Ehe eine legalisierte Einrichtung für ihre Triebbefriedigung sehen, werden sie voneinander ablassen, sobald sie Sättigung erfahren haben. Wenn sie dann nicht die seelische Kraft besitzen, die Ehe zu dem zu erheben, was sie für den Menschen schlechthin sein soll, wird auf die körperliche Entfremdung alsbald die seelische Entfremdung folgen. – Hier ist es Aufgabe von uns Ärzten, in der psychischen Heilbehandlung das nachzuvollziehen, was die Eltern versäumt haben, und das auszumerzen, was die Umwelt durch ihren Zeitgeist an toxischem Gedankengut der Jugend eingeimpft hat.

Die psychische und psychosexuelle Nachreifung vollzieht sich nicht von heute auf morgen. Das muß immer und immer wieder betont werden. Schön wäre es, wenn das Bemühen der psychotherapeutisch tätigen Ärzte durch die Massenmedien unterstützt werden würde. Aber leider bewegen sich Zeitungen, Zeitschriften, Rundfunk, Film und Fernsehen seit 25 Jahren in genau der entgegengesetzten Richtung. Könnte nicht eine Institution den Mut fassen, einmal gegen diesen Strom anzuschwimmen und eine Aktion unter dem Leitsatz zu starten: »Liebe ist nicht gleich Sex!« Das würde sicherlich zur Gesundung der Ehen und damit zur sittlichen Gesundung der Gesellschaft viel beitragen.

Eine zweite kritische Betrachtung in Blickrichtung auf die Rechtsprechung möge den Abschluß dieses kasuistischen Beitrages bilden. Es ist durchaus richtig, daß ein Scheidungsrichter es nicht mit der allgemeinen Feststellung bewenden lassen darf, daß eine Ehe zerrüttet ist. Sein Urteil muß sich vielmehr auf bestimmten Fakten, Äußerungen, Handlungen, Fehlverhaltensweisen und Verfehlungen des einen oder anderen Ehepartners gründen. Bei diesem Bemühen entsteht die Gefahr, daß ein erhobener Tatbestand irrtümlich dem Falschen angelastet wird. Lassen Sie mich dafür ein Beispiel geben. Da wird einem Ehemann vorgeworfen, daß er sich abends, anstatt nach Hause zu gehen, in Kneipen herumgetrieben und mit billigen Weibern eingelassen hat. Solch eine Verhaltensweise ist nie Ursache für die Entfremdung der Eheleute, sondern stets Auswirkung, furchtbarer Endzustand einer abbruchreifen Ehe. Wenn ein Mann ein trautes Heim und eine liebende Gattin besitzt, dann möchte ich den sehen, der dafür eine verrauchte Kneipe und eine Hure eintauscht! Genauso verhält es sich oft mit Argumenten, die fälschlich gegen die Ehefrau vorgebracht werden. Durch das Nicht-Eindringen in die Tiefe ist es meines Erachtens unausbleiblich, daß Fehlschlüsse gezogen werden.

Aus dieser Erfahrung heraus möchte ich dafür plädieren, daß *zu jedem Scheidungsprozeß ein Psychoanalytiker hinzugezogen wird*. Er ist zufolge seiner Ausbildung und Erfahrung dazu befähigt, die wahren Ursachen für die Entfremdung der Eheleute aufzuspüren und dem Gericht darzulegen. Und er kann noch mehr tun. Nach Analyse der ehelichen Situation vermag er das Gericht wie auch die Eheleute gutachtlich zu beraten, ob die Auflösung der Ehe zu befürworten ist oder zunächst noch einmal der Versuch gemacht werden sollte, die Ehe unter Führung eines Seelenarztes wieder aufzurichten.

Fall 9: Endokrinogene Fettsucht und Hyporgasmie

Frau Charlotte L., Archiv Frauenklinik Staßfurt 1955.

Als Frau L. in dem Besuchersessel Platz nahm, machte sie sogleich einen sehr sympathischen Eindruck auf mich. Gutes Aussehen, up to date und dabei unauffällig gekleidet, gewählte Sprache, psychisch unauffällig. Sie schilderte mir in ruhigen Worten, daß sie seit der Entbindung ihres zweiten Kindes vor acht Monaten laufend an Gewicht zunehme, und bat mich, sie zu beraten, wie sie am besten wieder abnehmen könne. Sie war 29 Jahre alt und die Gattin eines Hoteliers im Harz.

Die Diagnose »postpartale Fettsucht« stand auf Anhieb fest. Es mußte nur noch differentialdiagnostisch geklärt werden, ob die Krankheit endokrinogen oder psychogen ausgelöst war, oder es sich einfach um eine exogene Fettsucht (Genüßlichkeitsfettsucht) handelte. Der Eindruck der Persönlichkeit und die Ausgeglichenheit der Psyche ließen mich in Gedanken die zweite und dritte Möglichkeit streichen. So suchte ich bei meinen nächsten Fragen nach möglichen Störungen im Bereich des Genitales und der Vita sexualis. Zumindest im ersten Punkt wurden meine Ahnungen bestätigt. Die Patientin hatte nur 14 Tage ihr Kind gestillt. Trotzdem war die erste Menstruation erst vier Monate post partum erschienen. Die anschließenden Intervalle betrugen sechs bis acht Wochen, und auch dann war die Blutung nur schwach. Damit lag eine typische Hypo-Oligomenorrhoe vor. Auf die Frage, ob in den geschlechtlichen Beziehungen zu ihrem Mann eine Veränderung eingetreten sei, gab die Patientin mir eine so rührend offene Auskunft, daß ich sie nach dem Weggang der Patientin stenografisch festgehalten habe. Sie sagte so ungefähr: »Herr Doktor, ich weiß schon, worauf Sie hinaus wollen. Natürlich ist es auf diesem Gebiet nicht mehr so, wie es früher war. Wenn ich ganz ehrlich sein soll, ich habe vom G. V. nicht mehr viel. Manchmal mache ich mir auch Gedanken deswegen. Aber wissen Sie, ich führe trotzdem eine sehr gute Ehe mit meinem Mann. Ich liebe meine Kinder und führe mit meinem Mann gemeinsam das Hotel. Wegen dem, was Sie meinen, bin ich nicht zu Ihnen gekommen.«

Nach diesen Aussagen, dem Studium der Persönlichkeit und den anschließend durchgeführten klinischen Untersuchungen legte ich mich auf das Bestehen einer *postpartalen endokrinogenen Fettsucht* fest. Eine Therapie erschien mir indiziert. Die Patientin wollte mit ihren 29 Jahren nicht zu einer dysplastischen Matrone entarten, sondern für ihren Mann und ihre Kinder anschauenswert bleiben. Sicherlich hatte sie auch ihre berufliche Aufgabe, als Hoteliersfrau zu repräsentieren, zu ihrem Gang zum Arzt bewegt.

Die Behandlung bestand in einer Hormonkur, die durch diätetische und physikalische Maßnahmen unterstützt wurde. Zur Wiederingangsetzung des Zyklus erhielt die Patientin jeweils am sechsten Tag nach Beginn der Blutung eine Injektion Progynon D 10 mg i. m. und jeweils am 18. Tag eine Injektion Progynon D 10 mg kombiniert mit Proluton D 250 mg i. m. Bereits nach vier Monaten erschien die Menstruation so regelmäßig wie nach der Uhr, und auch die Stärke der Blutung nahm zu. Nach weiteren drei Monaten konnte die Medikation abgesetzt werden.

Die diätetisch notwendigen Maßnahmen machten mir nicht die geringste Sorge. Als Hoteliersfrau wußte die Patientin besser als ich, was unter einer fettarmen Kost zu verstehen ist. Ebenso sah sie die strikte Einhaltung eines Obsttages am Freitag jeder Woche ein. Der Speiseplan für eine Woche, den ich aus einem Lehrbuch abschrieb, interessierte sie nebenher auch aus beruflichen Gründen.

Meine Erläuterungen, etwas zur körperlichen Ertüchtigung zu tun, fielen bei der Patientin auf fruchtbaren Boden. Sie stellte sogar selbst einen Plan auf, wann sie im Hinblick auf die Erfordernisse ihres Berufes es sich erlauben konnte schwimmen zu gehen, wann zur Sauna und wann sie wenigstens mit ihrem Hund ein Stündchen an die frische Luft gehen konnte.

Der Behandlungserfolg war erstaunlich. In der Zeit vom 2. Februar bis zum 4. Juli d. J., also in einem Zeitraum von fünf Monaten, sank das Gewicht der Patientin von 86,3 kg auf 68,0 kg, was einer Abnahme von 0,9 kg pro Woche entspricht. Nach sieben Monaten konnte ich die Patientin unbesorgt sich selbst überlassen.

Wegen ihrer minderen Bedeutung vor den Augen der Patientin wird gleichfalls von mir nur nebenher am Schluß erwähnt, daß *die Hyporgasmie nach erfolgter Hormontherapie entscheidend gebessert war.*

Epikritische Betrachtung: Bei dem obigen Fall handelt es sich ohne jeden Zweifel um eine postpartale endokrinogene Fettsucht. Mit der kausalen Genese dieses Leidens habe ich mich in einer früheren Publikation eingehend befaßt. Hier ist nicht der Ort, um auf dieses hochinteressante Thema noch einmal einzugehen. Nur eines sei gesagt: *Hier ist Hormontherapie am Platz und auch erfolgreich! Die gleiche Therapie aber anzuwenden in Fällen, wo eine Funktionsstörung der Ovarien oder Hypophyse nicht vorliegt, erachte ich als eine Via falsa.* Was dabei herauskommt, weiß jeder Gynäkologe, der einmal eine solche Therapia ex juvantibus versucht hat.

Lehrreich ist an diesem Fall noch, daß die Patientin sich nicht wegen ihrer Potenzstörung (Hyp- bis Anorgasmie) in Behandlung begeben hat, obgleich diese mit Sicherheit bestand. Hier ist so ein Fall, auf den die Statistiker in ihrer Sexualforschung immer wieder hinweisen. Es gibt einen nicht zu unterschätzenden Prozentsatz Frauen, der die seelische Zuneigung zum Mann, die Geborgenheit an seiner Seite und die Liebe zu den Kindern höher einstuft als die perfekte und pausenlose Befriedigung des Geschlechtstriebes. Das werden die Journalisten, die es angeht, aber nie begreifen.

Fall 10: Psychogene Fettsucht und Anorgasmie

Frau Martha D., Archiv Landeskrankenhaus Neustrelitz 1950.

Frau D. begab sich ebenfalls wegen ihrer Fettsucht in meine Behandlung. Sie war 34 Jahre alt, verheiratet und besaß zwei Kinder. Ihr Gewicht betrug 142 kg! Die gewaltige Gewichtszunahme hatte nach der letzten Entbindung vor zweieinhalb Jahren eingesetzt. Nach dem Menstruationszyklus befragt, gab die Patientin dahingehend Auskunft, daß die Monatsblutung wohl noch regelmäßig erscheine, aber augenfällig schwächer geworden sei. Es bestand demnach eine Hypomenorrhoe.

Aus meinen Aufzeichnungen geht weiter hervor, daß mir bei

den anamnestischen Erhebungen das Gehabe der Patientin auffiel (nervös, verkrampft, gestikulierend). Trotzdem muß ich epikritisch sagen, daß ich damals der Psyche der Patientin zu wenig Beachtung geschenkt habe, vielleicht weil abnorm fettsüchtige Menschen so gut wie stets psychisch leicht alteriert erscheinen. Ich fällte jedenfalls schlicht und einfach die Diagnose »postpartale Fettsucht«.

Als Behandlung erfolgte Hormonkur mit begleitenden diätetischen und physikalischen Maßnahmen. Obgleich ich den Eindruck hatte, daß die Patientin die ärztlichen Anordnungen streng befolgte, war nur ein unbefriedigender Gewichtsabfall zu verzeichnen und auch nur ein anfänglicher. So griff ich zur Hypnotherapie, um durch entsprechende Suggestionen die Patientin psychagogisch zu führen und insbesondere ihre Energie zu steigern, damit sie den festgelegten Therapieplan strikt einzuhalten vermochte. Aber auch diese Hilfsmaßnahme versagte. Da wußte ich, daß ich irgendwie falsch lag.

Kurz entschlossen nahm ich die Patientin stationär auf und handelte noch einmal und jetzt in aller Ruhe und ins Detail gehend die mehrdimensionale Diagnostik ab. Die folgenden analytischen Gespräche legten die Wurzel des Leidens frei. Es bestand seit drei Jahren eine disharmonische und spannungsgeladene Ehe. Der Ehemann war Experte für landwirtschaftliche Maschinen, zwangsläufig viel unterwegs und vernachlässigte dadurch seine Familie, insbesondere seine Frau. Die Ehefrau ihrerseits befand sich in einem ständigen Zustand der Sorge, des Zweifels und des körperlichen Unbefriedigtseins. Ja, auch das letzte muß ganz besonders hervorgehoben werden. Was die Patientin bei der ersten Konsultation in der Sprechstunde mir sorgsam verschwiegen hatte, trat im analytischen Gespräch zutage. Es bestand eine *absolute Anorgasmie,* unter der die Patientin litt. Gestützt auf die analytischen Ergebnisse stellte ich nun die Diagnose *»psychogene Fettsucht«*. Der oben beschriebenen Affektspannung war die psychasthenische Patientin auf die Dauer nicht gewachsen gewesen, und so ist es zu ihrer neurotischen Entgleisung gekommen. Die pathologische Eßgier war als ein kompensatorischer Akt aufzufassen, als eine Ersatzbefriedigung, als ein Ersatzgenuß, weil ihr die Befriedigung auf dem Gebiet der Vita sexualis nicht gegeben wurde (CLAUSER).

Das Hauptgleis der Therapie bildete wie üblich die dreiphasige psychische Heilbehandlung. Als eine Conditio sine qua non erachtete ich die Ausräumung der Noxen. Dem Ehemann legte ich in schonungsloser Offenheit die Ursachen für das Leiden seiner Frau dar. Ich bat ihn, seine berufliche Tätigkeit auf ein vernünftiges Maß zurückzuschrauben und sich dafür mehr seiner Familie zu widmen. Unter der Voraussetzung, daß ihm an der Aufrechterhaltung seiner Ehe gelegen sei, sollte er alles in seinen Kräften Stehende tun, um die Ehe wieder zu harmonisieren. Die Ehefrau hielt ich an, ihrerseits alles zu tun, um ihrem Mann so wie vor der Ehe begehrenswert zu erscheinen. In den Sitzungen mit beiden Eheleuten zugleich wurden Gespräche und Diskussionen über die Ehe als körperliche und seelische Gemeinschaft geführt. (Darüber ist bei Abhandlung eines früheren Falles bereits gesprochen worden.) Bei den folgenden Sitzungen mit der Ehefrau allein wurde mir von dieser berichtet, daß der Ehemann währenddessen tatkräftig daranging, in seinem beruflichen und privaten Milieu in dem von mir vorgeschlagenen Sinne Ordnung zu schaffen.

Und nun vollzog sich das Erstaunliche, nahezu Unfaßbare. Unsere Entfettungskur machte plötzlich sichtbare Fortschritte. Das anfängliche Körpergewicht von 142 kg sank um 2,4 bis 3,0 kg pro Woche. Die Patientin war von dem Wunsch beseelt, an Gewicht abzunehmen, um ihrem Mann wieder zu gefallen. Und das ohne therapeutische Suggestionen in Hypnose und ohne psychagogische Führung!

Nach vier Wochen stationärer Behandlung erfolgte Entlassung. Alles Weitere verlief glatt und ist für den Leser uninteressant. Als ich die Patientin zwei Jahre später durch Zufall bei einer Gesellschaft wiedersah, erkannte ich sie kaum noch. Da fielen mir die Aussagen unserer Großen in der Wissenschaft ein, welche Macht doch die Psyche des Menschen über den Leib besitzt.

Epikritische Betrachtung: Obgleich die beiden letzten Fälle nicht zeitlich hintereinander liegen, habe ich sie hier räumlich hintereinander gesetzt, um die *Unterschiede zwischen endokrinogener und psychogener Fettsucht* aufzeigen zu können. Die erste Frau ist psychisch gesund, die zweite psychisch krank. Beide Patientinnen messen ihrer veränderten Monatsblutung nur untergeordnete Bedeutung zu. Anders der Arzt. Ihm geben eine Regulationsstörung und die Art der Störung wichtige Hinweise. Die Potenzstörung (Anorgasmie) wird von der ersten Frau seelisch bewältigt. Sie ringt sich aus eigener Kraft zu einem sublimeren

Verhalten durch. Bei der an einer Sexualneurose Leidenden steht dagegen die Anorgasmie brennend im Raum, sie leidet unter ihr und sucht durch eine Ersatzbefriedigung sie zu betäuben.

Ich hoffe, dem Lernenden nunmehr an mehreren Beispielen vor Augen geführt zu haben, *daß eine Patientin dem Arzt durchaus nicht immer bei der ersten Konsultation die Diagnose fertig auf den Tisch legt.* Oft steht ein nervöses Herzjagen, das Zeichen der Herzensangst, eine allergische Dermatitis als Symbol der Abwehr und Aggression oder eine Adipositas, die pathologische Eßgier als Ersatzbefriedigung, im Vordergrund. Erst die in aller Ruhe abgewickelte mehrdimensionale Diagnostik führt zur Erkrankung im Psychischen und der Potenzstörung im Somatischen.

Fall 11: Körperlich und seelisch abstoßende Faktoren von aegrotifizierender (neurotisierender) Mächtigkeit

Frau Gertrud R., Archiv Landeskrankenhaus Neustrelitz 1957.

Frau Gertrud R., 27 Jahre alt, verheiratet, erschien in meiner Sprechstunde und klagte darüber, daß sie seit einem Jahr nichts mehr vom G.V. habe, daß ihr der Verkehr mit ihrem Mann widerwärtig sei und sie beim Beischlaf Schmerzen im Unterleib verspüre.

Befundgemäß lag bei der Patientin eine Anorgasmie und Dyspareunie vor. Sie objektivierte in typischer Weise ihre Krankheit und nahm als Ursache für den Symptomkomplex der Peliphatie und ihre Potenzstörung eine organische Erkrankung im Unterleib an.

Im analytischen Gespräch schilderte die Patientin glaubwürdig, daß die Ehe harmonisch sei, daß weder sie noch ihr Mann Seitensprünge machen würden, daß ihr Mann in jeder Hinsicht ihr ein guter Ehemann und den Kindern ein treu sorgender Vater sei. Erst bei Vertiefung der Analyse, bei Zuhilfenahme des Assoziationstestes und besonders beim katathymen Bilderleben ergaben sich die folgenden Fakten. Der Ehemann, ein fleißiger und anständiger Handwerksmeister, vernachlässigte sich körperlich, besaß defekte Zähne und demzufolge einen üblen Mundgeruch. Während der Kohabitationen störte die empfindsame

Frau der unangenehme Mundgeruch des Mannes so sehr, daß sie stets den Kopf abwenden mußte und ihr schließlich der geschlechtliche Verkehr völlig verleidet war. Zuletzt genügte bei Abwesenheit des Mannes bereits der Gedanke an den üblen Mundgeruch, um bei der Frau Brechreiz und Leibschmerzen aufkommen zu lassen.

Damit war die Ätiologie der Erkrankung im Psychischen geklärt. Die Behandlung wurde Lege artis durchgeführt. Der Heilerfolg war bei diesem leichten Fall zu erwarten.

Epikritische Betrachtung: Über *körperlich und seelisch abstoßende Faktoren mit aegrotifizierender Mächtigkeit* ist im Ablauf des Buches bereits reichlich gesprochen worden. Davon soll hier nicht mehr die Rede sein. Ich bringe diesen kasuistischen Beitrag, ich bin froh darüber, einen so klaren Fall bringen zu können, um ein anderes Problem aufzuhellen.

Der obige Fall zeigt deutlich an, daß beide Ehepartner nicht daran denken, sich zu trennen. Sie bilden eine feste seelische Gemeinschaft. Es besteht *lediglich ein körperliches Sich-nicht-Verstehen.* Hier heißt es für den Arzt, den aegrotifizierenden Faktor, der die Frau zur Ablehnung des Congressus bringt, analytisch aufzuspüren, ihn der Frau sichtbar zu machen und dann aus der Welt zu schaffen. Die Realisierung dürfte nicht schwerfallen, wenn die Eheleute sich lieben und nicht sich zu trennen gewillt sind.

Nächst den Ehen, wo lediglich die körperliche Harmonie aus irgendwelchen Gründen eine Störung erfahren hat und neurotisch verarbeitet worden ist, müssen die Ehen genannt werden – und sie bilden meines Erachtens das Gros aller zerrütteten Ehen –, wo *die Harmonie im Körperlichen und Seelischen gestört* oder sogar zerbrochen ist. Hier ist die Umwelt allzu leicht geneigt zu sagen: »Diese Ehe ist zerrüttet, diese Ehe ist schrottreif!« Nicht so der Psychoanalytiker! Er muß zunächst einmal die Hintergründe der Entfremdung, des Sich-voneinander-Abwendens analytisch klären. Erst dann kann er eine Entscheidung treffen, ob es sinnvoller ist, die Eheleute an das alte Ufer zurückzubringen oder sie zu einem neuen Ufer hinzuführen. Aus meiner Erfahrung heraus möchte ich sagen, daß viele gestörte Ehen in der Tat erhalten werden können, die bei nur oberflächlicher Betrachtung abbruchreif erscheinen. Es ist nahezu charakteristisch, daß in den meisten Fällen im Unbewußten der Menschen noch Verbindungsfäden zueinander bestehen, auch wenn die Betroffenen es nicht wahrhaben wollen oder sogar lautstark abstreiten.

Bei der dritten Kategorie Ehen liegen die Dinge wieder klar. Hier sind *bereits bestimmte Fakten vollzogen*, die als markante Schlußsteine gewertet werden müssen. Haben sich z. B. ein oder beide Partner neuen Partnern zugewandt, sind sie mit diesen bereits feste Verbindungen eingegangen, sind aus diesen neuen Verbindungen vielleicht sogar schon Kinder hervorgegangen, *dann muß in dieser Richtung weitergegangen werden.* Für den Arzt besteht hier oft die Aufgabe darin, bei der Frau die seelische Lösung von ihrem vorherigen Partner nachzuvollziehen, damit sie sich seelisch unbeschwert, voll und ganz ihrem neuen Partner zuwenden kann.

Bei dieser Gelegenheit möchte ich nochmals darauf hinweisen, daß es nicht Aufgabe des Arztes ist – um mich einmal ganz kraß auszudrücken –, zum Anwalt hinzulaufen und für die Patientin die Scheidung einzureichen. Wir haben die Patientin zur Entscheidung hinzuführen, ihr behilflich zu sein, damit sie aus der Sackgasse herausfindet. Die Realisierung ihrer Entscheidung liegt allein in ihren Händen.

Fall 12: Sexualstörung der Frau, bedingt durch Impotenz des Mannes

Fräulein Christa Kr., Archiv Landeskrankenhaus Neustrelitz 1959.

Patientin Kr. suchte wegen ihres Verlobten meine Sprechstunde auf. Sie war 24 Jahre alt, von Beruf Lehrerin und trug sich mit dem Gedanken, einen 26jährigen Berufskollegen zu heiraten. Bei den bisherigen Koitusversuchen hatte der Bräutigam nie Entspannung gefunden. Die Braut war wegen dieses sexuellen Sich-nicht-Verstehens enttäuscht und überdies in Sorge, ob möglicherweise sie die Schuld daran trug. Sie selbst liebte ihren Verlobten, sehnte sich nach der körperlichen Vereinigung mit ihm und kam auch zum Orgasmus. Es machte sie aber das Versagen ihres Partners nervös. Und dieses Versagen begann sie bereits gegen ihren Verlobten Stellung nehmen zu lassen.

Durch meine weiteren diagnostisch-analytischen Fragen konnte ich abklären, daß eine neurotische Entgleisung noch nicht vorlag. Die junge Frau war aber durch ihre Sorgen, Zweifel und Bedenken innerlich aufgewühlt. Und im organischen Bereich machten sich zweifellos bereits Anzeichen einer Potenzstörung bemerkbar. In diesem Zustand seelischer und körperlicher Not kam sie zu mir.

Nach Klärung der Situation auf seiten der Frau ließ ich ihren Partner zu mir bitten. Er erwies sich als organisch völlig gesund. Weder die klinische Untersuchung noch das Spermatogramm erbrachten einen Anhalt für das Vorliegen einer organogenen Potenzschwäche. Im analytischen Gespräch erklärte der Bräutigam offen, daß er seit dem 14. Lebensjahr onaniere und es auch heute noch nicht sein lassen könne. In Anbetracht seiner bevorstehenden Heirat sei er ehrlich bemüht, endgültig damit Schluß zu machen. Bei den bisherigen Koitusversuchen wäre es bei ihm, obwohl er sich größte Mühe gab, nicht zu einem Samenerguß gekommen.

Hier befand sich also wieder einmal *eine Frau in einem Zustand seelischer Not.* Anzeichen von Störungen machten sich bei ihr bereits im Psychischen und Somatischen bemerkbar. Und das *zufolge einer Potenzstörung des Mannes.*

Was war zu tun? Hier hatte ich einen der Fälle vor mir, wo man zu Recht sagt, die Frau wird untersucht, der Mann wird behandelt. Aus der Literatur ist zu entnehmen, daß allgemein eine gesundheitliche Schädigung durch Onanieren nicht angenommen wird. Es darf ebenso verneint werden, daß diese abartige Triebbefriedigung den Mann dazu bringt, sich von der Frau zu distanzieren und ihn untauglich für die Ehe macht. Meines Erachtens handelt es sich weder um eine Krankheit noch um eine Perversion, eher um eine Unart und nahezu typische Erscheinung in den Entwicklungsjahren, wenn der potent gewordene junge Mann noch keine intime Beziehung zu einer Frau aufgenommen hat. Andererseits sollte man daran denken, daß vollzogenes Onanieren von neurotischen oder zumindest psychasthenischen Jünglingen psychisch fehlverarbeitet werden kann und bei ihnen eine Onaniefolgenfurcht aufkommen läßt.

Gemäß dieser allgemeinen Erkenntnisse nahm ich vorerst von einer tiefenanalytischen Behandlung Abstand, die auch nicht in meinen Aufgabenbereich gehört hätte, und unterbreitete statt dessen dem jungen Mann nahezu unärztliche Ratschläge. Zunächst einmal klärte ich ihn selbstverständlich über die Onanie auf und setzte damit Ruhe im Psychischen. Dann riet ich ihm, sich nicht mehr beim Koitus vorzusehen, also keinen Coitus condomatus auszuführen. (Das war ja auch nicht nötig, da die jungen Leute sich sowieso mit dem Gedanken trugen zu heiraten.) Vor allem müßte er die Hemmungen vor seiner Verlobten ablegen. Am besten sollte er ein gemütliches und ungestörtes Zusammensein mit ihr arrangieren und dabei getrost alkoholischen Getränken zusprechen. In gehobener Stimmung verlören sich durchaus verstehbare anfängliche Hemmungen von selbst. Meiner Patientin trug ich auf, auch ihrerseits ein wenig dazu beizutragen, noch bestehende unsichtbare Schranken wegzuräumen. Sie sollte einmal ihre Zugeknöpftheit im wörtlichen und im übertragenen Sinn aufgeben und sich bemühen, ihrem Verlobten sexy, d. h. geschlechtlich begehrenswert zu erscheinen. Das Idealbild einer Lehrerin darstellen zu wollen, sei in der Schule durchaus am Platz, in ihrem Privatleben sollte sie aber nur Frau in des Wortes ursprünglicher Bedeutung sein.

Ich sah die Patientin erst Monate später wieder, als sie zur Schwangerenberatung erschien. Diese Tatsache und ihr offenes Wesen sagten mir mehr als Worte.

Epikritische Betrachtung: Hier haben wir einen der vielen Fälle vor uns, wo *eine Potenzstörung des Mannes ursächlich seelische und körperliche Störungen bei der Partnerin bedingt.* In der Literatur wird bei Abhandlung dieses Themas in eintöniger Gleichförmigkeit die Ejaculatio praecox ins Feld geführt. So habe ich bewußt einen anderen Versagensfall aufgeführt. Für eine zusammenfassende Darstellung der Potenzstörungen des Mannes ist hier kein Platz, obgleich dieses Thema sehr interessant ist und auch der Gynäkologe zumindest das Wichtigste auf diesem Gebiet wissen muß. Das Grundwissen besteht darin, daß es drei verschiedene Reize gibt, die auf das Sexualzentrum des Mannes einwirken. Der visuelle Reiz entsteht durch den Anblick einer sexuell erregenden Frau. Die innere Reizbasis ist gegeben durch den Hormonpegel. Die Friktionsreize schließlich führen durch ihre Summation zur Auslösung des Vorganges der Ejakulation. Ist einer der drei Reize unterschwellig oder überhaupt nicht vorhanden, bildet es die Aufgabe des Arztes, die Ursache zu ermitteln und aus der Welt zu schaffen.

Fall 13: Psychische Frigidität

Frau Angela St., Archiv des Verfassers 1969.

Frau Angela St., 25 Jahre jung, ganz auf Sex gekleidet, erschien erstmals am 21. Juli d. J. in meiner Praxis. Mit ihrer auffallenden Haartracht, ihrem reichlich geschminkten Gesicht, ihrem Minikleid und ihrem kaltschnäuzigen Benehmen stellte sie genau den Typ dar, den man heute täglich auf der Straße und in den Massenmedien zu Gesicht bekommt. Erst als sie merkte, daß die Art ihres Auftretens und die Art ihres Platznehmens – von ihrem Minirock war dabei überhaupt nichts mehr zu sehen – mich weißhaarigen Arzt nicht beeindruckten, und erst als eine Atmosphäre der Ruhe eingekehrt war, begann ich mit dem Anhören ihrer Beschwerden und meinen anamnestischen Fragen. Hier der kurze Lebensbericht.

Frau St. war in einer zerrütteten Ehe aufgewachsen. Die Eltern hatten sich getrennt, als sie noch Schulkind war. Anschließend wurde der Großmutter die Vormundschaft und Sorge für das Kind übertragen. Die weitere Aufsicht und Erziehung war eine sehr mangelhafte. Das Mädchen geriet ganz in den Sog des Zeitgeistes und machte ungezügelt das freizügige Leben der heutigen Jugend mit. Um rasch Geld zu verdienen und finanziell unabhängig zu sein, wurde sie Serviererin. Mit zwölf Jahren hatte sie ihre erste intime Beziehung zu einem jungen Burschen aus ihrer Clique. Es folgten viele flüchtige Bekanntschaften und Liebesaffären. Eine Zahlenangabe konnte oder wollte die Patientin nicht machen. Mit 19 Jahren kam ihr der nüchterne Gedanke, daß es so nicht immer weitergehen könne und sie nun allmählich an Heirat denken müsse. In Weiterverfolgung dieses Gedankens suchte sie zielstrebig einen geeigneten jungen Mann und fand ihn auch in ihrem heutigen Gatten. Über ihn machte sie die folgenden Angaben.

Ihr Mann stammte aus gut bürgerlichem Haus. Er gab sich still, vornehm und zurückhaltend und war von Beruf Bauzeichner. Seine stille Wesensart und sein gepflegtes Aussehen bewegten das junge Mädchen, sich diesem Mann zuzuwenden. Gelegenheit dazu bot sich genügend, da er in dem Lokal verkehrte, wo sie bediente. Der junge Mann verliebte sich auch in das schöne und sexuell erregende Mädchen und heiratete es, als das erste Kind unterwegs war.

Die ersten beiden Ehejahre verliefen nach Angaben der Patientin glücklich. Aus der Ehe gingen zwei gesunde Kinder hervor. Im dritten Jahr begann die Entfremdung der Eheleute. Der Beischlaf hatte für die Patientin mit der Zeit jeden Reiz verloren, und schließlich wurde er ihr sogar widerwärtig. Sie ekelte sich davor. Eine Ursache für ihren Empfindungswandel vermochte sie nicht anzugeben. In dieser Situation suchte die Patientin erstmals einen Gynäkologen in der benachbarten Kreisstadt auf. Dieser riet ihr, den Kindern zuliebe die Ehe aufrechtzuerhalten und beim Koitus den Orgasmus vorzutäuschen. Nach dieser Weisung ging es eine Zeitlang gut, bis die Patientin erneut entgleiste. Sie konnte ihren Mann körperlich einfach nicht mehr ertragen und stieß ihn von sich. Der Ehemann zog sich daraufhin von seiner Frau zurück, enttäuscht, empört. Tagsüber ging er verdrossen seinem Beruf nach, abends suchte er das Gasthaus auf, aß dort und blieb bis tief in die Nacht. Und es war nicht verwunderlich, daß er sich allmählich zum Trinker entwickelte. Eines Nachts brach er zusammen und wurde in das Ortskrankenhaus eingeliefert. Dort diagnostizierte man eine Erkrankung der Leber infolge Alkoholintoxikation. Am dritten Tag kam es auf der Station zu einem Anfall von Delirium tremens. Vier Wochen stationäre Behandlung unter der Obhut eines verständnisvollen Internisten ließen den jungen Mann körperlich und seelisch genesen. Wieder daheim, begann alsbald die gleiche Misere, denn der Patient wurde mit der unveränderten Konfliktsituation erneut konfrontiert. Nach kurzer Zeit kam es zu explosiven Ausbrüchen auf seiten des Mannes, d. h. zu Tätlichkeiten seiner Frau gegenüber. In dieser Situation endlich suchte Frau St. mich auf. Sie fürchtete sich vor ihrem Mann und wußte sich selbst keinen Rat mehr.

Um mir als Arzt ein objektives Urteil bilden zu können, war für mich unbedingt erforderlich, genauso ausführlich den Ehemann zu hören und zu befragen. Dabei traten die folgenden Fakten zutage. Zunächst einmal deckten sich die Angaben des Mannes über seine Herkunft, Wesensart und berufliche Tätigkeit mit dem, was mir seine Frau bereits gesagt hatte. Nachzutragen wäre, daß der Patient ganz offensichtlich ein etwas weichlicher und unmännlicher Typ war. Er war völlig unsportlich und wußte mir nicht einmal anzugeben, welche Zeit er in der höheren Schule über 100 Meter gelaufen war. Möglicherweise hatte es der Vater, der ebenfalls im Baugewerbe tätig war, seinem einzigen Kind gegenüber an der nötigen Härte und Erziehung zur Männlichkeit fehlen lassen.

Auch der Ehemann bestätigte mir, daß die ersten Ehejahre glücklich gewesen waren. Seine Frau war ihm beinahe zu leidenschaftlich gewesen. Bereits nach einem Jahr spürte er, daß sich bei seiner Frau in zunehmendem Maße eine Gleichgültigkeit gegenüber dem G.V. mit ihm bemerkbar machte. Schließlich wollte sie überhaupt nichts mehr von ihm wissen. Nachdem sie beim Gynäkologen gewesen war, duldete sie wohl wieder den Beischlaf, preßte dabei aber die Lippen fest zusammen und wandte das Gesicht ab. Schließlich kam es völlig zum Bruch, und die eheliche Situation entwickelte sich so weiter, wie sie mir die Patientin bereits beschrieben hatte. Einige wichtige Fakten aber hatte sie mir verschwiegen, und die erfuhr ich nun durch den Mann. Als die Disharmonie in der Ehe begann, nahm die Ehefrau ihre frühere Tätigkeit als Serviererin wieder auf und beschäftigte sich dabei mehr, als es ihr Beruf erforderte, mit den Männern in der Gastwirtschaft. Nachdem der Ehemann von Bekannten gehört hatte, daß seine Frau ihn mit anderen Männern betrog, suchte er die Wirtschaft auf, um nach dem Rechten zu sehen. Zwei Situationen schilderte er mir ausführlich. Einmal flirtete seine Frau in auffälliger Weise mit einem verheirateten Bauunternehmer und fuhr mit ihm nach Dienstschluß in seinem Mercedes davon, ohne sich dabei um ihren Ehemann zu kümmern, der noch im Lokal saß. Ein anderes Mal nahm die Ehefrau sogar einen Flirt mit einem Mann auf, der an dem gleichen Tisch wie ihr Ehemann saß und ging schließlich auch mit diesem fort, während der Ehemann blieb und dem Alkohol in starkem Maße zusprach.

Hier muß eine notwendige Einflechtung getan werden. Man erlebt immer wieder, daß Frauen vollabsichtlich vor den Augen des Ehemannes sich mit anderen Männern einlassen. Dazu gehören auch genau jene Frauen, die vor ihrem Ehemann sich ihrer früheren Liebhaber brüsten. Es hilft nicht weiter, wenn diese Frauen vom Laien als geistlose Huren abgetan werden, die durch Torheit ihre Ehe zerstören, sondern es ist unsere Aufgabe als Ärzte, tiefgründig nachzudenken, warum sie dies tun.

Daß nach solchen provozierenden Situationen daheim die eheliche Harmonie immer schlechter wurde und die Kinder verwahrlosten, braucht nicht näher erörtert zu werden. Der Ehemann fand kein Mittel, seine Frau wieder zur Vernunft, auf den rechten Weg zu bringen. Er gab zu, seine Frau zweimal geschlagen zu haben. Die Handlung war nicht als Aggression, sondern als ein Akt der Notwehr des verzweifelten und gedemütigten Mannes zu werten.

Psychodiagnostisch war die Situation nunmehr klar. Bei der Ehefrau lag zweifelsohne *eine psychische Frigidität vor.* (Über diesen Frauentyp unserer Tage ist im Ablauf des Buches eingehend gesprochen worden, so daß ich von wiederholenden Ausführungen Abstand nehmen kann.) Zufolge ihrer psychischen Fehlerziehung und ihres freizügigen Lebenswandels in den zurückliegenden Jahren war die Patientin in der Ehe nicht mehr dazu fähig, eine seelische Gemeinschaft mit ihrem Mann aufzurichten. Als der Beischlaf immer nur mit dem gleichen Mann für sie zu langweilig wurde, ging sie wieder ihrem alten Beruf und Gewerbe nach. Der Ehemann seinerseits besaß nicht die psychischen Qualitäten, um mit dieser Frau fertig zu werden. Hätte er es geschafft oder hätte die Frau aus eigener Kraft eine psychosexuelle Nachreifung zuwege gebracht, wären die Eheleute mit Sicherheit nicht bei mir erschienen.

Therapeutisch mußte hier der Hebel bei beiden Ehepartnern angesetzt werden. Dies geschah auch in zuerst getrennten und später gemeinsamen Sitzungen. Die Frau war zweifelsohne der schwierigere Fall. Sie war glücklicherweise nicht primitiv, sondern durchaus intelligent und damit geeignet für rationale Psychotherapie. So appellierte ich an ihre Vernunft, ihre Einsicht, ihren Intellekt. Ich führte ihr die tiefere Ursache ihrer Fehlanschauungen und Fehlverhaltensweisen vor Augen, bat sie, die Ehefrauen ihrer Umgebung zu studieren, auf diesem Wege nachzureifen und bei mir in achttägigen Abständen zu erscheinen und dann mit mir über ihre Beobachtungen und ihre Ansichten zu dem Beobachteten zu diskutieren. Die Patientin sah von Beginn der Behandlung an ein, daß es so wie bisher in ihrer Ehe nicht weitergehen konnte. Sie gab auch zu, daß sie zumindest einen Teil der Schuld an der Zerrüttung der Ehe trug. Und das schien mir eine gesunde Basis für einen psychischen Nachreifungsprozeß zu sein.

Die psychische Neuorientierung kommt soeben erst in Gang. Das heißt, die Behandlung ist zur Zeit der Niederschrift des Buches noch lange nicht abgeschlossen. Ich glaube aber hoffen zu dürfen. Wer glaubt, eine psychische Umstrukturierung in einem einzigen therapeutischen Gespräch, sei es väterlich beratend oder in psychagogischer Form geführt, bewerkstelligen zu können, der irrt sich! Ein psychischer Reifungsvorgang benötigt wie jeder andere Reifungsvorgang in der Natur Zeit und nochmals Zeit.

Wichtig ist zunächst immer, daß eine solide Ausgangsbasis geschaffen wird. Die Eheleute müssen daheim einen Waffenstillstand, eine Art Burgfrieden auf Zeit schließen, damit sie sich seelisch zu beruhigen und zu sammeln vermögen. Auf dem Boden seelischer Entspannung, geistiger Bereitschaft und dem Willen zur Aufrechterhaltung der Ehe kann *rationale Psychotherapie* fruchtbar ansetzen.

Bei dem Ehemann ging es mir darum, ihn so weit wie möglich zum Manne nachreifen zu lassen. Seine Frau verprügeln bedeutet keine Lösung des Problems, nicht einmal eine Notlösung. Die Haltung des Mannes, seine Lebensführung und seine Leistung im Beruf müssen zureichen. Die Frau unterwirft sich gemäß ihrer Natur freiwillig der Männlichkeit und Stärke. Das waren so ungefähr meine therapeutischen Leitgedanken.

Epikritische Betrachtung: Dieser Fall stellt nahezu das typische Beispiel einer zerrütteten Ehe unserer Tage dar, und er ist so häufig anzutreffen, wenn auch in stets geringer Modifikation, daß ich mich fast geniere, ihn als kasuistischen Beitrag gebracht zu haben. Der Lernende muß ferner wissen, *daß der Typ der psychisch frigiden Frau zahlenmäßig heute so stark verbreitet ist wie nie zuvor.* Aus psychoanalytischer Sicht sei daran erinnert, daß der aus dem Zeitgeist der Gegenwart hervorgehenden psychischen Frigidität andere psychogenetische Faktoren zugrunde liegen, als wir sie bei der viktorianischen, puritanischen und emanzipierten Frau antreffen.

Eine wichtige Erkenntnis ergibt sich aus dem Studium psychisch frigider Frauen für uns Ärzte. *Die durch psychische Fehlerziehung und freizügigen Lebenswandel entgleisten Frauen wissen oder spüren zumindest, daß sie sich auf dem falschen Weg befinden,* auch wenn sie es nicht offen zugeben, sondern erst zum Evidenzerlebnis geführt werden müssen. Wie anders wäre es sonst zu erklären, daß sie nach den Entwicklungsjahren an Heirat denken und dann nicht einen Gesinnungsgenossen aus ihrer Clique, einen Mann ihrer Kategorie, heiraten, sondern einen sogenannten besseren Menschen? Diese Tatsache, ihr eigenes Denken, Empfinden und Handeln müssen wir ihnen bewußt machen. Darauf können wir therapeutisch aufbauen.

In diesem Zusammenhang sei darauf aufmerksam gemacht, daß wir *beim Jungmann der Gegenwart die gleichen Beobachtungen machen.* Zur Veranschaulichung ein kleines Erlebnis. Nicht weit von meinem Haus wohnt ein jetzt etwa 19 Jahre altes Mädchen, das ich seit seiner frühesten Jugend kenne. Ihre äußere Erscheinung ist recht ansprechend und ihre sittliche Haltung nicht besser oder schlechter als die anderer Mädchen ihres Alters. In den letzten Monaten habe ich sie ständig mit einem Begleiter gesehen, und man klatscht, daß sie bald heiraten wird. Vor zwei Wochen komme ich durch Zufall mit ihr ins Gespräch und frage sie, wann die Hochzeit sei. Darauf erwidert sie mir, daß sie ihrem Bekannten den Laufpaß gegeben habe, weil er »zu eifersüchtig« sei. (Von den weiteren ins Detail gehenden Ausführungen kann ich den Leser verschonen.)

Da haben wir sie, die Moral des Mannes mit doppeltem Boden! In seiner Jugend führt der Mann einen in jeder Hinsicht freien Lebenswandel, und die Mädchen können ihm nicht schnell genug gefällig sein. Heiraten aber möchte er eine Frau, die nach Möglichkeit noch eine Virgo ist. Seiner Auserwählten verbietet er strengstens selbst die harmloseste Bekanntschaft mit anderen Männern.

Erscheint solch ein Mann in unserer Sexualberatung, dann müssen wir ihm klarmachen, daß er, der vorher hundert andere Frauen besessen hat, nur eine Ehefrau beanspruchen darf, die vorher mit hundert anderen Männern schlafen gegangen ist.

Ich bringe diese Betrachtung voll absichtlich, obwohl kein direkter Zusammenhang mit dem Fall der Angela St. besteht, um zu zeigen, daß die Abgeglittenen unter der jungen Generation wissen, mit zunehmendem Alter selbst geistig erfassen, daß die von ihnen in der Jugend für richtig befundenen Anschauungen und Verhaltensweisen nicht in Ordnung sind. Das müssen wir denen, die es angeht, die unsere Hilfe erbitten, die nicht mehr allein aus der Sackgasse ihres Lebens herausfinden, bewußt machen. Auf dieser geschaffenen Basis kann dann weiter therapeutisch aufgebaut werden.

Mit dem Neuesten vom Neuen, dem Angehörigen einer Großfamilie, habe ich beruflich noch nichts zu tun gehabt. Sollte es aber einmal der Fall sein, so halte ich jetzt bereits Material in meinem Schreibtisch bereit, um für den Dialog mit ihm gerüstet zu sein. Da prangt auf der Titelseite eines Skandalblattes eine Fotografie, auf der man die Mitglieder einer Großfamilie in froher Runde beisammen sieht. Und was sie uns zu sagen haben, ist darunter fettgedruckt und rot unterstrichen zu lesen. – In einer anderen Ausgabe, aber hier erstaunlicherweise erst auf der vorletzten Seite und in Kleindruck, lese ich etwas ganz anderes. Da hat ein männliches Mitglied einer Großfamilie ein Mädchen kennengelernt, das in mehr als einer Hinsicht über den Frauen seines Milieus steht. Plötzlich ist er nicht mehr gewillt, seine neue Freundin mit den anderen Männern der Großfamilie zu teilen. Er erklärt vielmehr seinen Austritt aus der Großfamilie und verzieht mit seiner Braut in eine mehrere hundert Kilometer entfernt gelegene Stadt.

Fall 14: Organogene Sexualstörung

Frau Ingrid D., Archiv des Verfassers 1967.

Frau D., 28 Jahre alt, verheiratet, erschien in meiner Sprechstunde und klagte über Kohabitationsbeschwerden. Auf meine weiteren Fragen hin bekannte sie, daß gleichzeitig seit einem Jahr eine Hyp- bis Anorgasmie bestand. Die Schmerzen beim Koitus ließen angeblich bei ihr kein Wollustgefühl aufkommen.

Bei der Austastung der Scheide erwies sich die Region der Harnröhre deutlich druckschmerzhaft. Auf Befragen gab die Patientin an, vor einem Jahr wegen einer Blasenentzündung in stationärer Behandlung gewesen zu sein. Es wären im Verlauf von vier Wochen 16 Blasenspülungen vorgenommen worden. Seitdem verspüre sie zeitweise Schmerzen beim Wasserlassen. Das Blasenleiden sei wahrscheinlich noch nicht richtig ausgeheilt.

Epikritische Betrachtung: Ich will hier kein Urteil darüber abgeben, ob bei einer Zystitis das vielmalige Spülen der Blase vonnöten ist. Es darf aber angenommen werden, daß durch das oftmalige Katheterisieren eine chronisch-rezidivierende Urethritis entstanden ist und es sich bei den Kohabitationsbeschwerden um reale Schmerzen in der Harnröhre gehandelt hat. Eine balneologische und chemotherapeutische Behandlung in dieser Richtung brachte jedenfalls Beschwerdefreiheit.

Ich habe in drei Jahrzehnten ärztlicher Tätigkeit den Eindruck gewonnen, daß zeitweise bei Privatpatienten des Guten ein wenig zuviel getan wird. Man sollte meines Erachtens den Kassen- wie den Privatpatienten gleich intensiv und gewissenhaft behandeln, alles Darüberliegende aber unterlassen. Doch diese Betrachtung gehört nicht hierher.

Ich bringe den obigen Kurzbeitrag, um dem Lernenden zu zeigen, daß man sich *nach dem Anhören der »jetzigen Beschwerden« nicht sogleich auf eine Diagnose festlegen darf, insbesondere nicht auf eine psychosomatische Erkrankung.* Wenn eine Patientin dem Arzt darlegt, daß ihre physiologischen Empfindungen beim Koitus verblassen und statt dessen pathologische Erscheinungen Platz greifen, verführt ihn dies verständlicherweise, daraus eine psychogene Potenzstörung zu folgern. Trotzdem muß er die ganze Diagnostik abrollen, zumindest diagnostisch so viel tun, um seine Diagnose sicher fundieren zu können. Erst wenn er eine organische Erkrankung im Bereich des Unterleibes und ebenso eine Allgemeinerkrankung ausgeschlossen hat, darf er der psychogenen Ätiologie nähertreten.

Es besteht auch durchaus die These zu Recht, daß eine Frau, die sich einem Manne liebend hingibt, ihre ganze Aufmerksamkeit, ihre ganze Psyche dem Erleben zuwendet und dadurch erhebliche Schmerzen zu unterdrücken vermag, sie nicht einmal wahrnimmt. Auf der anderen Seite aber wollen wir nicht vergessen, daß im Ablauf der Ehe das große Erleben der körperlichen Vereinigung wohl nicht verblaßt, aber doch in seiner Mächtigkeit abnimmt. So wird verständlich, daß Frauen reale Schmerzen beim Koitus wahrnehmen und deswegen den Arzt aufsuchen.

Fall 15: Sexualstörung im Klimakterium

Frau Käthe Fr., Archiv Landeskrankenhaus Neustrelitz 1958.

Frau Fr., 48 Jahre alt, erschien in meiner poliklinischen Sprechstunde und gab an, bei den Kohabitationen große Schmerzen zu verspüren. In der letzten Zeit hätten diese sich derartig gesteigert, daß ein geschlechtlicher Verkehr mit ihrem Mann nicht mehr möglich sei.

Das Erfragen der Vorgeschichte erwies sich als aufschlußreich. Die Patientin hatte ihren ersten Mann im Krieg verloren. Die Ehe war kinderlos geblieben. 1945 war sie eine zweite Ehe mit einem Geschäftsmann eingegangen. Dabei schilderte die Patientin ganz offen, daß es sich bei dieser zweiten Ehe nicht um die große Liebe gehandelt hatte. Sie hätte 1945 erwerbs- und mittellos dagestanden und in die Ehe eingewilligt, um aller finanziellen Sorgen enthoben zu sein und außerdem wieder ein Heim ihr eigen nennen zu können.

Bei der Untersuchung stellte ich einen verengten Scheideneingang fest und ebenso eine verengte Scheide. Die Atrophie war wohl deshalb so ausgeprägt, weil die Patientin keine Kinder geboren hatte.

Da das Einfetten der Vulva und das gleichzeitige Einfetten des männlichen Geschlechtsteils keine funktionelle Besserung brachte, entschloß ich mich zur operativen Erweiterung des Scheideneinganges. Bei der Nachuntersuchung schilderte mir die Patientin, daß der Verkehr wohl jetzt besser sei, ihr selbst aber seien die Kohabitationen ein Greuel. Sie verspüre nicht das leiseste Empfinden. Am liebsten sehe sie ihren Mann weit von sich. Andererseits habe sie ihm viel zu danken, und so solle er einmal im Monat sein Recht haben. Mehr komme aber auf keinen Fall in Frage.

Epikritische Betrachtung: Die letzten Ausführungen der Patientin lassen deutlich werden, daß die Causa für ihre Potenzstörung nicht nur in den anatomischen Veränderungen der Kopulationsorgane, sondern auch im Psychischen zu suchen ist. Damit kommen wir zu einem sehr wichtigen Thema. *Inwieweit sind Potenzstörungen im Klimakterium und darüber hinaus in der Menopause organisch und inwieweit psychisch bedingt?*

Wenden wir uns zunächst dem somatischen Bereich zu. Mit dem Beginn des Klimakteriums setzen langsam fortschreitend *regressive Veränderungen am Genitale ein.* Im Hinblick auf die Kopulationsorgane schrumpfen sowohl der Scheideneingang als auch das Scheidenrohr selbst. Das Lumen wird nicht nur enger, sondern auch rigider und damit unelastischer. So wird verständlich, daß die Frau beim Koitus reale Schmerzen empfindet. Der Terminus »senil-atrophisch« besteht durchaus zu Recht.

Neben den anatomischen Veränderungen müssen die Vorgänge am Endokrinium genannt werden. Von der Atrophie miterfaßt werden die Ovarien, wodurch es konsekutiv zu einem langsamen

Versiegen der Sexualhormone kommt. *Mit dem Hormonpegel sinkt gleichzeitig die innere Reizbasis und damit das geschlechtliche Begehren der Frau.*

Im Psychischen vollzieht sich zugleich mit den regressiven Vorgängen am Genitale und der Umstellung im Endokrinium *ein langsames Verlöschen der Libido.* Das Sich-Distanzieren von der Vita sexualis weist tempomäßig von Frau zu Frau große Unterschiede auf. Aus den freimütigen Äußerungen unserer Patientinnen vermögen wir Gynäkologen uns ein recht gutes Bild zu machen. Das Gros der Frauen bejaht auch in der Menopause noch die körperliche Vereinigung mit dem Mann. Die Frauen drängen aber nicht auf den Koitus. Oft tun sie es nur dem potenten Mann zuliebe. Sie geben sich aber auch mit der tiefen seelischen Zuneigung zu ihrem Mann zufrieden, mit dem sie in Ehren alt geworden sind. Neben diesen Verhaltensweisen, die die Mehrzahl der Frauen zeigt, gibt es natürlich auch Extreme zur Rechten und zur Linken. Die Menschen sind eben nach STOECKEL in sexualibus recht verschieden. So stößt die eine Frau den Mann von sich und distanziert sich von ihm mit einer solchen Heftigkeit, daß an der Endgültigkeit ihrer Haltung kein Zweifel besteht. Eine andere Frau wieder zeigt auch in der Menopause unvermindert stark das Verlangen nach dem Koitus, in einzelnen Fällen sogar in verstärktem Maße. Alle diese unterschiedlichen Verhaltensweisen kennen wir Frauenärzte zur Genüge, und es bedarf daher für uns nicht erst der Erstellung einer These. Inwieweit die beiden entgegengesetzten Extreme pathologischen Charakter tragen, ist ein sehr interessantes Thema, auf das hier nicht näher eingegangen werden kann, da eine wissenschaftliche Arbeit über das Klimakterium der Frau ein ganzes Buch füllen würde.

RUBIN kommt bei ihren Untersuchungen über die Sexualität nach dem 40. und 70. Lebensjahr zu dem Schluß, daß es keine Altersgrenze für die Sexualität der Frau gibt. MASTERS und JOHNSON folgern aus ihren Beobachtungen im Labor, daß mit der Zunahme des Alters wohl ein langsames Nachlassen der sexuellen Reaktionsfähigkeit einhergeht, daß es aber keineswegs mit der letzten Menstruation zu einem abrupten Abbruch der Sexualität kommt. Damit schaffen sie die alte Fabel aus der Welt, daß die Frau mit dem Sistieren der Menses in eine geschlechtslose Lebensphase eintritt. Der beste Beweis für die noch in der Menopause bestehende sexuelle Potenz der Frau ist die noch zu beobachtende Fähigkeit zum Orgasmus.

In meinem obigen kasuistischen Beitrag spielt sicher noch ein vierter Faktor eine Rolle. Der erste Mann der Patientin war ihre große Liebe. Als Testpilot stürzte er im Krieg über einem Fliegerhorst in Mecklenburg vor ihren Augen ab. Die zweite Ehe ging die Witwe aus den bereits geschilderten Gründen ein. Sicherlich konnte der ältere Geschäftsmann auch nicht in seiner Männlichkeit mit dem gefallenen ersten Mann konkurrieren. Hier bestätigt sich eine uralte Weisheit aus dem Volke. *Wenn eine Frau bei der Wahl ihres Ehepartners ihr Gefühl, ihren Instinkt sprechen läßt, wählt sie in der Regel richtig. Wenn sie aber kühl berechnend, d. h. mit ihrem Verstand ihren Lebensgefährten sucht, erleidet sie später oftmals Schiffbruch.* Das haben wir bei der Serviererin gesehen, als sie nicht einen Mann ihrer Kategorie, sondern einen sogenannten besseren Herrn suchte, und das bestätigte sich ebenso in unserem letzten Fall, wo die materielle Sicherung den Grund für die Ehe bildete.

Fall 16: Schwierigkeiten bei der psychischen Heilbehandlung

Frau Margarete Sp., Archiv des Verfassers 1969.

Frau Sp., 40 Jahre alt, verheiratet, suchte mich im Herbst v. J. auf. Sie klagte darüber, daß ihr Mann nur noch ganz selten zu ihr käme, und schilderte offen die dramatischen Szenen im Schlafzimmer. Abschließend bat sie um Auskunft, wie ihrem Mann geholfen werden könne. Was sie sagte, wie sie es sagte, ihre Gestik und Mimik spiegelten bilderbuchgetreu den verkrampften Typ wider. Der Zustand ihres körperlichen Unbefriedigtseins und ihre psychische Alteration lagen offen zutage und bedurften keiner weiteren Diagnostik.

Der Ehemann, ein angesehener und fleißiger Geschäftsmann, war neun Jahre älter als seine Frau. Seine spätere Untersuchung in der benachbarten Universität zeigte, daß eine *Potenzschwäche aus organischer Ursache* vorlag.

Die seelische Betreuung der Frau übernahm ich, die Heilbehandlung des Mannes ein Internist. Unseren gemeinsamen Bemühungen gelang es auch, die beiden Eheleute zusammen in einen vierwöchigen Erholungsurlaub zu Lasten einer RVO-Kasse zu schicken.

Als die Ehefrau etwa zwei Monate später bei mir erschien, sagte sie mir, daß während des Kuraufenthaltes alles so wie früher gewesen wäre. Wieder daheim, machte sich die Potenzschwäche ihres Mannes genauso katastrophal wie vorher bemerkbar. Daraufhin hielt ich die Patientin an, ihren Mann dazu zu bewegen, seine berufliche Tätigkeit auf ein vernünftiges Maß zurückzuschrauben und mit ihm recht bald wieder in ein Bad zu fahren, wenn auch diesmal auf eigene Kosten. Darauf sagte mir die Patientin wörtlich: »Aber Herr Doktor! Wo denken Sie hin?! Dafür haben wir kein Geld. Wir müssen jetzt ein Garagenhaus bauen.« (Ich gebe dem Leser mein Wort, daß diese Äußerung wörtlich gefallen ist, denn ich habe sie stenografisch festgehalten.)

Epikritische Betrachtung: Dieser letzte kasuistische Beitrag klingt nach einem schlechten und unpassenden Witz. Ich habe ihn trotzdem gebracht, damit der Lernende nach dem Lesen dieses Buches nicht mit rosigen, illusionären Vorstellungen in die psychosomatische Gynäkologie einsteigt. *Gerade bei der Behandlung psychischer und psychogener Erkrankungen stößt der Arzt immer wieder auf unüberwindliche Schwierigkeiten,* die ihm seine Arbeit erschweren, oft sogar unmöglich machen. Sie sollen ohne jede Beschönigung einmal kurz aufgezeigt werden.

Der Mensch sieht ein, daß er für einen Laib Brot im Geschäft DM 1.– zahlen muß. Er baut sich Häuser und Garagen, sogar Garagenhäuser. Er weiß und akzeptiert, daß solcher Luxus Geld kostet. In nahezu paradoxer Weise zu dieser Einsicht *ist er nicht gewillt, etwas für die Gesundheit seines Körpers, für sein körperliches und seelisches Wohlbefinden zu tun, sobald er dafür zahlen muß.* Solange es auf Kosten einer Krankenkasse geht, fordert er fortlaufend die teuersten Medikamente und noch zusätzlich alle zwei Jahre ein Heilverfahren. Sobald er aber in seine eigene Tasche greifen muß, sperrt er sich. In meiner Sexualberatung habe ich einmal einem Mann auf seine Bitte hin ein Aphrodisiakum rezeptiert und ihn dabei darauf hingewiesen, daß die Kosten für das Medikament nicht von seiner Kasse getragen werden. Darauf sagte mir der Patient prompt: »Dann geht es auch ohne dem!«

Einen weiteren Hemmschuh bildet die *Uneinsichtigkeit und*

Energielosigkeit mancher Patienten. Wie ich im Ablauf des Buches zur Genüge aufgezeigt habe, ist die Ausschaltung aegrotifizierender Faktoren und die Behebung bestehender Konfliktsituationen in vielen Fällen als die Conditio sine qua non anzusehen, um mit der psychischen Heilbehandlung zum Zuge kommen zu können. Hier machen die Eheleute oftmals nicht mit und blokkieren damit jede weitere Behandlung. Sie leben weiter in zerrütteter Ehe, jeder geht seinen eigenen Interessen nach und stillt seine sexuellen Bedürfnisse bei anderen Partnern, während daheim die Kinder die Leidtragenden sind.

Andere Frauen wieder *werden zur Last für den Arzt.* Wochenlang, ja monatelang nehmen sie KW-Bestrahlungen und schlucken sie Medikamente in der vagen Hoffnung, daß es doch etwas nützen werde. Sie willigen auch in eine stationäre Kur ein und lassen sich nicht einmal ungern zu einem Heilverfahren verschicken. Daß durch eine intensive Behandlung des Unterleibes mittels herkömmlicher Heilweisen, besonders wenn sie stationär in einer Klinik oder einem Sanatorium durchgeführt wird, funktionelle Beschwerden und Störungen gebessert werden können und somit zumindest ein vorübergehender therapeutischer Effekt erzielt wird, soll nicht bestritten werden. Eine Dauerheilung ist aber nur bei einer Lege artis durchgeführten kausalen Behandlung zu erwarten.

Heilung ist, um noch einmal auf die bereits weiter oben erhobene Forderung zurückzukommen, oft nur möglich, wenn die Patientin die vom Arzt als notwendig erachteten Vollzüge realisiert. Hierzu können wir sie nicht zwingen. Als Ärzte haben wir nur die Pflicht, eine potenzgestörte Frau auf die Ursachen ihres Leidens hinzuweisen und sie zur eigenen Entscheidung hinzuführen. Sie selbst muß wählen, welchen Weg sie zu gehen wünscht. Wenn sie im Augenblick noch nicht die Energie aufbringt, die nötigen Schritte zu tun, die allein zur körperlichen und seelischen Harmonie mit ihrem Mann führen, ist dennoch die Lage nicht hoffnungslos und die Tür zu ihrem Arzt nicht für immer zugeschlagen. Bei jedem erneuten Aufflammen ihrer Konfliktsituation und bei jedem weiteren orgasmisch frustran verlaufenden Koitus wird sie fortan an die Aussagen des Arztes über den Ursprung ihres Leidens erinnert. Bei der einen wird dadurch der Wille immer stärker werden, den entscheidenden Schritt zu ihrem Heile zu tun, die andere wird abstumpfen oder vielleicht eine Verzweiflungstat begehen, wenn sie nicht mehr aus noch ein weiß.

Wir Ärzte wissen, wie folgenschwer sich eine Potenzstörung auf Körper und Seele der Frau auszuwirken vermag, und wir sind uns bewußt, daß wir durch die Behebung einer Potenzstörung der Frau nicht nur körperliches und seelisches Wohlbefinden wiedergeben. Durch die Harmonisierung gestörter Ehen tragen wir nämlich in bescheidenem Maße dazu bei, die Familie als wichtige Einheit unserer Gesellschaft wieder gesunden zu lassen. Dieses Ziel zu erreichen lohnt jeder Weg, auch wenn er mühevoll und dornenreich ist.

Literaturverzeichnis

ADLER, G.: Das lebendige Symbol. München 1968
ALEXANDER, F.: Psychosomatische Medizin. Berlin 1951
ASPERGER, H.: Heilpädagogik. Berlin 1968
BENEDEK, TH.: Die Funktionen des Sexualapparates und ihre Störungen. In: F. Alexander: Psychosomatische Medizin. Berlin 1951
BERGLER, E.: Neurotic Counterfeit Sex. New York 1951
BESOLD, F.: Beiträge zum Problem der Frigidität. In: Zbl. f. Psychotherapie 12 (1940) S. 249
BONAPARTE, M.: Female Sexuality. New York 1953
BOSS, M.: Der Traum und seine Auslegung. Bern-Stuttgart 1953
BRECHER, R. u. E.: Sexualität. Frankfurt 1969
BROWN, D. G.: Der Orgasmus der Frau und die sexuelle Unzulänglichkeit. In: R. u. E. Brecher: Sexualität. Frankfurt 1969
BURGESS, E. W., u. P. WALLIN: Engagement and Marriage. New York 1953
BUYTENDIJK, F. J. J.: Die Frau. Natur, Erscheinung, Dasein. Köln 1953
CALDERONE, M. S.: Release from Sexual Tensions. New York 1960
CARUSO, I. A.: Psychoanalyse und Synthese der Existenz. Freiburg i. Brsg. 1952
CHESSER, E.: The Sexual, Marital and Family Relationships of the English Women. New York 1956
CLAUSER, G.: Psychotherapie Fibel. Stuttgart 1963
CLAUSER, G.: Aufgliederung des Pathobiogramms nach Alter, Erlebnissen und Reaktionen in Anlehnung an die Psychotherapie Fibel von G. Clauser. Stuttgart 1963
DAVIS, M.: Sexual Responsibility of Women. New York 1956
DEUTSCH, H.: Psychologie der Frau. München 1954
DICKINSON, R. L.: Thousand Marriages. Baltimore 1932
EISENSTEIN, V. W.: Neurotic Interaction in Marriage. New York 1956
ELKAN, E.: Orgasm Inability in Women. In: International Journal of Sexology 4 (1951) S. 243
ELLIS, A.: Sex Life of the American Woman and the Kinsey Report. New York 1954

EWALD, G.: Neurologie und Psychiatrie. München 1964
FRANKL, V. E.: Psychogene Potenzstörungen. In: Handbuch der Neurosenlehre und Psychotherapie. Hrsg. v. V. E. FRANKL, V. E. v. GEBSATTEL, J. H. SCHULTZ. Bd. II. München 1959
FRANKL, V. E.: Theorie und Therapie der Neurosen. München 1956
FREUD, S.: Drei Abhandlungen zur Sexualtheorie. Frankfurt 1968
FREUD, S.: Abriß der Psychoanalyse. Hamburg 1953
FRIEDLÄNDER, A.: Arbeitstherapie bei Neurosen. In: Fortschr. Therapie 8 (1932) S. 102
GIESE, H.: Die Sexualität des Menschen. Stuttgart 1956
HENKE, M.: Der Weg aus der Gefühlskälte. Schmiden/Württ. 1965
HERSCHBERGER, R.: Adam's Rib. New York 1948
HESS, W. R.: Das Zwischenhirn. Basel 1954
HEUBNER, W.: Zauber in der Arznei. In: Hippokrates 25 (1954) S. 498
HITSCHMANN, E., u. E. BERGLER: Die Geschlechtskälte der Frau. Wien 1934
JUNG, C. G.: Über die Psychologie des Unbewußten. Zürich 1948
KEMPER, W.: Zum Frigiditätsproblem. In: Geburtshilfe und Frauenheilkunde 2 (1940) S. 180
KEMPER, W.: Die funktionellen Sexualstörungen. Stuttgart 1956
KIHN, B.: Die Kontaktpsychologie nach E. SPEER. In: Handbuch der Neurosenlehre und Psychotherapie. Hrsg. v. V. E. FRANKL, V. E. v. GEBSATTEL, J. H. SCHULTZ. Bd. III. München 1959
KINSEY, A. C.: Das sexuelle Verhalten der Frau. Frankfurt 1954
KLEINSORGE, H., u. G. KLUMBIES: Psychotherapie in Klinik und Praxis. München 1959
KRETSCHMER, E.: Medizinische Psychologie. Stuttgart 1956
LEUNER, H. C.: Experimentelles katathymes Bilderleben als ein klinisches Verfahren der Psychotherapie. In: Zs. Psychother. 5 (1955) S. 185
LIEPMANN, W.: Zur Frage der Impotenz des Weibes. In: Med. Klin. 18 (1922) S. 299
LUNDBERG, F.: Modern Women. The Lost Sex. New York 1947
MALLESON, J.: Any Wife or Any Husband. New York 1952
MASTERS, W. H., u. V. E. JOHNSON: Die sexuelle Reaktion. Frankfurt 1969

MATUSSEK, P.: Frigidität. In: Handbuch der Neurosenlehre und Psychotherapie. Hrsg. v. V. E. FRANKL, V. E. v. GEBSATTEL, J. H. SCHULTZ. Bd. II. München 1959

MAYER, A.: Seelische Krisen im Leben der Frau. München 1954

MAYER, A.: Psychologische Störungen der weiblichen Sexualfunktion. In: E. Schwarz: Psychogenese und Psychotherapie. Berlin 1925

MÜLLER-HEGEMANN, D.: Leitfaden der Psychotherapie. Berlin 1957

O'HARE, H.: The Normal Woman. In: International Journal of Sexology 4 (1951) S. 243

PAWLOW, J. P.: Sämtliche Werke. Berlin 1956

PAYNE, S. M.: A Concept of Femininity. In: British Journal of Medicine and Psychology 15 (1936) S. 18

PRILL, H. J.: Die weibliche Impotenz. In: Handbuch der Neurosenlehre und Psychotherapie. Hrsg. v. V. E. FRANKL, V. E. v. GEBSATTEL, J. H. SCHULTZ. Bd. V. München 1959

PRILL, H. J.: Psychosomatische Gynäkologie. München 1964

PSCHYREMBEL, W.: Medizinisches Wörterbuch. Berlin 1942

REIF, A.: Die Behandlung der Frigidität in der frauenärztlichen Sprechstunde. In: Acta psychotherapeutica 4 (1956) S. 163

REINDELL, H., u. O. BAYER: Über Kreislaufstörungen als Folge seelischer und vegetativ nervöser Einflüsse unter besonderer Berücksichtigung der Neurosenfrage. In: Zs. klin. Med. 141 (1942) S. 151–227

ROBINSON, M. N.: Die erfüllte Frau. München 1968

ROBINSON, M. N.: The Power of Sexual Surrender. Garden City 1959

ROEMER, H.: Gynäkologische Organneurosen. Stuttgart 1953

RUBIN, I.: Sexual Life after Sixty. New York 1965

SCHAETZING, E.: Die Behandlung der weiblichen Impotenz in der gynäkologischen Sprechstunde. In: Münch. med. Wschr. 95 (1953) S. 1226

SCHAETZING, E.: Die weibliche Impotenz. Das Frigiditätsproblem. In: Handbuch der Neurosenlehre und Psychotherapie. Bd. II. München 1959

SCHAETZING, E.: Die verstandene Frau. München 1952

SCHNEIDER, G.: Die Behandlung der chronischen Adnexitis durch stationäre Kur. In: Dtsch. Ges. Wes. 11 (1956) S. 96

SCHNEIDER, G.: Beitrag zur Therapie der Hyperemesis gravidarum. In: Zbl. Gynäk. 79 (1957) S. 564

SCHNEIDER, G.: Die ambulante Entfettungskur. In: Zbl. inn. Med. 12 (1957) S. 1101
SCHNEIDER, K.: Die psychopathischen Persönlichkeiten. Wien 1950
SCHULTE, W.: Psychotherapeutisch-psychiatrisches Seminar. Stuttgart 1967
SCHULTZ, J. H.: Grundfragen der Neurosenlehre. Stuttgart 1955
SCHULTZ, J. H.: Bionome Psychotherapie. Stuttgart 1951
SCHULTZ-HENCKE, H.: Lehrbuch der Traumanalyse. Stuttgart 1949
SCHULTZ-HENCKE, H.: Lehrbuch der analytischen Psychotherapie. Stuttgart 1949
SIEBENTHAL, W. v.: Die Wissenschaft vom Traum. Berlin 1953
SPEER, E.: Die Liebesfähigkeit. München 1968
STEKEL, W.: Die Geschlechtskälte der Frau. München 1922
STEKEL, W.: Fortschritte in der Technik der Traumdeutung. Wien 1935
STERREN, H. A. v. D.: zitiert aus einem Aufsatz über die Technik der Psychoanalyse. In: Jahrbuch der Psychoanalyse II (1964) S. 1173
STOECKEL, W.: Lehrbuch der Gynäkologie. Leipzig 1952
STOKVIS, B.: Psychotherapie für den praktischen Arzt. Basel 1961
STOURZH, H.: Die Anorgasmie der Frau. Stuttgart 1962
STREET, R.: Modern Sex Techniques. New York 1959
TERMAN, L. M.: Psychological Factors in Marital Happiness. New York 1938
THOMPSON, C.: Psychoanalysis, Evolution and Development. New York 1950
UFER, J.: Die Hormontherapie in der Frauenheilkunde. Berlin 1960
VAN DE VELDE, T. H.: Ideal Marriage. New York 1930
WEISS, E., u. O. E. ENGLISH: Psychosomatic Medicine. New York 1943
WOLPE, J.: Psychotherapy by reciprocal inhibition. Stanford 1958

Bitte beachten Sie die folgenden Seiten. Der dort angegebene Preis entspricht dem Stand vom Frühjahr 1972 und kann sich nach wirtschaftlichen Notwendigkeiten ändern.

Goldmanns GELBE Taschenbücher

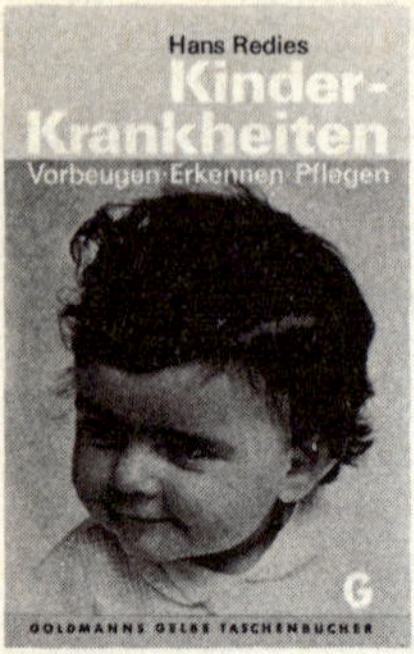

Kinderkrankheiten. Vorbeugen, Erkennen, Pflegen. Mit 48 Illustrationen. Von Dr. med. Hans Redies. Band 2464/65. DM 5.–

Ein übersichtliches Handbuch und praktisches Nachschlagewerk für alle Eltern. Ursachen, Anzeichen und typischer Verlauf aller wichtigen Kinderkrankheiten und Entwicklungsstörungen sind klar beschrieben, dazu kommen genaue Angaben über die zweckmäßige Pflege, die die Behandlung durch den Arzt ergänzt. Für plötzlich auftretende Erkrankungen und Unfälle nennt der Verfasser die notwendigen Hilfsmaßnahmen bis zum Eintreffen des Arztes.

Seelenspiegel des Kindes. Tiefenpsychologische Erziehung und Behandlung. Von Doz. Dr. phil. Gustav Hans Graber. Band 1800. DM 3.–

Mit diesem Band wendet sich der bekannte Schweizer Psychotherapeut an Eltern und Erzieher, besonders an die Mütter. Anhand ausgewählter Beispiele stellt er wissenschaftlich fundiert und dennoch allgemeinverständlich und fesselnd die häufigsten und wichtigsten seelischen Konflikte des Kindes dar und zeigt, wie sie durch richtige Behandlung gelöst werden können.

Die Jugend- und Charaktererziehung. Von Dr. Walter Hemsing. Band 1322. DM 3.–

Aus dem Inhalt: Charaktererziehung – Schicksal und Veranlagung – Vaterlose Erziehung – Schlüsselkinder – Zerrüttete Ehen – Stiefkinder und Adoptivkinder – Erziehung zur Selbstsicherheit – Jugendschutzgesetz – Berufswahl – Der zweite Bildungsweg – Menschliche Bindungen – und vieles mehr.

WILHELM GOLDMANN VERLAG MÜNCHEN

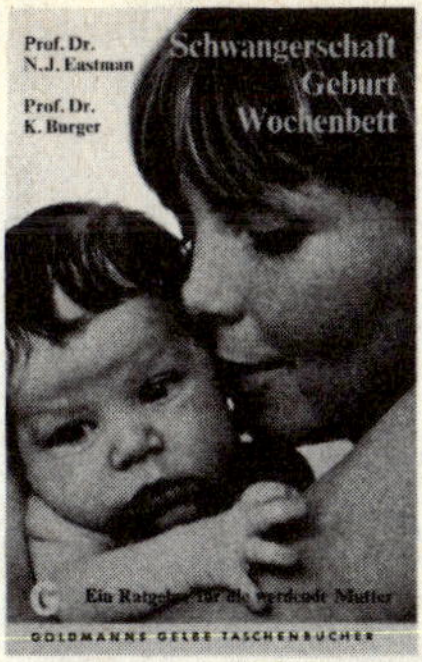

Schwangerschaft – Geburt – Wochenbett. Ein Ratgeber für die werdende Mutter. Von Prof. Dr. N. J. Eastman und Prof. Dr. K. Burger. Band 1918. DM 3.–

Zwei Spezialisten der Geburtshilfe beantworten eingehend alle Fragen der werdenden Mutter und gehen mit erfahrenem Rat auf ihre Sorgen und Nöte ein. Mit den Bestimmungen des Mutterschutzgesetzes.

Das große Taschenbuch für die werdende Mutter. Gesunde Schwangerschaft – glückliche Geburt. Von Dr. Dagmar Liechti-von-Brasch und Dr. Jürgen Bretscher. Band 1808/09. DM 5.–

Dieser wertvolle Ratgeber zeigt, wie die werdende Mutter durch richtiges Verhalten während der Schwangerschaft zu einer natürlichen und schmerzarmen Geburt gelangen kann. Mit umfangreichem Rezeptteil.

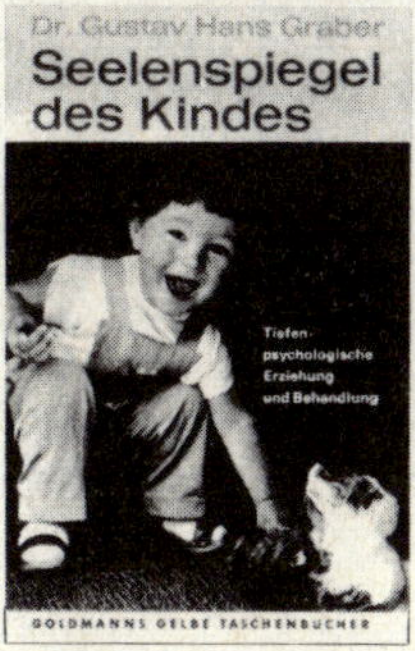

Seelenspiegel des Kindes. Tiefenpsychologische Erziehung und Behandlung. Von Dr. Gustav Hans Graber. Band 1800. DM 3.–

Dieser Band wendet sich an Eltern und Erzieher, besonders an die Mütter. Er gibt Aufschluß über das Seelenleben und seelische Konflikte des Kindes. Er zeigt, wie diese Konflikte durch richtige Behandlung gelöst werden und eine freie Charakterentfaltung möglich wird.

Psychoanalyse und Kultur. Darstellungen namhafter Wissenschaftler. Herausgegeben von Prof. Heinrich Meng. Band 1681. DM 3.–

Die geisteswissenschaftlichen Aspekte der Psychoanalyse im Hinblick auf kulturelle und soziologische Probleme. Aus dem Inhalt: Freuds Humanismus – Über den Traum – Fehlleistungen im täglichen Leben – Intelligenz und Dummheit – Märchen, Mythos, Urgeschichte – Psychoanalyse und Sittlichkeit u. a.

Psychoanalyse und Erziehung. Darstellungen namhafter Wissenschaftler. Herausgegeben von Günther Bittner und Willy Rehm. Band 1702. DM 3.–

Eine Analyse der körperlichen, seelischen und geistigen Entwicklung des Kindes und Jugendlichen und grundlegende Richtlinien für die Erziehung. Aus dem Inhalt: Triebleben und Charakter – Unbewußtes in der Erziehung – Strafe – Sexuelle Aufklärung u. a.

Psychoanalyse und Medizin. Darstellungen namhafter Wissenschaftler. Herausgegeben von Prof. Heinrich Meng. Band 1680. DM 3.–

Die medizinischen Grundlagen der psychoanalytischen Forschung und der therapeutischen Anwendung ihrer Ergebnisse. Aus dem Inhalt: Die Triebe – Die Kinderneurose – Erkranken und Gesunden – Die Bewußtseinstörungen – Die Hysterie – Organneurosen

Goldmann Taschenbücher MEDIZIN

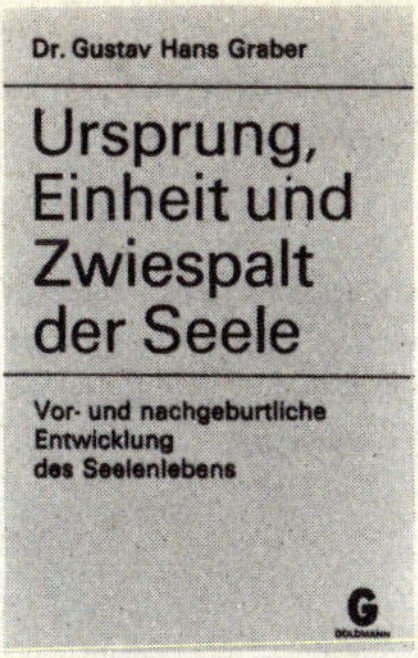

Ursprung, Einheit und Zwiespalt der Seele. Vor- und nachgeburtliche Entwicklung des Seelenlebens. Von Dr. Gustav Hans Graber. Band 2736. DM 3.–

Der erfahrene Schweizer Psychologe und Psychotherapeut vermittelt Einsicht in die vorgeburtliche Entwicklung und in die zwiespältige nachgeburtliche Strukturierung des Trieb- und Seelenlebens des Menschen. Dem Leser wird der Weg zur bewußten Selbstverwirklichung erschlossen.

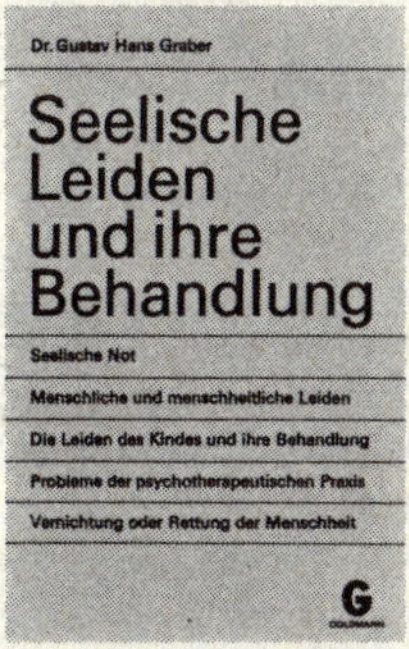

Seelische Leiden und ihre Behandlung. Erziehung – Soziale und politische Umwelt – Selbst- und Menschenkenntnis. Von Dr. Gustav Hans Graber. Band 2735. DM 3.–

Seelische Not – Menschliche und menschheitliche Leiden – Die Leiden des Kindes und ihre Behandlung – Probleme der psychotherapeutischen Praxis – Vernichtung oder Rettung der Menschheit – diese und andere Probleme behandelt Dr. Graber in dem vorliegenden Band.

Es gibt immer einen Ausweg. Hilfe in seelischen Notlagen. Von Peter H. Stevens. Band 2784. DM 3.–

P. H. Stevens ist Psychotherapeut und Dozent an der New Yorker Universität. In seinem Buch gibt er einen Leitfaden zur Selbsthilfe in allen kritischen Lebenslagen. Er zeigt anschaulich, mit welchen Mitteln man die vielfältigen Konfliktsituationen des Lebens bewältigen kann.

WILHELM GOLDMANN VERLAG MÜNCHEN

Goldmann Taschenbücher MEDIZIN

Moderne Seelenkunde I
Der Mensch im Licht der Psychologie.
Von Heinz Dirks. Mit 27 Abbildungen.
Band 2625. DM 3.–

Die psychologische Entwicklung des Kindes zum Erwachsenen und seine Entfaltung zur Persönlichkeit unter besonderer Berücksichtigung der unbewußten Erlebnisse.

Moderne Seelenkunde II
Mensch und Mitmensch im Licht der Psychologie.
Von Heinz Dirks. Mit 49 Abbildungen.
Band 2626. DM 3.–

Alle Fragen des Zusammenlebens der Menschen werden eingehend behandelt, besonders die Probleme, die sich aus den strukturellen und seelischen Unterschieden ergeben.

Moderne Seelenkunde III
Mensch und Umwelt im Licht der Psychologie.
Von Heinz Dirks. Mit 32 Abbildungen.
Band 2627. DM 3.–

Der Mensch in seinem Verhältnis zur Arbeit, seine Entfaltungsmöglichkeiten am Arbeitsplatz, seine Rolle in der Wirtschaft – also Umwelteinflüsse von besonderer Bedeutung werden hier pychologisch analysiert.

WILHELM GOLDMANN VERLAG MÜNCHEN

Goldmann Taschenbücher MEDIZIN

Entstehung des Lebens. Schöpfung oder Entwicklung. Mit 20 Zeichnungen. Von Dr. Carl Jenal. Band 2468/69. DM 5.–

Das Rätsel der Entstehung des Lebens hat viele Naturwissenschaftler beschäftigt – und entzweit. Der Schweizer Biologe gibt einen klaren Einblick in die bisherige Forschungstätigkeit und geht dem wissenschaftlichen Beweismaterial auf den Grund.

Die Entwicklung des menschlichen Gehirns. Erkenntnisse über die Ursachen seelisch bedingter Krankheiten. Von Dr. med. A. T. W. Simeons. Band 1839. DM 3.–

Zahlreiche körperliche Erkrankungen können auch durch seelische Ursachen ausgelöst werden, um so eher, je zivilisierter der heutige Mensch ist. Daher geht der Verfasser der Geschichte der Entwicklung des menschlichen Gehirns nach und versucht, Beziehungen zwischen der Höherentwicklung der seelischen Funktionen und der Auseinandersetzung des menschlichen Körpers mit seiner Umwelt aufzuzeigen.

Dein Blut. Von Dr. Leo Vroman. Mit 58 eigenhändigen Zeichnungen des Verfassers. Band 2473. DM 3.–

Ein Biologe, der schon mehr als 20 Jahre der Erforschung des Blutes gewidmet hat, führt den Leser in sein Laboratorium, läßt ihn an seinen Untersuchungen teilhaben und erklärt ihm auf amüsante Weise die Geheimnisse der Zusammensetzung des Blutes und die vielfältigen Aufgaben seiner Bestandteile.

WILHELM GOLDMANN VERLAG MÜNCHEN

Goldmann-Bücher erhalten Sie in allen Buchhandlungen, in vielen Kaufhäusern und an den meisten Bahnhofskiosken überall in der Welt, wo deutsche Bücher verkauft werden.

Aus dem WILHELM GOLDMANN VERLAG
8 München 80, Postfach 80 07 09 bestelle ich
durch die Buchhandlung

Anzahl	Titel bzw. Band-Nr.	Preis

Datum: Unterschrift:

2892 · 7017 · 3.000

Bitte mit Postkarten-Porto frankieren.

Wilhelm Goldmann Verlag

8000 <u>MÜNCHEN 80</u>

Postfach 80 07 09